古典文獻研究輯刊

三五編

潘美月・杜潔祥 主編

第30冊

陳玉澍詩文集箋證
（第二冊）

陳開林 著

國家圖書館出版品預行編目資料

陳玉澍詩文集箋證（第二冊）／陳開林 著 -- 初版 -- 新北市：
花木蘭文化事業有限公司，2022〔民111〕
目 4+188 面；19×26 公分
（古典文獻研究輯刊 三五編；第 30 冊）
ISBN 978-626-344-132-3（精裝）
1.CST：（清）陳玉澍 2.CST：中國文學 3.CST：文學評論
011.08　　　　　　　　　　　　　　　　111010336

ISBN-978-626-344-132-3

9 786263 441323

古典文獻研究輯刊
三五編　第三十冊　　　　　　　ISBN：978-626-344-132-3

陳玉澍詩文集箋證（第二冊）

作　　者　陳開林
主　　編　潘美月、杜潔祥
總 編 輯　杜潔祥
副總編輯　楊嘉樂
編輯主任　許郁翎
編　　輯　張雅淋、潘玟靜、劉子瑄　美術編輯　陳逸婷
出　　版　花木蘭文化事業有限公司
發 行 人　高小娟
聯絡地址　235 新北市中和區中安街七二號十三樓
　　　　　電話：02-2923-1455／傳真：02-2923-1452
網　　址　http://www.huamulan.tw 信箱 service@huamulans.com
印　　刷　普羅文化出版廣告事業
初　　版　2022 年 9 月
定　　價　三五編 39 冊（精裝）新台幣 98,000 元　　版權所有・請勿翻印

陳玉澍詩文集箋證
（第二冊）

陳開林　著

目

次

卷　五

與張秋舫先生元度書

玉樹再拜稽首奉書於秋舫先生〔1〕座前：

　　先生今世之狷者也。孔子以狷為有所不為，孟子以狷為不屑不絜〔2〕，則好絜者固狷者之秉夷也。吾謂好絜之念不可一日謖於吾心，而好絜之名不可一日譖於流俗。流俗知我所甚好者在此，即能窺我所甚惡者在彼。彼忌我，思有以敗壞之，不以我所甚好者奉我，必以我所甚惡者浼我矣。不揆其所以浼我之心，悻悻然如泥塗之蒙於體，不能以少安。我所以湔之者愈棘，彼所以浼之者亦愈奇，是我之計窮而彼之計得也。然則遂終無以窮其術乎？是又不然。夫山至高也，虎貔之屬穴焉，山不能禁也。水至清也，糞土之舟行焉，水不能禁也。日月至朗也，豐隆以雲翳之，日月不能禁也。不能禁而姑捨之，去狷急之本懷，廓韜世之大度，以容其垢而納其污，不汲汲焉以自謀。被濯久之，而污垢行將就滅，如大明出而爝火自息。此文中子所謂「無辨息謗」〔3〕者也。且以涼涼無助之身，敵囂囂無盡之口，如持錐以刺虎，舉帚以拂雲，雖辨而必不能勝也，亦昭昭矣。或者曰：孔子言「行己有恥」，孟子言「人不可以無恥」，狷者之所寶貴而唯恐墜失者，恥耳，安有人以不潔浼我而我不引以為大恥者哉？予謂是忿也，而非恥也。恥者，反己而生者也。忿者，因人而生者也。恥者，本責實之念而生者也。忿者，由惜名之念而生者也。夫既恥己之狥乎人，而與人異矣，復忿人之不我容而覬人之與我同也，是何理也？且污我以不絜者，非真以我為不絜也。彼亦知彼之所為，我之所不屑為；我之所為，彼之所不能為，因妄謂我之所為同於彼之所為，以撩我至絜之名，即

-215-

以自飾其不絜之跡。是其計雖疏，其心甚苦，而其知我未始不甚明也。復何
忿哉！復何忿哉！夫日之繫於太陽，天也；月之繫於太陰，天也。其去地不
知幾萬里也。彼陰雲重濁之質，不逮晴雲之飛之高，其去地僅數里，其去日
月不知幾萬里也。自地上觀之，見陰雲不見日月，以為陰雲能掩蔽日月也。
有立於喬嶽之巔者，仰而觀之，皎皎者曜於馬之上也；頫而視之，隱隱者布
於足之下也。惡在其掩蔽日月也？天壤之大，詎無一登山而觀超出乎陰雲之
表者哉？然則日月之自損其明者，在食不在雲也；士之自傷其絜者，在己不
在人也。昔人有言「救寒莫如重裘，止謗莫如自修」[4]，玉樹近亦罹邑人之
謗，益自勵其恥，以仰企先生之狷絜，庶浮言可以衰息。先生秉鐸宮牆，嘗以
牆內外之人謠諑為言，亦願除其忿悁以養氣而為文焉。古今人之以文名家者，
如韓、如歐、如蘇、如曾文正，皆能勝饞謗之人。不如是，則吾之氣餒，而吾
之文亦弱也。戹言無當，伏惟亮察。邱君於蕃[5]希並致聲，臨楮不宣。

【疏證】

〔1〕徐成志、王思豪主編《桐城派文集敘錄》著錄《張兆麟集》，稱：

> 張兆麟（1843～1908），又名元度，字秋舫。江蘇武進人。貢生，官寶應縣訓
> 導、淮安府學教諭，署理淮安知府，會辦江南製造局。年少時便有志於學，偶
> 落筆為文賦，往往奇峭驚人，一時名士皆慕與之交。師事謝應芝，受古文法，
> 又從陸獻恩問學。為文樸實，婉篤敦厚。屬實學，求所為有體有用。

《寒松晚翠堂集》六卷

凡三冊，光緒十七年辛卯（1891）九月刻於陽湖千秋里，南京圖書館藏。
前有光緒丁亥（1887）錢福蓀、顧雲臣、徐嘉《序》各一首。《初集》一卷，
錄文十四首。《外集》一卷，前有光緒庚寅（1890）劉庠《題辭》。《筆記》一
卷，附錄尺牘。《詩》二卷，編年。卷一始自庚申，迄於甲子；卷二始自甲子，
迄於丙寅。《制藝》一卷。

另外，（清）周實《無盡庵遺集》有《讀武進張秋舫（元度）〈寒松晚翠堂
集〉有懷》（四首）：寒松呈晚翠，叢桂閟幽芳。迢遞江淮客，蒼茫爾我狂。前
車悲國事，濁世惜文章。先生雅重予文，曾代刊論說數首。萬里冰霜夜，悽惶古射
陽。先生主講淮安中學時，每寒夜訂正諸生文，輒漏四下不寢。

耆舊凋零日，傾心奉瓣香。高文振八代，佳句敵三唐。海闊龍吟壯，霜高
鶴夢涼。不才笑散木，曾許傍門牆。

自許那容薄，高懷抗顧黃。先生最服膺亭林、梨洲二先生之學說。常貧安足病，

孤憤未為狂。滄海妖氛惡，關河客夢長。相思不可寄，寒月滿江鄉。

　　　此意不可道，壺觴且酌量。斯文一肩重，抱古存心長。中野多鴻雁，寥天孤鳳凰。安能田二頃，陽羨共徜徉。

〔2〕《孟子‧盡心下》：「萬章問曰：『孔子在陳，曰：『盍歸乎來！吾黨之士狂簡，進取不忘其初。』孔子在陳，何思魯之狂士？』孟子曰：『孔子『不得中道而與之，必也狂狷乎！狂者進取；狷者有所不為也。』孔子豈不欲中道哉？不可必得，故思其次也。』『敢問何如斯可謂狂矣？』曰：『如琴張、曾晳、牧皮者，孔子之所謂狂矣。』『何以謂之狂也？』曰：『其志嘐嘐然，曰：『古之人！古之人！』夷考其行而不掩焉者也。狂者又不可得；欲得不屑不潔之士而與之，是獧也。是又其次也。』」

〔3〕《中說》卷五《問易篇》：「賈瓊問：『何以息謗？』子曰：『無辯。』」

〔4〕《三國志》卷二十七《魏書二十七‧王昶傳》：「諺曰：『救寒莫如重裘，止謗莫如自脩。』」

〔5〕（清）劉聲木《桐城文學淵源撰述考》卷十一：「邱崧生，字於蕃，亦字海幾，山陽人。諸生。師事張兆麟，受古文法。博學嗜古，其文在柳州、眉山間。」

上左季高侯相〔1〕書

　　嘗怪韓昌黎以泰山北斗之望，閎中肆外〔2〕之才，不憚蒲伏道路而拜北平王於馬前〔3〕，有類伺候奔走、趨趄而囁嚅者之所為〔4〕也，豈顏闔所謂慕勢者〔5〕歟？抑或如馮煖不能自存，欲寄食孟嘗門下〔6〕歟？否則如李白欲借韓荊州階前之地揚眉吐氣〔7〕歟？及讀其所上宰相書〔8〕，而知賢者固不可測也。其書有言〔9〕：「山林者，士之所獨善自養，而不憂天下者之所能安。如有憂天下之心，則不能也。」其所以拜北平王者，未必非此意之所迫也。且公雖數上宰相書，而於董邵南之遊河朔則微言諷之〔10〕，公豈枉道干時不擇人而謁者哉！

　　生一介嘐嘐之士，何敢妄比古人。然於吏治之清濁，風俗之隆污，民生之休戚，及一切可歌可哭之事，日鬱蒸於胸中，往往酒酣耳熱，抵掌而談，劃然長嘯，唏噓流涕而後已。昌黎所謂「憂天下」者，或庶幾歟？此所以不敢自逸於山林，欲獻芻蕘之言也。

　　愚嘗謂本朝之元氣，不傷於外夷，而傷於內地之莠民。外夷者，今日有形之患也。莠民者，今日無形之患也。有形之患，人多引以為憂。無形之患，

人多昧而不察。昔漢之衰也，西征羌，北征鮮卑，而黃巾起於中原，卒為大患。明之季也，西北防蒙古，東北聚精兵以遏龍興之本朝，究之明不亡於本朝，而亡於流賊也。患皆始於甚微，禍多中於所忽，大抵如此也。乾隆之季，中國方從事於緬甸、安南、廓爾喀及黔、楚之叛苗，而白蓮教已蔓延於楚、蜀，當事不憂也。及姚之富等起於湖北，王天槐等起於四川，禍遍四省，勞師七載而後定，糜餉逾萬萬兩，度支由此告絀矣。道光之季，天下皆以英夷為憂，而奸民會匪所在盤結，當事不憂也。及金田盜起，亂民蠭起而從之，遂蹂躪十有六省，攻陷六百餘城，勞師十六載而後定，而國用由此益匱，元氣大傷，不可復矣。今天下莠民眾矣，在南者曰哥老會，在北者曰安清道友，其餘一切邪教，名目甚多，類皆嘯聚山澤，劫掠商旅，潛居城市，交結吏胥，有伺釁而動之心。今年春，有傳佈妖書於鹽、阜、安、桃諸縣，謂先天將滅，後天將興者。其書曰《三易會源》、《一貫探原》，其教首曰王甲一，亦曰王古佛，其教堂在揚州城內，其徒黨遍於楚、皖、江、浙、兩淮，其教曰龍天門，亦曰先天門。入其教者，男不婚，女不嫁；已婚嫁者，夫婦分宿。跡其狂悖蠱惑之語，實有張角、孫泰之謀，而州縣營汛不以為意。一旦猝發，未知所底。又徐淮海沭，民俗強悍，閭巷少年不事生業，相聚曰青皮黨，習為拳勇，攻剽道路，刲殺富民，搶孀略賣，縛人勒贖，掘冢鑄幣，任俠橫行，出入刀劍。淮北之俗，有事不牒於官，先接兵刃以決勝負，械鬥之風無異廣之潮、惠，閩之漳、泉。大江以北，長淮以南，所有劫殺之案，皆北來者為之。此輩不避法禁，走死地如鶩，天下無事則為伏莽，有事則為戎首。設年穀不登，必將蠢動，大為郡縣患害。欲除其患，不外選用廉幹，嚴黜墨庸；興修水利，以厚民生；編查保甲，以別良莠；假以事權，不以例案縛之；課以實績，勿以浮偽導之；久其歲月，勿以遷調促之；則良吏彌亂之功，不在良將下。至妖人王甲一，現伏揚州城內，遣一幹弁偵之可獲。獲其渠魁之，則其傳教巨徒姓名可得，擒斬數人而逆謀消矣。

今夫處士所難，不在為而在守也；士習之污，不因激而因隨也。趨炎附勢之風，皆士倡之；禮義廉恥之防，皆士壞之。即以廩保一事論之。其例不准考者，青蚨既得，無不入場。教官派保，沆瀣一氣，互相容隱，而且借稽查之名，吹毛所瘢，捉風吹影，耳目四布，互為黨援。妄造荒籍冷籍之名，先人無入學者為荒籍，先人入學而年已遠者為冷籍，以此加諸孤寒之子。溫飽之家，即以冒籍誣之，畫結時每多方勒索，必滿其欲而後已。弱者飲泣，強者攘臂，

甚則率眾攢毆，捨文用武，此誠橫逆之舉，亦由憤激而成。觀於此而余可知矣。士如此，而民無論矣。然其咎不在諸生也。教官者，諸生之師表也。今之教官，問以某也賢某也不肖，教官不知也；問以某也貧某也困，教官不知也；問以某也富某也大富，教官無不知也。所為如此，尚望其納士於禮門義路中耶？自仕塗叢雜，教職一塗多保舉捐納人員。州縣不職，勒改教職，督撫待教官寬於州縣。學政亦止考其文，不察其行。故秉鐸者少忠信篤敬之儒。願明公以手書寄各學教官，殷勤慰誨，勉以砥礪廉隅，身為模範，為國家造就人才。稱職者則奏獎之，不職者則劾罷之，有實行者則薦拔之，庶儒官之奮興可望，而士習之丕變可期也。

吏胥之為害也甚矣。州縣之吏病民，司道之吏病官，督撫之吏病大官。即以州縣吏胥論之，其咎不專在胥役也。官之於民也，猶父母之於子也。吾日見吾子，人能饞吾子乎？吾日親吾民，人能病吾民乎？晉獻公之殺世子申生也，漢武帝之殺戾太子也，皆先自遠其子，故驪姬、江充得以乘間踏瑕也。胥役之借官以虐民也，由官之不親民而親吏也。以胥役為耳目，猶水母之鰕。以胥役為心腹，猶璅蛣之蟹。以胥役為爪牙，猶猛虎之倀。如此而欲其不作威福也，得乎？且夫官闇則吏逞其智，官嬾則吏盜其權，官侈則吏趨於奢，官貪則吏黷於貨，官偽則吏習於詐，不期然而然也。今夫不能馭胥吏者，非能吏也；不能化胥吏者，非循吏也。作奸犯科則誅之，奉公守法則賞之，幫差白役則汰之，衣服逾制則褫之，所謂馭也。然馭之不如化之，何也？任一郡則一郡之中皆民也，任一縣則一縣之中皆民也，在田野者為吾之赤子，在官府者獨非吾之赤子乎？誰無父母？誰無妻子？胥役之欲，仰足以事，俯足以畜，無異於民也。庶人在官，久無下士之祿矣，而盜賊未獲則鞭之，民賦未納則鞭之，其所以養之者輕，而所以責之者重，可以鉗胥吏之口，不可以服胥吏之心，且胥役非鬼蜮豺狼不可化者。昔海州知州大埔林達泉去任時，民雨泣送者，絡繹於道，吏胥哭失聲，此感格之明效也。欲吏胥不取民之錢，我先不取胥吏之錢，我先不取民之錢，且不容我之戚友門丁及上司之胥吏取我胥吏之錢。正本清源之道，即潛移默化之方，是在明公慎簡牧令。徒立法以制胥吏，無益也。

洋煙之為害，乾坤開闢後一大變局也。環地球之上，吸洋煙者唯中國與土耳基及波斯、越南、緬甸諸弱國耳。英人以洋煙禍中國，諸國鄙之，即倫敦好義之士亦深非之。華人乃甘受耽毒，而出使者亦不肯以此為請，何耶？官

不戒煙則官箴壞，士不戒煙則士品卑，兵不戒煙則兵力弱，民不戒煙則民財匱。雖以孫、吳之謀，不戒洋煙，不可以治三軍。雖以管、商之才，不戒洋煙，不可以富國家。雖有堯、舜之道，不戒洋煙，不可以平治天下。欲禁民，先禁官。欲禁小官，先禁大官。昔沈文肅公督兩江，曾嚴煙禁，使文武官互具保結，劾罷淮陽道劉咸、候補道杜文瀾等，而未劾者吸如故也。衡陽彭宮保所定長江水師條約，凡官兵吸食洋煙就地正法。千總劉某違令吸煙，立斃杖下。然水師二十二營吸煙兵弁不一，彭公不及知，提鎮營官不及察。法雖嚴，又奈之何耶！沈公保結之法太寬，彭公大辟之法太嚴。寬嚴適中，惟魏默深所言黥面之刑。其言曰：「限期三月戒煙，不戒者黥之。有不悛而被黥者，再予三月之限，不戒者誅之。既黥則人可按籍而稽，癮可按期而驗。倘有紈袴溫飽之家恥黥哀免者，許以金贖，僅免刺面，而仍刺手。不戒者誅。」〔11〕戒煙之法莫善於此也。然非有明公之權之才則不能行，非如明公之任勞任怨則不敢行。欲行此法，則必入奏。或天子慮生意外之變，則不允行；宰輔權偷目前之安，則不願行。即不然，州縣無良有司吏胥擾民，奸宄誣告，株連蔓引，因而激變，亦終不可行。非常之事，舉世所驚。或外夷蜚語，或臺諫阻撓，眾響漂山，吹唇沸水，當事者不敢力持初議，始行終不可行，此生所深思遠慮而慨然長歎者也。恐明公不敢輕於一試，而亦慨然歎也。然不能禁煙，亦當剷除罌粟。他省無論矣，以明公所轄境內論之，徐、海、潁、鳳以及淮安之安東、桃源、清河三縣，種植惡卉，視為巨利，而徐郡尤甚。豐、沛道中，每當春花爛漫，連阡接畛，一望無垠。晉豫往事，可為鑒戒。此當嚴飭郡縣，以及營弁分地剷除者也。不能戒煙，不妨先禁煙館。昔日煙館多在城鎮，今日延及鄉村。統論大江南北一鎮，必有煙館數十家，每家必窩蓄數盜。一夜不竊，一日無煙貲。故近日草竊最多，有防不勝防之勢。嗚乎！其為盜也，非得已也。富不戒煙則貧，貧不戒煙則丐，丐不戒煙則盜，不盜則殍，必然之勢也。憶數年前，煙館之禁常嚴矣，然多明閉暗開，胥役反受錢容隱，掩耳盜鈴，何濟於事。近日因循蒙蔽，類皆如此。願明公下雷屬風行之令，不力禁煙館者則劾罷之，復委廉正之員潛行查訪，則州縣或有實心任事者。然而不禁吸煙，止除罌粟，內地根株既絕，其由印度來者售愈多，價愈昂。有煙館則盜有線索而易擒，無煙館則盜無蹤跡而難獲，安得為上策也哉！盜賊之多，亦有不得專咎鴉片者。

　　今山有山盜，海有海盜，江湖藪盜，閭閻窩盜，饑民窮而為盜，會匪聚

而為盜。捕務之弛，孰有甚於今哉！懦捕畏賊如虎，良捕力能擒賊，恐賊盡則置身無用之地，因留賊以為衣食之源。賊遇捕而分賊贓，捕以賊為奇貨，捕與賊合，賊益多，民益擾矣。然而其咎不在捕也，馭捕者未得其道也。使別其良懦，分為上中下三等，月米多寡，以是為差。緝竊盜用下捕，擒劫盜用中捕，擒拒捕之盜用上捕。有功則厚其衣食，無功則薄其賞賚。畏賊者棄不用，通賊者罰無赦。賞罰信，號令明，以治兵之道治捕，如是而捕不盡力，盜不就擒者，未之有也。今之州縣不獨無馭捕之法，而兼有迴護之謀。非為賊護也，實自為護也。案輕則獲盜可緩，縱逾限不獲處分，亦輕於己之升遷無礙。凡遇劫殺之案，必先為改重就輕之計，潛邀紳士，甘言以誘事主；誘之不從，則刦之以威；刦之不從，則有胥役賠贓之舉。其尤甚者，勘驗之時，率儓從多人需索陋規，不捕盜賊，而捕四鄰；不比捕役，而比保約。賊未擒，而株連者已斃於獄矣；贓未獲，而追贓者已傾其家矣；案未結，而承審官已去其任矣。鄉民追案入城，資斧竭而無以給胥吏之求，必不能至再至三。雖不共戴天之仇，久則亦遂置之故。昔居於鄉村被劫，今則居於市鎮亦被劫矣。昔則素封之家被劫，今則中人之家亦被劫矣。有被劫而不願報官者，有一報而不復稟追者，何怪盜賊肆無忌憚也。昔於清端公督兩江，下車之日，首擒巨盜魚殼百文；敏公督兩江，以嚴為治，以捕務痛繩州縣。典型未遠，竊願明公留意於斯焉。

今天下可憂之事，豈無大於此數事者？或為生所不敢言，即言亦不能詳盡。不敢多言以取經躁之禍，姑於敢言者言之。非五者之外，無可言也。嗚乎！莠民不除，禍亂所由作也。士習不正，世風所由壞也。吏胥不法，民生所由困也。鴉片不禁，中國所由弱也。捕務不嚴，盜賊所由橫也。此數者皆以得人為本，得人又以知人為本。明公曾友胡文忠矣，胡公所以知人得人者，其學問安在，明公則而傚之，夫豈難哉！

生有先人百畝之田，足以供饘粥；環堵之室，可以讀詩書。非若昌黎有求於北平王者。女不思嫁而憫魯〔12〕，嫠不恤緯而憂周〔13〕，耿耿之心，無異於此。略陳數事，惟明公實圖利之。

【疏證】

〔1〕《清史稿》卷四百十二《左宗棠傳》：「左宗棠，字季高，湖南湘陰人。」

〔2〕（唐）韓愈《昌黎先生文集》卷十二《進學解》：「先生之於文，可謂閎其中而肆其外矣。」

〔3〕（唐）韓愈《昌黎先生文集》卷三十三《殿中少監馬君墓誌》（宋蜀本）：「君諱

繼祖，司徒贈太師北平莊武王之孫，少府監贈太子少傅諱暢之子。生四歲，以門功拜太子舍人。積三十四年，五轉而至殿中少監。年三十七以卒。有男八人，女二人。始余初冠，應進士貢，在京師窮不能自存，以故人稚弟拜北平王於馬前。王問而憐之，因得見於安邑里第。王軫其寒飢，賜食與衣，召二子使為之主。」

〔4〕（唐）韓愈《昌黎先生文集》卷第十九《送李愿歸盤谷序》：「伺候於公卿之門，奔走於形勢之途，足將進而趑趄，口將言而囁嚅，處穢污而不羞，觸刑辟而誅戮，微幸於萬一，老死而後止者，其於為人，賢不肖何如也？」

〔5〕《戰國策》卷十一《齊四》：「齊宣王見顏斶，曰：『斶前！』斶亦曰：『王前！』宣王不悅。左右曰：『王，人君也。斶，人臣也。王曰『斶前』，亦曰『王前』，可乎？』斶對曰：『夫斶前為慕勢，王前為趨士。與使斶為趨勢，不如使王為趨士。』」

〔6〕《戰國策》卷十一《齊四》：「齊人有馮諼者，貧乏不能自存，使人屬孟嘗君，願寄食門下。孟嘗君曰：『客何好？』曰：『客無好也。』曰：『客何能？』曰：『客無能也。』孟嘗君笑而受之曰：『諾。』左右以君賤之也，食以草具。」

〔7〕（唐）李白《李太白集》卷二十六《與韓荊州書》：「白聞天下談士相聚而言曰：『生不用萬戶侯，但願一識韓荊州，何令人之景慕一至於此耶！……而君侯何惜階前盈尺之地，不使白揚眉吐氣，激昂青雲耶？」

〔8〕（唐）韓愈《昌黎先生文集》卷十六《上宰相書三首》。

〔9〕見《上宰相書三首》之三。

〔10〕（唐）韓愈《昌黎先生文集》卷二十《送董邵南序》：「燕趙古稱多感慨悲歌之士。董生舉進士，連不得志於有司，懷抱利器，鬱鬱適茲土。吾知其必有合也。董生勉乎哉！夫以子之不遇時，苟慕義彊仁者皆愛惜焉。矧燕趙之士出乎其性者哉！然吾嘗聞風俗與化移易，吾惡知其不異於古所云邪？聊以吾子之行卜之也。董生勉乎哉！吾因子有所感矣。為我弔望諸君之墓，而觀於其市，復有昔時屠狗者乎？為我謝曰：『明天子在上，可以出而仕矣。』」

〔11〕魏源《聖武記》卷十四《附錄》：「今下令曰：限期三月戒煙，不戒者黥之，則紈袴溫飽之煙民知令在必行，聞風革面矣。有不悛而被黥者，再予三月之限，不戒者誅，則黥者必悛，其不悛而怙終者殺之無怨矣。十七省各出巡煙御史一人，不責以有犯必誅之事，專責以有犯必黥之事。既黥則人可按籍而稽，癮可按期而驗。倘有紈袴溫飽之家恥黥哀免者，許以金贖。視其職銜小

大，為罰贖之輕重，僅免刺面，而仍刺手。刺手逾限而不悛者，誅，不得再贖。」

〔12〕《列女傳》卷三《仁智傳‧魯漆室女》：「漆室女者，魯漆室邑之女也。過時未適人。當穆公時，君老，太子幼。女倚柱而嘯，旁人聞之，莫不為之慘者。其鄰人婦從之遊，謂曰：『何嘯之悲也？子欲嫁耶？吾為子求偶。』漆室女曰：『嗟乎！始吾以子為有知，今無識也。吾豈為不嫁不樂而悲哉！吾憂魯君老，太子幼。』鄰婦笑曰：『此乃魯大夫之憂，婦人何與焉！』漆室女曰：『不然，非子所知也。昔晉客舍吾家，繫馬園中。馬佚馳走，踐吾葵，使我終歲不食葵。鄰人女奔隨人亡，其家倩吾兄行追之。逢霖水出，溺流而死。令吾終身無兄。吾聞河潤九里，漸洳三百步。今魯君老悖，太子少愚，愚偽日起。夫魯國有患者，君臣父子皆被其辱，禍及眾庶，婦人獨安所避乎！吾甚憂之。子乃曰婦人無與者，何哉！』鄰婦謝曰：「子之所慮，非妾所及。』三年，魯果亂，齊楚攻之，魯連有寇。男子戰鬥，婦人轉輸不得休息。君子曰：『遠矣漆室女之思也！』《詩》云：『知我者，謂我心憂，不知我者，謂我何求。』此之謂也。頌曰：漆室之女，計慮甚妙，維魯且亂，倚柱而嘯，君老嗣幼，愚悖奸生，魯果擾亂，齊伐其城。」

〔13〕《左傳‧昭公二十四年》：「鄭伯如晉，子大叔相見范獻子。獻子曰：『若王室何？』對曰：『老夫其國家不能恤，敢及王室？抑人亦有言曰：『嫠不恤其緯，而憂宗周之隕，為將及焉。』今王室實蠢蠢焉，吾小國懼矣。然大國之憂也，吾儕何知焉？吾子其早圖之！詩曰：『缾之罄矣，惟罍之恥。』王室之不寧，晉之恥也。』獻子懼，而與宣子圖之。乃徵會於諸侯，期以明年。」

上座師王可莊先生〔1〕書

士無論智愚貴賤，一念及於利人，必有受其惠者；一念謀及自利，必有罹其害者。愈智則其利害人也愈深，愈貴則其利害人也愈廣。若以愚且賤者而欲利人，吾知其必淺且狹也。然以愚且賤者而欲害人，則亦未必不深且廣也。於何徵之？請徵之淮安試事。

淮郡為江北瘠苦之地，生童皆授徒糊口，其遊幕者百無一二，與揚鎮諸郡大異。其以歲科分試為不利也，則與海州、徐郡大同。光緒甲申以前，淮、徐皆歲科合試，逮昭陽協洽之歲，徐郡人有以歲科分試為利者導御史魏邦翰上封事，詔下督學黃公覆奏。徐之教官廩保陳牒黃公，力言歲科分考之利，

黃公據以入告，而徐郡之考分矣。淮人踵而請焉，黃公從而奏焉，而淮郡之考又分矣。海州人亦有謀及分考者，以格於群議而止。迨丙戌歲，督學王益吾師以徐州段小湖觀察〔2〕之請，與制府曾忠襄師合詞入奏，備陳歲科分考之害，於是徐郡分而復合。而淮郡貧窶之士，遂羨徐、海為樂土，而於段觀察暨王祭酒師稱道弗衰。當淮郡之請分考也，玉樹力言不便，而難者乃謂：「三年而府縣一試，試疏而學以惰，不如三年而府縣再試，試密而學以勤。一月而督學再試，試之日相距太近，懼其潦草以將事。不如間歲而督學再試，試之日相去稍遠，可期刻厲以校文。」予謂府縣之試士也，有一試而捨者，有再試三試而捨者。即試終而名存，試之日僅有五耳。合郡縣計之，試之日僅有十耳。合郡縣歲科兩試計之，在場亦僅二十日耳。而其自塾而入城也幾何日；自城而旋塾也幾何日；士多貧而少富，其出塾而籌貲也幾何日；士多華而少實，其在城而嬉遊也幾何日。一縣試畢而其離塾廢學也，幾五十日矣。一郡試畢而其離塾廢學也，殆二百日矣。以二百日之廢學，而欲以二十日之試補之，此正孟子所謂「一日暴之，十日寒之」者也，果何補乎？至於督學之勤惰，視乎其人，不係試之分合。且同一試也，試於郡縣則懼其太疏，試於督學則又懼其太密，果何說乎？嗟乎！彼為此說，非本心也，特謀自利焉耳。居郡城者，三試弗離其室，且有寓考之利。教官稟保多一考則有一考之利，以此為利，固淺且狹也，論其品位亦愚且賤也。而其為害也，乃至不可勝言。自歲科分試以來，生員則三歲再試，童生則三年六試，僕僕道途，疲於奔命。師以試而廢教，弟子以試而廢學。乃至求師者崇尚不試之士，薦師者權以不試相詆，為師者亦自憚試之太煩，一聞試期，則展轉終宵，彷徨累日，欲典質而笥空，欲稱貸而顏赧，欲不試則斬先世之澤而詒父母之戚，欲就試則懼生徒之散而絕衣食之源。局促如斯，縱有勇於進取之志，而其心固已紛，其氣固已餒矣。吾未見有心紛氣餒而猶能肆力於學者，此文體所以日薄，士習所以日卑，而應試之童所以日少也。其貽害可謂深且廣矣。

當徐州段觀察之請合考也，集教官稟保於庭，詢以分考合考孰利。僉曰：「分考利甚。」觀察怒曰：「自分考而徐郡應試童生驟減十之三四，其為利果安在耶？特若曹數十人以此為利耳。」皆對曰：「不敢。」觀察曰：「汝曹既不以此為利，即稟請合考可也。」各唯唯而退，相率而陳牒焉。觀察亟攜牒走暨陽，請上疏言之，徐郡人士遂免分考之害而蒙其利。

今淮郡人士之困憊侔於徐郡，玉樹欲援徐郡之例，苦愚賤不能上達，欲

借淮郡守令以達，其人又皆非學憲所重，不得不南走京門，上書於夫子，以冀轉達於督學溥公之前。夫子之愛士也，倍徒於段觀察；學憲之愛士也，無異於王祭酒師，知必不以選事見責也。

夫民事至纖至悉，錙銖毫末皆寒素所必計也。況歲科分試，三歲之中赴縣者再，赴郡者四，雖至節省，一人當費二十餘緡。今而後能奏請合考，則三歲可省十數緡，一歲可省數緡。以鹽邑童生千人計之，歲省數千緡。合六邑童生數千計之，則歲省萬數千緡。縱學憲於六邑各立書院，振恤寒畯，予以膏火，其為惠不能如是之深且廣也。不揣愚賤，敬呈芻言，唯夫子實亮察之。

【疏證】

〔1〕《清史稿》卷四百七十九《循吏傳四》：「王仁堪，字可莊，福建閩縣人，尚書慶雲之孫。光緒三年一甲一名進士，授修撰。督山西學政，歷典貴州、江南、廣東鄉試，入直上書房。時俄羅斯索伊犁，使臣崇厚擅定條約，仁堪與修撰曹鴻勳等合疏劾之。太和門災，復與鴻勳應詔陳言，極論時政。其請罷頤和園工程，謂：『工費指明不動正款，夫出之笈庫，何非小民膏血？計臣可執未動正款之說以告朝廷，朝廷何能執未動正款之說以謝天下？』言尤切直。十七年，出為江蘇鎮江知府。甫下車，丹陽教案起，由於教堂發見孩屍。仁堪親驗孩屍七十餘具，陳於總督劉坤一曰：『名為天主教堂，不應有死孩骨。即兼育嬰局，不應無活嬰兒。傳教約本無準外國人育嬰之條，教士於約外兼辦育嬰，不遵奏行章程，使地方官得司稽察，禍由自召。請曲貸愚民之罪，以安眾心；別給撫恤之費，以贍彼族。』坤一迂之，卒定犯罪軍流有差。時外使屢責保護教堂，仁堪請奏定專律，謂：『條約無若何懲辦明文，每出一事，任意要挾。宜明定焚毀教堂，作何賠償；殺傷教士，作何論抵；以及口角鬥毆等事，有定律可遵。人心既平，訛言自息。』英人梅生為匪首李鴻購軍火，事覺，領事坐梅生罪僅監禁，仁堪上書總理各國事務衙門論之。又洋人忻愛珩遍謁守令，募捐義學，無遊歷護照。仁堪請關道送領事查辦，覆議無照私入內地，應按中國律法科罪。雖皆未果行，時論韙之。郡地多岡壟，旱易成災，仁堪以設渠塘為急務，不欲擾民，捐廉為倡。馳書乞諸親舊，商富感而輸助，得錢三萬緡，開塘二千三百有奇，溝渠閘壩以百計。十八年秋，丹陽大祲，恩賑之外，勸紳商捐貲，全活甚眾。又假官錢於民，使勿賣牛，名曰牛賑。濬太平港、沙腰河、練湖、越瀆、蕭河、香草、簡瀆之屬，凡二十餘所，支溝別渠二百三十有奇。又鑿塘四千六百，以蓄高原之水。皆以工代賑，東西百餘里間，水利畢舉。次年春，

賑畢，餘四萬金，生息備積穀。牛賑餘錢，仿社倉法創社錢，按區分儲，為修溝洫、廣義塾之用。郡西鄉僻陋不知學，立榛思文社以教之。出私錢於府治前建南罭學舍。在任兩年，於教養諸端，盡力為之。調蘇州，已積勞致疾，日坐讞局清積案，風采動一時。甫三閱月，猝病卒，時論惜之。鎮江士民列政績，籲請大吏上聞，謂其『視民事如家事，一以扶植善類、培養元氣為任，卓然有古循吏風』。詔允宣付史館立傳，以表循良。自光緒初定制，官吏歿後三十年，始得請祀名宦。於是疆臣率徇眾意，輒請宣付立傳表章，曠典日致猥濫，仁堪為不愧云。」

〔2〕《清史稿》卷四百五十一：「段起，字小湖，湖南清泉人。……光緒二年，再授江西督糧道，調江南徐州道。」

【附錄】

蔡雲萬《蟄存齋筆記・王仁堪》〔註1〕

王仁堪光生，字可莊，以殿撰出身，曾奉欽派為江南鄉試正主考，文章經濟，咸推為他日封疆之選，非風塵中吏也。吾鹽陳惕庵孝廉即其所取士也，嗣孝廉以門下士禮謁見座師，頗邀先生獎許，臨別請賜訓言，先生云：「吾願汝為古之志士，不願汝為今之名士也。」其素抱可以想見。逾年即外放為鎮江府知府，本省督撫藩臬各憲，前因先生任主考時曾以欽使禮節接待之。此次雖為屬員，而各大憲當時對於先生仍未肯自居為長官，每有通飭案件，均直飭鎮江府丹徒縣，文末附云「並仰該縣轉報鎮江府查照」云云，可謂特予優異，亦可見先生之晶望，令人心儀。未幾突卒於任所，齎志以終，聞者惜焉。

上祭酒王益吾師書

去年仲冬月朔，拜別吾師於虛受堂中。越二日，復遊於寄園，憩於墨華之樹，誦吾師《十詠》之詩，至《永慕》一作，不禁三復流涕。遂由湘菜畦西至永墓廬前，欲入觀壁上碑記。門固鍵不可啟，文遠視不可辨識，僅於門外瞻拜遺像，留連久之而後去焉。嗚乎！人子有親不獲事之，而僅能慕之，此亦天下之至憾也。然吾師道崇而學邃，宦成而身退，所以顯親與慰親者至矣，復何憾哉！

〔註1〕蔡雲萬《蟄存齋筆記》，上海書店出版社，1997年版，第73頁。

　　玉樹以鄉曲下士，猥蒙不棄，所以遇之者甚厚，而期望之者甚大而遠，既有制藝之選，復有《毛詩異文箋》之刻，遂以無本之學，暴得虛譽於江淮間。嗚乎！聲聞過情，君子恥之。本原之地，其不可示人者多矣。其可示人者，皆與性情渺不相屬者也。是徒以學術掩飾性情之不逮，雖有大過人者，亦且浮偽無足嘉尚，況戔戔者之無以異於人也。玉樹年甫弱冠，先君子已棄世，未享一日雞豚之奉。二十而後，不自珍惜，身罹羸弱之疾，慈母煢煢，日處優危中。疾甫瘳，又以貧窶授徒四方，雖亦迎養至館，然一歲之中，與母居者不及半載。又不能養志承顏，紓其憂而致之和樂之域。年近四十，未夢熊羆〔1〕，庭幃時聞愁歎之聲。彌留之際，猶戚戚引以為憾。不孝有三，得其大焉。嗚乎！此皆不可告人者矣。猶憶去歲進謁時，吾師詢及堂上康彊與否，玉樹頻蹙起立，以衰病對。嗚乎！衰病癒於死亡，今安所得衰病之親而事之哉！其在《詩》曰「欲報之德，昊天罔極」。極者，殛也。殛者，誅也。謂欲報親之德，而昊天勿我誅也。凡不孝者，天所誅也。玉樹既不能報二人之德，而又幸免上天之誅，今且欲報，無可報矣。

　　唯是吾母好善出天性，省嗇食用，以振恤困乏，可以革叔世澆薄之俗，不可無銘幽之文傳後昆，以為法守。昔承大德貺高文以志吾父之墓，愚不自忖，欲援前例。斬焉衰絰之中，譔成吾母行狀一紙，方欲達之成均。尋閱邸抄，知吾師已奉詔開缺。欲寄長沙，而又不知珂里所在。繼聞有貴介弟在楊蓉浦先生幕中，即函請轉寄吾師。倘不忘遠人區區之誠，哀其意而賜之銘，是不朽吾母而嘉惠玉樹兄弟於無窮也。昔吳南屏請梅伯言銘其考墓，所為行狀，伯言稱其「不虛美，不繁稱，能信其親於人」。玉樹不敢自比於南屏，而吾師則近今之柏梘，不敢妄為溢美之詞，以欺吾師者兼欺吾母也。道路阻長，登龍無期。臨穎如搗，曷其有極。恭請道安，伏希垂鑒。

【疏證】

〔1〕《詩經・小雅・斯干》：「下莞上簟，乃安斯寢。乃寢乃興，乃占我夢。吉夢維何？維熊維羆，維虺維蛇。大人占之：維熊維羆，男子之祥；維虺維蛇，女子之祥。」

【附錄】

王先謙《寄園雜詠十首》（《虛受堂詩存・丁亥》

墨華榭

深簷翳青冥，奇石逞光耀。元音發沉濬，嗣者各英妙。誰知榛蕪沒，久辭日月照。尚恐沉埋多，巡廊獨憑弔。陳君延恩《寄園八詠》末有祁文端跋，二碑存一，知缺失不免。

盧受堂

吾哀宇宙間，人盡為我累。一塵起方寸，萬象森魑魅。時來茲堂坐，虛靜見心地。澄之使不盈，以作載道器。

永慕盧

漢王守藩國，望母作臺園。盧君蒞官舍，都屋設几筵。榮峨崔邠帽，慘泣歐陽阡。來者同此心，茲盧庶可全。

存雪亭

季子不可作，名園蕩無存。誰歟始亭者，懷古意何敦。我今踵為之，作記代其言。欲尋雪浪跡，有石仍孤蹲。亭旁有巨石，相傳季遺物。

雪浪湖

湖形今已迷，池水猶可玩。信知斯園地，僅割清機半。《江陰縣志》：「署西偏得季科清機園故址之半」。春深桃李喜，人到鵝鴨亂。吾師杜陵意，此景雪邊看。

香雪亭

破蕚臨風晨，橫枝耿月夕。孤亭偶來憩，微香蕩吟魄。海壖春到晚，彼美傷岑寂。無那詠花人，當花有行役。梅花二月杪盛開，督學者每先期離署按試，不能待也。

斠古閣

傍池闢小閣，佔地喜孤高。避寒閉北戶，挹爽開西僚。欣然展我卷，坐覺神解超。何必學董生，目不窺園條。

蒼篔徑

步屧上後園，千竿青玉映。逶迤遠相屬，巧作通幽徑。滋培閱歲時，鞭逸籜爭迸。勉爾拏雲質，各放凌霄勁。

列岫亭

恣覽卑舊基，更端就新築。平生谿達胸，騁此千里目。四山獻嵐翠，趨走競蒲伏。大笑東風前，因人真錄錄。

湘菜畦

我生走江海，魂夢瀟湘湄。頗喜園夫勤，鄉味日以滋。未忘季鷹志，聊作元修詩。雞豚亦云美，我心終不移。

王先謙《虛受堂文集》卷十三《永慕廬記》

光緒八年五月，先謙奉母喪自京師歸葬長沙，即所居為永慕廬，而郭侍郎嵩燾為之銘。既除喪之明年，入都補官。越二月，遂奉督學江蘇之命。既蒞官，葺復署西偏之寄園，復為廬於園北隅，奉吾父母遺像其中，朝夕瞻拜，以志永永無極之哀。蓋天下負罪引慝之僇民，未有如先謙之甚者也。

先謙年二十，不幸先贈公即世。時兩兄先逝，而先謙方為貧諸生，不克備一日馨潔之養。逮其沒也，葬祭之禮多闕而不舉，視仲由氏之所傷，幾或過之。甫卒哭，即橐筆出遊。日營升斗，以奉吾母。又不能居廬負土，衰麻三載，少竭誠悃，以贖萬死之身。而與吾母違離之日，亦彌以多矣。自季弟沒，先謙以供職詞館，迎侍吾母京師。十二年中，疾苦相仍，殤逝相續，怫鬱之事，抵隙沓至。皆先謙之不德，以重貽母憂。蓋求一歲之安善以供笑樂，而卒無有也。此即文章貴仕，極一時之寵榮，然以較閭巷窮民、翁媼相將、扶杖攜童、佝僂笑語者，其戚愉虛實之情，曾不可以並論，況若先謙之瑣瑣無足道者邪？

吾母嘗語先謙：「汝父不及見汝成名，齎恨入地，予亦何敢奢望？惟期汝視學南中行省，予得就養官廨，秩滿即侍予而歸。此願倘可償乎？」今先謙蒙恩竊祿，來官此邦。瞻望白雲，吾親安在？不能不仰天搏膺而長慟也！昔孟子稱大孝終身慕父母，徵之帝舜，五十而慕，此為父母在言也。若父母既沒，觸念生慕，人之恒情，雖終身亦不足言孝。如先謙之不肖，少無以承親懽。及壯強之年，迺益以重其感。每追惟前事，哀從中發，不知涕泗之橫落也。故頻年以來，隨所居為廬而名曰「永慕」者以此。

志稱署西偏為前明江西布政使右參政季科清機園故址。當隆慶時，科以壯歲辭官奉母，母年九十卒，此其構園娛侍地也。今雖遺跡蕩盡，流連愾歎，猶想見白華無聲之樂。而土人相傳園中舊有三到樓者，因諸城劉文恭公鐶之之母嘗三居此署，故以名樓，至今稱為盛事。念前哲之嘉遇，顧鮮民之塊然，是皆先謙所觸事而增唏者也。寄園成，既為之記，復特為斯廬記其緣起云。

王先謙《虛受堂文集》卷十《鹽城縣學生陳君墓誌銘》

光緒十二年丙戌，余按試淮安，得鹽城廩生陳玉樹獻所為《毛詩異文箋》十五卷。余既嘉其能文窮經知古誼，又稔知性行孝友，志氣激昂自樹立，意甚重之。既乃以書來曰：「玉樹粗解章句，非能自力於學也。實惟吾父早歲啟其徑途，以道以掖，俾勿督蒙，以有今日。吾父行義見府志，概而弗詳。鹽城

瀕海窮僻，玉樹兄弟又困於諸生，無氣力致當世大人先生之文，顯揚其先。倘獲賜銘於幽，是不朽吾父而惠玉樹兄弟於無窮也。」余感其意，為序而銘焉。序曰：

君諱蔚林，字松巖，縣學生。性沉默，寡語笑。幼時，人或謂不慧。及就傅，讀書善記覽，迺復以敏聞。遭歲潦饑，為漁樵以養親。晨興，懷麥餅數枚刺舟出，跣足入水，寒風剺骨，困踣欲絕。念親無所得食，迫不敢自休。向夕，魚蝦蘆葦盈載返，歡然侍食共飽，日以為常。稍暇復讀，明年歲稔，讀益奮，學遂大成。見者謂君固窮之節，人莫及也。

君於書無不窺，尤深於《詩》。嘗謂毛、鄭舊說善矣，然詩義廣博，宜以吾思通之。墨守一師，不務明經旨，病與牆面等。故其為《詩》，沉潛本經，博稽眾論，其有不合，反覆求之古文段藉以定其指歸。當時高郵王石臞先生暨文簡公父子，經學為海內大師。其推明故訓，是正文字，發漢以來二千年不闡之祕。君所居壤地邇接，聞風嚮往，孤坐斗室，敝精考索。一義之獲，欣然忘餐，以為自王氏外無多讓也。所著《詩說》若干卷，如釋「思須與漕」，以「須」為「湏」誤字，「湏」是「沬」古文，沬、漕皆衛地，可考實。「既種既戒」，據陸氏《釋文·春秋左氏傳》「種種」，徐本作「董董」，以證「種」、「董」通用，「種戒」訓如《左傳》之「董戒」。「景山與京」，據《士昏禮·注》今文「景」作「憬」，知「景」、「憬」古通，此詩「景」當讀為「憬」。毛《泮水·傳》：「憬，遠行貌」，與上升望、下降觀相屬為義，毛訓大，於文不順。其精思絕詣多此類。

君生嘉慶二十年九月某日，卒同治十二年正月二十三日，年五十九。明年某月日葬捍海堰西祖阡。曾祖某，祖某，父某，本生父某。妻唐氏，同邑縣學生金浦女。男子三：玉冠，廩生；玉樹；玉墀，早卒。女子一，適羊。孫男四，孫女一。

君性儉而樂施。嘗值寇亂，營兵入鄉大索，駢繫老弱將馘以邀賞。君傾貲賄犒，盡脫其俘。其出為嗣父後也，或覬其產豐。君推所有與羣從昆弟姊妹，一無所校。曰：「用田產細故入公門，非吾願也。吾能耐任之而已。」因自號曰耐齋。銘曰：

豐於義而身迺窮，遇之塞其學則通。君固知其有然兮，曰天道其不並隆。而可自信於九原者，將有賢子孫以尻其宗。

蔡雲萬《蟄存齋筆記・潘四農》〔註2〕

淮安山陽縣潘德輿先生，號四農，學術淵懿，制藝尤精，壯歲即刊有《養一齋文集》，年四十餘尚困棘闈。主考官曾讀先生文集，力加揣摩，遂得聯捷，任江南主考時，暗中摸索，多方搜尋，始得先生卷，因拔以冠。謁見時主考喜而迎之曰：「吾所得四農，是吾師也。」其文望之高如此。長沙王益吾祭酒，選刊江浙制藝名家得十三人，先生居首，吾鹽陳愓庵孝廉為殿。從前鄉試發榜，諸生多回里聽捷音，而居停主人，於終場後例備糕果餞行，並附以紅柬，請同寓諸客，客寫各姓縣籍，注明中正榜酬房東銀若干，副榜若干，此例相沿已久。本科先生終場後，房東循例辦理，至先生名，同人詢其酬金數目，先生以為久困諸生，每次寫給房東之酬金均不得沾實惠，遂慨然曰願酬千元，數目已寫下，復申明曰非解元不出此數，一時戲語，亦屬一時憤語也。榜發果領本科解額，房東購題名錄來賀，先生家雖貧，素重品格，不欲失信於人，然為數太巨，承山陽縣令代為張羅，得七百元，房東欣領稱謝而去。先生沒後人，祀山陽鄉賢祠，吾鹽岡門鎮許喬齡先生即為是科副榜，與四農先生為同年，曾有戲賦句云：「三載無人催歲考，四農許我叫年兄。以「歲考」對「年兄」，可謂工極，詞意亦覺雅而有趣。

甲午冬十一月上張香濤制府書

自醜鷗張，妖氛日惡，挫我師徒，毀我兵艦，竊據我藩屬，虔劉我邊陲，九連城、鳳凰廳相繼淪陷。近又有進金復，蓋海失守之信矣。山澤之腹，眷懷軍國，日切杞憂，如醒如噎。天下大計，非所敢言。而近在桑梓，有不可解，大可慮，不可恃而不可不急行者，謹就管見所及，一一陳之。

自七月初十日，有嚴禁糧米出洋之諭，由總署電達南洋大臣，傳諭瀕海各省，違者以軍法從事。此海內所共聞也。鹽邑新洋港，舊有燕齊海舶，運米出洋販賣，鬻於營口、煙臺、天津等處，又由輪船運往韓之仁川、俄之海參威，較之售於內地，價昂利厚。自遵旨封禁，利源驟塞，市儈海商惶惶不可終日。乃往天津，牒於津海關道方恭釗，以接濟民食為詞，請給護照，許其來鹽販運。為方觀察者，宜請命北洋大臣，具疏入告，竢命下之日，再定行止，方為不背詔書。計不出此，北洋大臣徑移諮南洋大臣。南洋大臣亦不請旨，徑檄鹽城放米出洋，顯與七月初十日詔書相背。此不可解者一也。

〔註2〕蔡雲萬《蟄存齋筆記》，上海書店出版社，1997年版，第40～41頁。

　　方今曰豫曰蒙，所在皆是津沽一鎮，蒙蔽尤多。疑群商所持護照，止勾結幕吏，盜用符印，不獨北洋大臣未聞，其事即監司亦未之知。如其聞知，豈無詞以相詰駁？彼稟將食毛踐土，何敢通倭？其說似矣。然彼雖無通倭之心，亦豈有禦倭之計？自倭奴阻兵南洋，糧械運往北洋，皆須護以兵輪，否則英、美諸國輪船代運。吳中為產米之區，滬上為夷船所萃，今不購米於滬而購米於鹽，出洋而後，既無南洋兵船護送，又無北洋兵船來迎，設遇封豕長蛇，何以禁其吞噬？此不可解者二也。

　　以此詰之，彼將曰：「吾舟出洋，必不遇倭也。」彼為此說，止可欺不明海道者耳。彼若往青口、安東衛、膠州等處，不值倭寇，事在意中。彼既稟稱往威海、天津等處，必由北槎山經石島，過俚島，循成山而北而西。成山於鴨綠江口九連城對峙，海面最狹，東距朝鮮不遠，為倭船之所往來，安能保其不遇？一經薙苫，必至藉寇兵而資盜糧。此大可慮者一也，彼其心以為不足慮也。

　　倭有求於我，必善遇以廣招徠。我亦有求於倭，藉善價以償眾費。如不遇倭，則運往內地。假令遇倭，徑以所載售之，彼必不我害也。彼自為謀則得矣，獨不慮市其米而去，兼乘其舟而來乎？彼擒一榜人詢之，知新洋無戰守之備，鹽邑為繁庶之區，伏彼舟中，乘虛暗襲，長崎之甲徑抵瓢城，十萬生靈何堪設想。此大可慮者二也。

　　或謂長距利喙，擇肉而食，瀕海僻陋，必不於此垂涎。不知我國家宅鼎燕京，專仰給東南漕運。漕運鄉分河海兩途，今鮫鱷揚波，海運不可行矣，所恃者獨河運耳。鹽邑與清淮藩蔽，清淮為運道咽喉，運道係京師命派。設由鹽阜登岸，徑據清淮，阻截漕艘，輦轂之下立呼庚癸。此詎可曰新洋、廟灣兩口非要地乎？此大可慮者三也。

　　今於大可慮而弗之慮者，蓋有所恃焉。彼方以傾國之師，專攻奉省，何暇改斾南來。不知九月間，倭船曾南至虎門，窺大角、沙角礮臺，以有備而去。鹽阜與倭之北境東西相值，較之閩、廣迢邐懸殊。迢者可以潛窺，豈爾者不能直搗？前明嘉靖中，淮揚中倭者三，鹽城被倭者再，《明史‧郡縣志》所載甚明。彼時未有新洋港，係由廟灣登岸。今有新洋港，可以直達。而曰彼必不來，果何所見而云然乎？輪船倏忽千里，軍情瞬息百變，況近者北海冰堅，不利行舟，彼必改而南寇，蹈瑕乘釁，在在可虞。此萬不可恃者一也。

　　或又謂新洋港口外有攔門，《沙縣志》所謂「五條沙」，陳倫炯《海國聞

見錄》〔1〕、汪士鐸《梅村文集》所謂「鹽城海外有腰沙、陳馬沙、蠻子沙、陰沙也」〔2〕。彼輪船有擱淺之虞，安能飛越？不知海中之潮有落有漲，沙上之水忽淺忽深，島夷之船有大有小，海船之大而重者可隨潮落而去，倭船之小而輕者豈不可乘潮漲而來乎？凡夷船登岸，止用小艇，巨艦泊之海中，無須近陸。近日倭人攻大連灣，渡鴨綠江，用民船百數十艘結陣而前，我兵聽其所為，莫能抗禦，而彼遂登於岸矣。今恃一沙而弗為備，將如巫臣所譏〔3〕。此萬萬不可恃者二也。

或又謂鹽城防海設有專營，安能聽其駛入？不知綠營積弊太多，一則老羸充伍，淘汰不嚴；二則工匠占役，額數不足；三則器械鈍弊，舊式不改；四則技藝生疏，訓練不勤。當粵匪倡亂時，營兵已不足用，匪始今日；直省營兵皆是，匪僅鹽城。鹽城營官非不得人，而百年積弊，勢難驟革，況又無礮臺以遏於岸，無水雷蚊子船以遏於水。一聞戎警，唯有效檀公之上策耳〔4〕。此萬萬不可恃者三也。

或又謂滄海行舟，專資引水，苟無鄉道，安敢問津？嗚乎！此尤言之可慨者也。島夷法嚴，威克厥愛。中朝寬大，愛克厥威。威既不行，愛徒啟玩。致內奸多於外宄，邦汋伏於中樞。彼之耳目即在吾肘腋之間，我之腹心反為彼爪牙之用，潛漏多魚之師，莫正豎貂之罪；已獲秦人之諜，仍稽絳市之誅。每有見聞，令人扼腕。東直海商，威數來鹽，出入有如庭戶。若曹唯利是圖，何知忠義。脅之以威，誘之以利，疇不為彼前驅。此萬萬不可恃者四也。

為今之計，急務有三。一曰遵詔書以申萬禁。昔人防倭入寇，以誅殺漢奸，斷其接濟為第一要義。鄭曉誅顧表，胡宗憲誘汪直，李如松執沈惟敬，皆以絕倭人之嚮導也。今艨艟數百，絡繹出洋，既慮資彼飽騰，兼恐引其內犯。似宜重申禁令，急電津沽，已來者驅其速去，已去者禁其復來。非奉綸音，不開海禁。有犯禁者，誅其人而沒其資，商儈一同治罪。庶幾奸宄不萌，邊陲可固。此不可不急行者一也。

一曰設守備以重海防。揚海口雖多如茶栟之黃沙，洋角斜之周家洋、富安之唐家洋、東臺之苦水洋既王家港、興化之戴家古淤近皆淺淤，不虞致寇興鹽之閭。龍港雖稍深廣，而紆回曲折，不利行舟。獨鹽城之新洋港、阜寧之射陽湖，地居下流，最為大口，宜擇要設立礮臺，埋藏水雷，添設行營，守以健將，以壯聲勢而衛清淮。而鹽城有產米之富名，新洋為海舟所熟習，慢藏誨盜，隱患尤深。此不可不急行者二也。

　　一曰募鹽梟以銷伏莽。凡不避法網之亂民，即不惜軀命之勁卒也。昔明祖備倭，招漁丁蛋戶島人鹽徒，藉①為水軍〔5〕。鄭端簡總督漕運，亦招鹽徒獷悍者為兵，遂破倭於通州。且言：「武健才諝之徒，困無所逞，甘心作賊，非國家廣行網羅，使有出身之階，恐有孫恩、盧循者出乎其間，為禍滋大」〔6〕，當時以為名言。阜、安、海、沭，民風勁悍，亡命不逞之徒聚眾販鹽，舳艫相接，官兵見之，莫敢誰何。此輩以梟桀之材，抱不平之氣，不為兵則為盜，不為國用則為敵用。為盜固州縣之憂，從敵更國家之患，宜麋以厚餉，募之入伍。多一勁旅，即少一巨盜，海疆隱患庶可潛消。此不可不急行者三也。

　　玉樹章句陋儒，何知軍事，而有魯女倚楹之歎〔7〕，懷越甲鳴君之羞〔8〕，惜不能策京師，條陳烏府。側聞明公集思廣益，開載布公，今由鄂渚移節金陵，遠近想望風采。既有所見，不敢不贅其一得之愚。越俎妄言，無任屏營戰懼之至。

【校記】

①　藉，恐是「籍」之誤。

【疏證】

〔1〕（清）陳倫炯《海國聞見錄·天下沿海形勢錄》：「海州而下，廟灣而上，則黃河出海之口。河濁海清，沙泥入海則沉實，支條縷結，東向污長，潮滿則沒，潮汐或淺或沉，名曰五條沙。（下略）是以登萊淮海稍寬，海防者職由五條沙為之保障也。」

〔2〕（清）汪士鐸《汪梅村先生集》卷二《決汝漢排淮泗而注之江解》：「今安東、阜寧外之五條沙，鹽城外之陳馬沙、腰沙蠻子陰沙。」

〔3〕《左傳·成公八年》：「晉侯使申公巫臣如吳，假道於莒，與渠丘公立於池上，曰：『城已惡。』莒子曰：『辟陋在夷，其孰以我為虞？』對曰：『夫狡焉思啟封疆以利社稷者，何國蔑有？唯然，故多大國矣。唯或思或縱也。勇夫重閉，況國乎？』」《成公九年》：「冬十一月，楚子重自陳伐莒，圍渠丘。渠丘城惡，眾潰，奔莒。戊申，楚入渠丘。莒人囚楚公子平，楚人曰：『勿殺！吾歸而俘。』莒人殺之。楚師圍莒，莒城亦惡，庚申，莒潰。楚遂入鄆，莒無備故也。君子曰：『恃陋而不備，罪之大者也；備豫不虞，善之大者也。莒恃其陋，而不修城郭，浹辰之間，而楚克其三都，無備也夫！《詩》曰：『雖有絲麻，無棄菅蒯；雖有姬姜，無棄蕉萃。凡百君子，莫不代匱。』言備之不可以已也。』」

杜預《注》：「終巫臣之言。」

〔4〕《資治通鑒》卷第一百四十一：「檀公三十六策，走為上策。」

〔5〕萬斯同《明史》卷四百十三《外蕃傳》：「十七年初，張士誠、方國珍分擄溫、臺、寧、紹諸郡並瀕海。及已降滅，而餘黨逋海上，輒斜島倭入寇。高帝業增置戍守，又命南雄侯趙庸招集蛋戶漁丁之族，悉籍為兵，於是海上惡少皆仰食縣官，而方、張餘黨壯者老，老者死，旁海郡縣稍得休息。」

〔6〕張廷玉《明史》卷一百九十九《鄭曉傳》：「俄改兵部，兼副都御史總督漕運。大江南北皆中倭，漕艘幾阻。曉請發帑金數十萬，造戰舸，築城堡，練兵將，積芻糧。詔從之。中國奸民利倭賄，多與通。通州人顧表者尤桀黠，為倭導。以故營寨皆據要害，盡知官兵虛實。曉懸重賞捕戮之。募鹽徒驍悍者為兵，增設泰州海防副使，築瓜洲城，廟灣、麻洋、雲梯諸海口皆增兵設堠。遂破倭於通州，連敗之如皋、海門，襲其軍呂泗，圍之狼山，前後斬首九百餘。賊潰去。錄功，再增秩，三賚銀幣。時賊多中國人。曉言：『武健才諝之徒，困無所逞，甘心作賊。非國家廣行網羅，使有出身之階，恐有如孫恩、盧循輩出乎其間，禍滋大矣。洪武時倭寇近海州縣。以高皇帝威靈，兼謀臣宿將，築城練兵，經略數年，猶未乂安。乃招漁丁、島人、鹽徒、蜑戶籍為水軍至數萬人，又遣使出海宣布威德。久之，倭始不為患。今江北雖平，而風帆出沒，倏忽千里。倭恃華人為耳目，華人借倭為爪牙，非詳為區畫，後患未易弭也。』帝頗採納之。」

〔7〕見本卷《上左季高侯相書》注。

〔8〕《說苑》卷四《立節》：「越甲至齊，雍門子狄請死之，齊王曰：『鼓鐸之聲未聞，矢石未交，長兵未接，子何務死之？為人臣之禮邪？』雍門子狄對曰：『臣聞之，昔者王田於囿，左轂鳴、車右請死之，而王曰：『子何為死？』車右對曰：『為其鳴吾君也。』王曰：『左轂鳴者工師之罪也，子何事之有焉？』車右曰：『臣不見工師之乘而見其鳴吾君也。』遂刎頸而死，知有之乎？』齊王曰：『有之。』雍門子狄曰：『今越甲至，其鳴吾君也，豈左轂之下哉？車右可以死左轂，而臣獨不可以死越甲也？』遂刎頸而死。是日越人引甲而退七十里，曰：『齊王有臣，鈞如雍門子狄，擬使越社稷不血食。』遂引甲而歸，齊王葬雍門子狄以上卿之禮。」

上趙展如〔1〕中丞書

嘗聞天下之治亂，視乎人心之是非。是非不明，則邪正倒置，必至以夷

〔2〕、魚〔3〕為溷，跖〔4〕、蹻〔5〕為廉，植薋菉而拔蘭荃，縱鴟梟而囚鸞鳳。人心世道之患，非壟一鄉一邑之憂也。鹽邑劉明府止計是非，不論利害，治鹽三載，勤敏臨事，清介絕塵，民懷吏畏，當久在明公洞鑒之中。今忽為言官劾罷，四境聞知，靡不駭惋，士憤於庠，農謠於野，商嗟於市。其鼓掌得志者，唯覬幸災禍以圖報復，遠播蜚語以瞀聽聞者耳。取生下之，為桑梓惜；良吏上之，為邦國惜。人材欲為痦蜩，有所不忍。間關投牒，義不容辭。謹將其維俗興利除害諸實政，覼縷陳之。

明府嘗謂：居今日而欲制勝外夷，不外岳鄂五二語：「文不愛錢。武不惜死，則可致太平。」故於馬關立約之後，即自捐廉俸，枼刻《欽定勝朝殉節諸臣錄》，以廣先皇帝教忠大訓。深衷遠識，有非章句陋儒風塵俗史所能窺刊者。此維俗之實政一也。

明府又謂：自強之基，儲材為急。為學之要，尚志為先。乙未冬月，籌貲二千餘緡，創建尚志書院，廣購經籍，招集邑之高材生肄業其中，捐俸延師，誨以漢宋諸儒之學。今歲秋，又購買民房二十間，謀創算學書院，以振興疇人之學。此維俗之實政二也。

明府又以明季甲申、乙酉間，鹽邑多捨生取義之士，鄉賢漏祀，俎豆闕如，幽隱未彰，無以為立懦廉頑之助。因崇祀王節愍公百度、酆節愍公報國等十餘人於尚志精舍，以風示學者。與明公於雲間創建融齋書院，奉興化劉融齋先生栗主其中，其意正同。此維俗之實政三也。

鹽邑自石𥒥、天妃、正越三牐久圮①不修，東塗鹹潮頻年侵灌，農田斥鹵，飲溉俱窮。桔橰高懸，禾稼蒍萎，黎民阻饑，墐戶逃往江南者，不絕於路。各大府雖軫念鹽民痌瘝在抱，束手相顧而無如何也。明府隸鹽之初，正海水西不侵之日，士民皇皇，有如寇至。明府選任端良，屏黜貪佞，排斥浮議，力障狂瀾。集貲萬民，築堰捍海，勞瘁數月，三壩告成。廿年大厲，一朝而殄，萬眾鼓舞，懽若更生。淡鹹之界既分，稻梁之利日溥。數年秋稼，合境豐穰。民食既豐盈，租稅亦無虧欠。此興利之實政一也。

牐之開閉也易，堰之啟塞也難。呂堰代牐，可暫而不可常。三堰既成，遂議先修越牐。越牐既成，復議兼修正牐。不費國家一錢一粟，專以精誠感激，俾商民踴躍捐輸，先後集錢數逾八萬，一勞永逸，可為鹽邑百年之利。萬家尸祝，良有由來。此興利之實政二也。

里河各州縣，女甫齔，教之紡。稍長，教之織。布帛之利，豐於麥禾。鹽

邑向無機聲，巾幗無以自給，致有輕去其鄉，淪於污賤。明府惻焉憫之，於城內創立紡織局。遲延織師購買杼梭，集孌稚十數人，誨以紡績。未及一年，已著成效。此興利之實政三也。

明府捐廉之事，不可勝書。而碩德深仁，無如今歲捐廉，以濟海濱之困。六月十三日，颶颱馳驟，海水飛潦，濁浪西趨，郊原沉沒，室廬貲畜蕩滌無餘。男婦葬魚腹者，新伍兩場以數千計。明府康濟為懷，不分畛域，首捐二千緡，振濟災黎。邑中好義之士，聞風鼓舞，捐貲至七千餘緡。運往海瀕，給衣穀以禦飢寒，建室廬以蔽風雨。海瀕溝瘠，賴以更生。此興利之實政四也。

鹽邑安清道友萌芽於五六年間，由縣宰斂不任事，徒黨漸蕃，其魁有十虎一彪之目。明府飭役急捕，彪虎望風遠遁，塵野肅清，民乃胥安。今春，明府去任，相率來歸，為暴如故。及季夏，得奉檄回任之信，復攜黨遠颺。其未逃觀釁者，尚有數人。明府接篆未一日，即密捕械治之，餘黨乃悉遁去。使州縣盡如明府，伏莽可以不興，治亂未萌，端資茂宰。此除害之實政一也。

鹽民負氣好爭，片言齟齬，天水違行。生監之虎而冠者，復媒糵其間，使兩造傾覆身家，若輩緣以為利。明府謂水懦不如火烈，鋤莠所以養苗。擇尤嚴懲，不稍寬假，請託不行，苞苴路絕。豪強屏戢，良懦以綏。雖岑熙伐枳棘〔6〕，龐參拔大薤〔7〕，無以過之。此除害之實政二也。

鹽邑吏胥向為巨害，琴堂稍懦，反或以為爪牙，結為心腹，而吏胥之焰益張，黨益眾矣。明府日坐堂皇，馭吏嚴密，白役汰際百餘，陋規裁革殆盡。遇有作奸犯科、舞文弄墨者，無不立予桁楊，除其名籍。雖延請要人為之緩頰，亦拒而不應。總役姚慶最為巨蠹，勢焰薰蒸。歷人邑侯，匙不重任。凡為大猾，無不與交。明府重笞永革，遐邇稱快。奸胥蠹役，不敢復憸索民財。此除害之實政三也。

閭閻之災禍，以命案為最巨。一聞官至，比鄰皆逃。胥吏之利源，以命案為最豐。一聞投牒，酌酒相賀。憶曩者，官府詣鄉勘驗，巨艦多至十數艘，僕從多至數十人，案猶未結，而傾貲破家者已不一人矣。明府勘驗重案，所攜不過數人，皆萃於己舟之內，自給餐錢，民無供給。己未登岸，不容從者之先登。己既回舟，不容從者之留滯。有不費一錢，未終一日，而重案已結者。以前假借人命，恐猲取財之風，不禁自除。此除害之實政四也。

私錢之為害窮民久矣。州縣往往籍查禁之名，收闤闠之費。明府不名一錢，力除積弊。不拘時日，赴市親查。固不牒委屬員，更不假手胥吏。令行禁

止，市廛蕭然。凡醿商之收鹽、典商之質物、錢商之出入，概用制錢，未由取巧。豪右雖怨，窮黎感恩。此除害之實政五也。

　　以上十數事，皆實政之大者。其他如修邑志以闡忠孝，分俸錢以振單寒，毀小說以禁導淫，捕蟻媒以杜潛誘，修城垣以資保障，設義渡以濟行旅，廣育嬰以宏保赤，拓郵斄以矜苦節，修圄圄以惠獄囚，革船埠以杜苛擾，裁門丁以示嚴肅，馭兵弁以仰強粱，亦皆實政之不可湮沒者。

　　然其所短，亦不可諱。方今之世，非趨時無以避謗，非諧俗無以養交，非避謗養交無以持祿而固位。明府不趨時而矯時，不諧俗而憤俗。持正嫉惡，惡亦嫉之。嫉惡如仇，惡亦仇之。盜憎主人，何所不至。蜮弧鵙矢，自有由來。祿位不固，寧非自取。然與時為離，與古為合，與俗為短，與道為長，好古守道之君子必不以為非也。昔陳恪勤為總督阿山所劾，致江寧民鼓譟罷市，賴安溪一言默回天聽〔8〕，吳人至今以為美談。明公抗心希古，今之安溪也。伏乞俯採輿論，上達宸聰，以昭是非之公，而作循良之氣。世道幸甚！吾民幸甚！

【校記】

　　① 圮，原作「圯」。

【疏證】

〔1〕《清史稿》卷四百六十五《趙舒翹傳》：「趙舒翹，字展如，陝西長安人。同治十三年進士，授刑部主事，遷員外郎。讞河南王樹汶獄，承旨研辨，獲平反，巡撫李鶴年以下譴讁有差。居刑曹十年，多所纂定，其議服制及婦女離異諸條，能傅古義，為時所誦。光緒十二年，以郎中出知安徽鳳陽府。皖北水祲，割俸助賑。課最，擢浙江溫處道，再遷布政使。二十年，擢江蘇巡撫。捕治太湖匪酋葉子春，餘黨股栗；復為籌善後策，弊風漸革。明年，改訂日本條約，牒請總署重民生，所言皆切中。是時朝廷矜慎庶獄，以舒翹諳律令，召為刑部左侍郎。二十四年，晉尚書，督辦礦務、鐵路。明年，命入總理各國事務衙門，充軍機大臣。拳匪據涿州，舒翹被命馳往解散；匪眾堅請褫提督聶士成職，剛毅踵至，許之。匪既入京，攻使館。聯軍至，李秉衡兵敗，太后乃令王文韶與舒翹詣使館通殷勤，為議款計。文韶以老辭，舒翹曰：『臣望淺，不如文韶！』卒不往。旋隨扈至西安。聯軍索辦罪魁，乃褫職留任，尋改斬監候。次年，各國索益亟，西安士民集數百人為舒翹請命，上聞，賜自盡，命岑春煊監視。舒

魁故不袒匿，又痛老母九十餘見此慘禍，頗自悔恨。初飲金，更飲以鴆，久之乃絕，其妻仰藥以殉。」

〔2〕《史記》卷六十一《伯夷列傳》：「伯夷、叔齊，孤竹君之二子也。父欲立叔齊，及父卒，叔齊讓伯夷。伯夷曰：『父命也。』遂逃去。叔齊亦不肯立而逃之。國人立其中子。於是伯夷、叔齊聞西伯昌善養老，盍往歸焉。及至，西伯卒，武王載木主，號為文王，東伐紂。伯夷、叔齊叩馬而諫曰：『父死不葬，爰及干戈，可謂孝乎？以臣弒君，可謂仁乎？』左右欲兵之。太公曰：『此義人也。』扶而去之。武王已平殷亂，天下宗周，而伯夷、叔齊恥之，義不食周粟，隱於首陽山，采薇而食之。及餓且死，作歌。其辭曰：『登彼西山兮，採其薇矣。以暴易暴兮，不知其非矣。神農、虞、夏忽焉沒兮，我安適歸矣？于嗟徂兮，命之衰矣！』遂餓死於首陽山。」

〔3〕《論語·衛靈公第十五》：「子曰：『直哉史魚！邦有道如矢；邦無道如矢。』」

〔4〕《莊子·盜跖第二十九》：「孔子與柳下季為友，柳下季之弟，名曰盜跖。盜跖從卒九千人，橫行天下，侵暴諸侯。穴室樞戶，驅人牛馬，取人婦女。貪得忘親，不顧父母兄弟，不祭先祖。所過之邑，大國守城，小國入保，萬民苦之。」

〔5〕《荀子·議兵篇第十五》：「莊蹻起，楚分而為三四。」《韓非子·喻老第二十一》：「莊蹻蹻為盜於境內，而吏不能禁。」

〔6〕《北堂書鈔》卷三十五《政術部九》：「華嶠《漢書》：『岑熙為東郡太守，為歌之曰：我有枳棘，岑君伐之。我有蟊賊，岑君遏之。狗吠不驚，獨於斯時。』」

〔7〕《後漢書》卷五十一《龐參傳》：「拜參為漢陽太守。郡人任棠者，有奇節，隱居教授。參到，先候之。棠不與言，但以薤一大本，水一盂，置戶屏前，自抱孫兒伏於戶下。主簿白以為倨。參思其微意，良久曰：『棠是欲曉太守也。水者，欲吾清也。拔大本薤者，欲吾擊強宗也。抱兒當戶，欲吾開門恤孤也。』於是歎息而還。參在職，果能抑強助弱，以惠政得民。」

〔8〕《清史稿》卷二百七十七《陳鵬年傳》：「尋擢江寧知府。四十四年，上復南巡，總督阿山召屬吏議增地丁耗羨為巡幸供億，鵬年力持不可，事得寢。阿山嗛之，令主辦龍潭行宮，侍從征餽遺，悉勿應，忌者中以蜚語。會致仕大學士張英入對，上問江南廉吏，舉鵬年；復詢居官狀，英言：『吏畏威而不怨，民懷德而不玩，士式教而不欺，廉其末也。』上意乃釋。幸京口閱水師，先一日，阿山檄鵬年於江干疊石為步，江流急，施工困難，胥徒惶遽。鵬年率士民親運土石，詰旦工成。顧阿山憾不已，疏劾鵬年受鹽、典各商年規，侵蝕龍江關稅

銀，又無故枷責關役，坐奪職，繫江寧獄。命桑額、張鵬翮與阿山會鞫，江寧民呼號罷市，諸生千餘建幡將叩閽。鵬年嘗就南市樓故址建鄉約講堂，月朔宣講聖諭，並為之榜曰『天語丁寧』。南市樓者故狹邪地也，因坐以大不敬，論大辟。上與大學士李光地論阿山居官，光地言阿山任事廉幹，獨劾陳鵬年犯清議，上頷之。讞上，鵬年坐奪官免死，徵入武英殿修書。」

上淮揚道謝子受先生〔1〕書

鹽邑僻在海隅，從無上官入境。今者旌麾遙臨，萬眾瞻仰，謂當有政績嘉惠吾民，不唯千百貧士，引領望書院告成如望歲也。玉樹食毛踐土，愧無涓埃可以報稱。雖有當仁不讓、見義必為之思，處於《乾》卦初九、《坤》卦六四之位，苟非其人，未敢陳言。明公勤恤民隱，逾於守宰，謹就管見所及可以利民者，陳述以供採擇。

淮揚海等處民生困厄，由於不知紡織之利，而又歲有買布之費。買必以錢，錢出於穀。大稔之歲，穀一斛易布一疋，一人歲需布三疋，八口之家歲需布二十四疋，即糜穀二十四斛，麻縷絲絮尚不在此數。以衣妨食，而生計蹙矣。夫民不知織，非盡遊惰，以無導之者耳。導民紡織，宜先教民種植桑棉。鹽城西北下隰之地，桑極菀茂，論者謂不如女桑之樹卑而葉大，弗宜於蠶。然人家育蠶亦獲厚利，但甚少耳。今宜教民多種桑株，以興蠶事，略仿范忠宣知襄城故事〔2〕。民犯輕罪，罰令種桑以免。个數年，沃若可以遍野。鹽城東鄙場竈高燥之地，民多種棉為生。棉一畝，歲可獲錢十數緡。十數年來，種者漸廣，皆售於遠商，弗知紡織。今當遠聘織匠，使攜織具，先於瀕海種棉之地，教民織布。民知其利，漸相仿傚，愈推愈廣。不數年，而紡織之聲可使遍於比戶。范隄以西，其土高燥，宜於種棉，而民不知其利，亦宜廣為勸導。夫所謂勸導者，非專恃文告之謂也。文告之見輕於民久矣。黏糊牆墉，民過其下，鮮有仰而觀者。風雨飄零，淪於泥土，而官乃謂吾言已出，吾政已行矣。以虛言為實政，於民果何裨乎？今宜去渙號之虛文，遵先勞之聖訓。歸途所經，招父老至前，溫語拊循，告以種棉桑之利。並各鄉揀一二公正紳士，手札獎勵，俾相勸導。然後再張文告，使民周知。明公復每歲巡閱一二次，親至原野，視其盛衰，判其勤惰，以為賞罰。罰者振知所恥，賞者知所勸，如是而桑棉不盛，紡織不興者，未之有也。愚賤小民，獲縣令一二溫語，榮於冠帶，況監司之尊愈於縣令，紡織之利切於己身者哉！此為救乏之良圖，愛民之實政，

古今循吏無以易此。且盜生於貧，貧生於惰，振貧乏而使之富，率遊惰而使之勤，準諸明公患盜之心，亦以此為拔本塞源之計。

【疏證】

〔1〕李詳《藥裏慵談‧謝子受先生》（《李審言文集》，江蘇古籍出版社 1989 年版）：

　　子受先生名元福，廣西臨桂人，同治辛未翰林。光緒己丑，補授淮揚海道，觀風兩府一州。余以《擬阮籍詠懷》、杜老《詠懷古蹟》及《竹枝詞》受知。辛卯往謁先生，留為書記。時諸幕賓，皆衣服麗都，余籠束樸野，蒙加禮異。性好購書，有書賈至，必委余決擇。藏書四百簏，屬余司其鑰，分別部居，始有條理。先生好談醫。一日，銜參漕帥松椿，松病甫愈，先生勸服瓊玉膏。松問出何書？以《洪氏集驗方》對。先生回署，即遣鈐下取書。先生甫卸外褂，惶急不知書隸何部。亟召余往，告以在《士禮居叢書》內，先生大喜，付鈐下復漕帥，謂解其窘也。先生官淮海久，性懦忍，小人夤緣為奸，先生不免假借之，為其受過。剛毅奉使下江南，劾先生濫刑，罷去。後再起，復以請開海州礦，為張文襄劾罷，恐於其中影射洋股也，時先生已老貧，不能回籍，仍居清江浦，抑鬱以終。余寄一詩挽之云：「淮水東流感逝波，北遊日復歎蹉跎。異鄉客死唯蠅弔，窮巷門深有雀羅。白首敬通齎恨沒，素交到溉負恩多。升堂雖晚居賓右，昔日西園忍重過。」丹徒陳君祺壽，賞余此詩，謂有古人不忘府主之誼。所謂到溉者，由先生卵而翼之，歷典大州，擁資十餘萬，捐升道員。先生存日，既無涼秋及時之酬，又無西華葛帔之恤。易姓以後，嗒然若喪。思所以負先生者，應視余詩為劉峻《廣絕交論》矣。

又，《西園鶴賦》（《李審言文集》，江蘇古籍出版社 1989）：「余以光緒辛卯，獲遊桂林先生之門，假館官邸，儵再冬夏。」

胡雪抱《挽前淮揚道謝子受姻伯二首》（胡雪抱著，胡迎建箋注《昭琴館詩文集箋注》，江西人民出版社 2008 年版）：

　　一面慳事亦奇，碧雲沉鬱慘歸期。羈人搶攘通闉頃，老子淒涼易簀時。安石清談餘俊客，彥升遺累痛群兒。素車白馬空西去，忍見淮黎遍口碑。

　　高賢幼識憶南都，僑肸風流古大夫。三巳果然無慍色，十年為政惠饑徒。此間召伯終名埭，今日黃公剩有壚。寂寂清淮流夜月，西洲殘醉淚模糊。

〔2〕《宋史》卷三百一十四《范純仁傳》：「仲俺沒，始出仕，以著作佐郎知襄城縣。兄純祐有心疾，奉之如父，藥膳居服，皆躬親時節之。賈昌朝守北都，請參幕府，以兄辭。宋庠薦試館職，謝曰：『輦轂之下，非兄養疾地也。』富弼責之

曰：『臺閣之任豈易得？何庸如是。』卒不就。襄城民不蠶織，勸使植桑，有
罪而情輕者，視所植多寡除其罰，民益賴慕，後呼為『著作林』。」

上淮揚道謝子受先生書

　　玉樹讀《周書》，至「智藏瘝在」〔1〕而重有感也。智者非盡冥情遺世，何
樂於藏？然瘝者既群在位，職弗藏，己將亦並罹其瘝，惡在其為智也？然人
盡遁藏為智，而置吾君於千百瘝者之手，君與民俱瘝，而國亦隨之。彼瘝者
不足誅咎，無亦智者有未仁歟？亂世仁者，大抵不忍言智，眾趨於智，而己
守其愚。勤勤焉必欲拯救君國之瘝，而置吾躬之瘝於度外，雖捐棄其頂踵而
不悔也。且吾躬之瘝與不瘝，自有黔雷〔2〕嘿為主宰，安見不藏者之必瘝而藏
者之必不瘝哉！即不幸身受其瘝，於己之性分非有毫末之損，而況任一邑則
救一邑之瘝，任一郡則救一郡之瘝，其造篤祜於吾民者無窮期哉！今者吾邑
瘝甚矣，吾謂皆劉明府之藏之階之厲也。藉令智者不藏，瘝者曷由接踵而隸
吾邑。然執事方贊明府之藏為高，蓋以時事言也。下走竊議明府藏為恝，亦
正以時事言也。脫令當順、康、雍、乾之世，海內吏治清肅，明府縱不再來，
來者不減明府，百姓何必喁喁焉望明府如望歲哉！然執事又謂此言為一邑謀，
而非所以愛明府也，不知此正所以愛明府也。不以荷蓧丈人期明府，而以尼
山期明府；不以於陵仲子期明府，而以嶧山期明府；可不謂愛之至歟！使明
府而必為丈人，仲子躬耕招寶之麓以終其身，智則智矣，恐非所以報禮君國
於萬一耳。明府於執事有知己之感，如不吝尺書相睨，引古義相敦勖，吾知
明府必幡然出山，以嘉惠百里元元也。若玉樹者，無求於明府，非以其來去
為重輕者也。

【疏證】

〔1〕《尚書·周書·召誥》：「茲殷多先哲王在天，越厥後王後民，茲服厥命；厥終
　　智藏瘝在。」

〔2〕《漢書》卷五十七下《司馬相如傳下》：「左玄冥而右黔雷兮。」顏師古《注》：
　　「張揖曰：『玄冥，北方黑帝佐也。黔雷，黔嬴也，天上造化神名也。《楚辭》
　　曰：『召黔嬴而見之』。或曰水神也。』」

戊戌春閏月擬上張香濤制府書

　　今天下亦殆哉岌岌矣！洋債日多，竭吾膏髓，岩疆割據，扼我咽喉。瓜

分華土，介狄誦言不諱。所以不遽議分者，非因各國心志未一也，非因羅剎鐵路未成也，特有所畏耳。非畏我皇上天威也，非畏我師武臣方也，畏我民耳。國恩汪濊，深入人心。薄海尊親，同懷忠憤。雖以旅居南洋各島更歷數世者，猶有吉了思漢之心。矧處華疆，能諼愛戴，故倭取臺灣，揭竿蜂起，勞師糜餉，叛服無恒。華民之心之不易降也，彼族亦知之矣。

然民心亦可恃，而不可深恃也。吏治濁涽，民生調敝，戾氣感召，天災流行，穀價騰踊，物力耗竭，而為牧令者惟恐子孫之凍餒，忍剝溝壑之脂膏，忍饑待斃，而朝廷莫之知者多矣。此不可深恃者一。綱紀墮弛，奸宄滋繁。伏莽萑蒲，所在皆是。此曹咸有幸災貪亂、荼毒宗社之心。燎火燎原，蟻穴潰堤，識者患之。此不可深恃者二。凡值華洋交涉之案，官皆挫抑華民，以長教民之燄而快夷酋之心。元元始怨夷人，繼憤華官，久且不能無所望於皇上。此不可深恃者三。泰西賦稅至重，名目孔多，厚取於民，而民不怨者，以無中飽之患也。華民因憎官吏之貪，罔恤國家之急。股票名為昭信商民，適以滋疑稅斂，以次而增烝黎，以漸而貳。此不可深恃者四。

迨民心一無可恃，犬羊乃一無所憚。近日英人所以處緬甸，法人所以處越南，倭人所以處琉球者，即他日群醜所以處中國也。言念及此，痛憤曷極。凡屬食毛，宜同恫緯。乃中外冠帶之倫，謬謂小休不憂大厲，方且孜孜汲汲，馳逐聲利，如沉醉酣眠，雷霆震之而不驚，豺虎守之而不畏。曠觀歷代叔季之臣，未有若今之夢夢者。彼豈不知漏舟將沈，仍酣歌豪飲，莫肯小心勤慎，以捩舵司帆者，謂眾人湛溺之際，己或可泅水而逸，抱木而逃，不至葬於魚腹耳。無論天道禍淫，萬難幸免，即令自脫於洪濤狂颶之中，而乘是舟之萬眾盡付波臣，有是舟之一人置身何所？此可為慟哭流涕長太息者也。

明公經濟文章，卓越當代，而又有公忠體國之忱。自山東李中丞罷黜後，海內物望，咸歸執事。今自鄂渚奉詔入朝，九重眷眷，萬目睽睽，謂必有以宏濟時艱，轉移危局。愚以為明公陛見時，宜伏地慟哭，涕泗交流，以動皇太后、皇上震懼之心。援主憂臣辱之義，力請鐫官，貶秩戴罪，視事以作群臣愧恥之心。效卜式之輸財助邊，踵楚相之毀家紓難，稍留貲產，以供子孫衣食，其餘悉以入官，以啟群臣酬報之心。力請皇上下詔罪己，痛自刻責，屏除忌諱，嚴禁頌揚，以激薄海忠義奮發之心。人心驟轉，即積習可回。見聞一新，氣象頓異。不必事事仿傚西法，知西人亦必有敬我畏我之心。國勢之化弱為勍，邦本之轉危為寧，一指顧間耳。孰謂天下事竟不可為哉！

　　然強國固邦之要，不盡於此。謹擇其重大且切近者，臚為八條，為明公詳陳之。

　　一、師傅宜得人也。大抵天下之安危繫於朝政，朝政之治忽根於君心，君心之敬肆懸於師傅。師傅得人與否，邦之杌隉榮懷所由分也。常熟翁協揆久為師傅，皇上之委任至重，海內之期望至深，謂可以致君堯舜。乃向者千夫共指合肥，今則百喙交謫常熟。縱人言不免吹毛，然律以古人責難陳善之義，誠不免有愧色矣。丹扆之箴，何人進獻。經筵之講，久不舉行。內廷之服御日即紛華，宮禁之度支未能撙節。左右或進呈書畫之玩，師保究未聞匡弼之言。外夷之藉端肆侮，背約要求，未必不由於此。然皇上以天縱之資，懋日新之德，輕若折枝，易同反手，亦視臣工啟沃何如耳。明公誠以忠愛為心，宜泣諫皇太后、皇上黜優伶，減聲樂，屏玩好，戒興作，以儉樸為天下先。復力薦忠清亮直之臣，如崇文山尚書、黃漱蘭侍郎、徐季和廷尉、盛伯熙祭酒、於次棠方伯者，居上書房總傅之任，日進忠言讜論，使皇太后、皇上無忘祖宗創業之艱，無一時不以憂勤惕厲為懷，無一事不以般樂宴安為戒。上行則下效，主聖則臣賢，百爾自發揚志氣，振刷精神，力誠曠官，以副皇上孳孳求治之意。孟子所謂「國家閒暇，及是時明其政刑，雖大國必畏」〔1〕者，可於今日期之。此重大切近者一也。

　　一、宗藩宜早建也。我皇上魚貫雖眾，熊夢未占〔2〕。六宮迫求一索之生，九有咸切多男之祝。為國本計者，或謂宜選擇近親，毓之宮中，如宋仁宗故事。皇上春秋鼎盛，或不宜遽籌及此。然宗藩必不可少也。江漢之永也，有沱潛以為之枝；泰岱之大也，有梁雲以為之輔。邦國何獨不然？所懼者建立非人，或反為患害耳。然臣庶子孫尚多秀異，天潢貴胄豈乏英賢。愚以為自親王、郡王而下，至四品宗室，宜遴其才，而幼者使遊歷西洋，練習風濤，增長器識，以備將來器使之需。擇其賢而長者，俾出鎮邊徼，假以歲月，重其事權，以備異日屏藩之助。否則，萃處京華，虛糜宗祿，平居無以練其才，有事無以收其用，是愛之適以害之。且孤榦無枝，非所以為喬木也。昔曹魏昧百足不僵之義，猜防宗室，後乃為司馬懿薄錄，悉置鄴都。唐之宗室聚於一宮，羯胡之亂，至無噍類。宋之諸王皆居輦下，青城之禍，舉族北轅。前代已事，可為殷鑒。此重大切近者二也。

　　一、民情宜俯順也。《禮記》有言：「民之所好好之，民之所惡惡之，此之謂民之父母。」〔3〕泰西諸國所以無敵者，以議院之設，好惡同民，故能舉國

一心，匹休三代也。近日民所同好者，團練義勇。固守遼陽如徐璵齋，近已洊升兵備。此足以愜眾情矣。然如安小峰侍御以直言獲咎，久戍龍荒，臺費雖輸，賜環尚遠。李鑒堂中丞以德國興戎，罷歸里閈，既不任以川督，亦未處以京堂。此海內士民所同聲喟憤者也。近日民所同惡者，望風逃潰，失地喪師，如衛汝貴久膺顯戮，如蔣希夷、黃仕林已伏冥誅，似足以泄眾怒矣。然葉志超、龔照璵罪同汝貴，久拘囹圄，未伏歐刀，論者謂其內有奧援，可邀末減。此又海內士民所同聲喟憤者也。賞罰不明，雖唐虞不能治天下，況今日乎！明公宜奏請皇太后、皇上，召用安、李二公，急斬葉、龔兩犯。設皇太后、皇上拒而不納，公為柱石重臣，當以死生去就爭之。如其從若轉圜，有俞無咈，上著納諫之仁，下有敢言之勇。明良遇合，千載一時，書之史冊，固為美談，播之諸夷，亦將悅服。以此昭告天下，曩時同聲喟憤之民，如不聞風感泣，歡欣鼓舞，請投玉樹四裔，以正草莽欺誷之罪。此重大切近者三也。

一、言路宜開廣也。我朝優禮臣僚，遠逾明代，未有廷杖之刑與錦衣衛之獄也。乃明代肆行酷虐，而士氣彌強。本朝曲示優容，而士氣不競。其故何也？以言路之廣狹殊也。明制，雖庶司百執事下至士庶百工，皆得奏疏銀臺，抗陳利害。天下之士，聞風慕義，爭自樹立，咸以仗馬不鳴為恥，而以建言得罪為榮，雖絕脰捐軀而不悔。我朝惡其門戶囂爭，矯抑太過，不待嚴刑酷罰，士已柔其氣而降其志矣。然內而閣部大臣及九卿科道，外而將軍提鎮督撫藩臬以及道員，皆得專摺言事，則有言責者不乏人也。乃數十年來，無言者保全祿位，有言者毛舉細微，鮮有以軍國安危之大與主德隆替之原，為我皇上侃侃陳之者。蓋自侍郎寶廷歿後，邸抄不見諫疏久矣。應請飭下內外臣工例得奏事者，於朝政得失及地方利病剴切指陳，無稍忌避。言有可採，立見施行，量予褒獎，以示鼓勵。言無可採，弗加譴責。一併發抄，而不留中。如一省司道無一應詔陳言者，其為督撫雍遏無疑，即交部議處，以示嚴懲。又士民有赴都察院條陳者，惟語涉攻訐，乃許擲還；若詞近效忠，立即代達。如此，既通上下之情，兼以除欺蒙之弊；以作臣工之氣，即以儲敵愾之才。蓋犯顏殿陛之間，與效命疆場之上，其道一而已矣。此重大切近者四也。

一、制科宜覈實也。近者特設經濟之科，以求才俊而策富強，此誠保邦之要道也。然愚恐其行之無益，何也？經濟必本於氣節，經濟方有本原。捨氣節而求經濟，所取者特貪詐焉耳，奔競焉耳，無廉恥無忌憚焉耳。貪詐者巧使智謀，奔競者率多敏銳，無廉恥者善於求富，無忌憚者近於發強。若而

人者,皆自詡經濟者也。此等踰閑敗檢之徒,作奸犯刑之輩,置諸草野,尚優為囷利以病民;躋之關廷,必至營私以蠹國。蠆賊蠆疾,靡有夷屆;邦汋邦諜,是其專長。一旦海疆有事,其不為中行說、沈惟敬者幾希。以此為才,豈徒無益。今之涉獵西學者,有粵人康某矣,彼自號長素,欲駕素王而上之名;其徒梁某曰超回,俯視顏子而小之。恣睢狂誖,惑世誣民,實與前明之李贄、國初之朱方旦後先鼎足,宜為國法之所不容。不謂當事無識,謬以經濟相推,爭先汲引,吾恐真氣節真經濟之士且羞與為伍,握瑜懷瑾而不肯出也。宜請旨通飭諸臣,凡舉應特科必兼究其行檢。古今容有好色之君子,斷無不好利之小人。君子未必皆可與有為,小人決不可倚以集事。其有貪鄙無恥,素為士論所棄者,不得濫行推轂。且嚴保舉連坐之法,以杜徇私枉薦之門。廷試時,照例嚴搜,懷夾者案律科罪。庶幾伺候夤緣之輩,不存覬覦僥倖之心。否則,搜尋故紙,掇拾陳言,徒為市賈銷石印之書,豈於軍國有尺咫之益。此重大切近者五也。

一、贓吏宜重繩也。大抵補偏救弊之要,猛與寬二者而已。太猛則厲,過寬則幽,二者俱足以敗國。然前代季世,失之過寬者居多。故救時良相,如諸葛武侯、王清河、張江陵之倫,必以猛矯之。變法良相,如管敬仲、公孫成子、秦商君之倫,必以猛行之。威刑不立,法禁不行,而能起衰撥亂者,未之有也。當今財用之匱乏,半由官府之饕貪;官府之饕貪,皆由法網之疏闊。若能如雍正、乾隆之世,重繩贓吏,籍沒諸夷,不少寬假,彼肉食者孰肯捨腰領以易金銀。唯力行姑息之政,久弛貪墨之誅,乃敢巧於侵牟,恣行漁奪,剋減軍餉,割剝民膏。凡軍械之購,兵輪之造,礮臺之築,鑛金之採,鐵路電線之創,無一非若輩致富之原。三十年來,踵行西法而無成效,高譚洋務而乏人才,皆由於此。伏乞明公不避怨尤,痛陳積弊,請皇上奮其英武,擇大臣貪墨之最箸者籍而誅之,小臣清廉之最箸者獎而進之,布告萬方,俾知勸誡。寬其既往,責以自新。如有怙過不悛,一經發覺,革職逮問,廷訊治罪。位其上而不首者,亦罪之。霹靂一鳴,陰邪自伏。庶貪泉不再橫流,國用可期漸裕。否則,雖天地為爐,造化為工,陰陽為炭,萬物為銅,不足塞無底之漏巵也。此重大切近者六也。

一、試士宜改章也。文場之試制藝,與武科之試刀石,其不適於用,夫人而知之矣。今武科刀石已廢,而制藝不遽廢者,非重八股也,重《四書》也,謂八股廢則《四書》亦廢,將有聖道湮晦之憂耳。竊謂人盡口誦《四書》,

孰能躬行一語，僅供場屋貼括之用，視為富貴利達之源，此正孔、曾、思、孟
在天之靈所欷歔唶歎者也。時文不以子史命題，而老、莊、馬、班之書未嘗廢
佚，曾是《四書》必藉八股以存乎？今即盡廢趙、何之《注》，邢、孫之《疏》
與朱子之《集注章句》，知《四書》炳若日星如故，何有於庸俗浮淺之時文乎？
雖緣此獲雋，不乏名臣，然以此博巍科者，必非以此求實用。俗士刓精敝神
於此，如射者之凝眸注矢於的，而不敢他顧。一切經濟有用之書，概屏不讀，
消磨才力，錮蔽聰明，良可浩歎。但萬夫崇之，一夫攻之，終身肆之，一日棄
之，驟失挾持，別無蘊蓄。蚊雷四發，議必不行，欲權留以便眾情。乞明公奏
請皇上，嗣後歲科兩試於次藝試之，首藝代以策論，考選優拔亦然。鄉會兩
試於次場試之，頭場改用策論。郡縣童試亦然。後先既判，輕重較然。上之所
重，下之所奉，上之所輶，下之所投。不出數年，崇尚八股之風可以衰熄。至
策論可以得士，何也？或試以本朝之掌故，或試以近今之時務，或試以方輿
之險要，或試以西政之源流，不必專詢古書，不必拘以禁忌。有能援證古今，
原原本本，則其學術可知；有能敷陳利病，洋洋灑灑，則其才器可知；有能眷
懷君國，勤勤懇懇，則其心性可知。較之制藝之播弄虛腔，空談名理，員美軟
熟而無氣骨，剽竊摹擬而無情實者，相去遠矣。策論之與制藝，華實真偽迥
異；策論之與奏摺，淺深得失略同。古人詢事考言，二者並重。今欲考言，科
道當考之以封章，秀孝當考之以策論，翰林院、國子監則合二者而兼考之。
但使掌院祭酒得人，嚴其課程，俾無燕遊，別其門類，使有專習，勤其甄別，
藉覈奮慵，公其陟降，不狥顏情，則經濟之才自出。何必別設特科，以啟宵
人之徑竇乎？至試帖小楷，尤為無用。此後殿試考差，應請變通舊制，庶足
以拾拔真才，匡扶國是。唐裴行儉有言：「士先器識而後才藝。」[3]今之時文
試帖楷書，乃才藝之尤微者，以之先策論，可乎？此重大切近者七也。

一、災區宜拊循也。江蘇之淮徐海二府一州，濱近瀛海，民風慓勁，俗
好械鬥，與粵、閩之潮、惠、漳、泉無異。閭左少年，慣習拳勇，佩帶刀劍，
不事生業。其尤獷悍無賴者，倡立大刀會，潛謀不逞，狙伏道周，殺越商旅，
攜帶洋槍，攻劫富室，私販鹹醝，舳艫銜接，縛人子女，勒取貨財，此實草澤
之賊民，國家之患氣①。向所以未遽弄兵者，以年穀豐熟也。今則洊饑三載，
而租賦未蠲，民之怨諮者眾矣。去年秋冬之交，災黎數十萬逃往江南及江北
通、泰、高、寶等處。今年春正月，風雪寒冽，浮於道者甚多。二三月間，相
攜北返，而耕鋤已斧為爨薪，牛犢久宰以充食，雖歸閭里，無可種藝。且去年

秋潦未涸，來牟未樹。今歲並無麥秋可望，嗷嗷待哺，何以為生。非加意拊
循，先事籌防，今日中澤之鴻雁，即他日潢池之貔虎也。其地北連沂、曹，西
接潁、亳，向為撚匪麕集之地。追維往事，可為寒心。且淮南北出鹽最旺，裏
下河產米最多，素為國家財賦之區。一經蹂躪，國家歲失數百萬金錢，尤為
可慮。皇上鴻慈碩惠，珍念洞瘝，前已飭兩江總督劉公截留漕米四萬石，改
折散放，不啻醴泉膏露，沃幸草於焦原。然災區太廣，振歀無多，又為皖撫
撥去萬金以振泗、鳳，所存更虞不敷。雖江浙士紳多方勸捐，此事久成弩末，
所獲實亦有限。竊恐杯水不足滅車薪之燔。伏乞明公奏請皇上，飭江蘇督撫
亟籌十數萬金，續行振濟，兼為牛種之貲。額賦概行豁免，以紓困累。米商蠲
除釐稅，以廣招徠。牧命簡用廉能，以勤撫字。額兵權免裁減，以資彈壓。庶
溝瘠有更生之望，國家弭叛亂之夏。曲突徙薪，不愈於焦頭爛額乎！此重大
切近者八也。

　　此皆自強之上務，無煩借助於他山。且收效甚速，無窮年累月之虞。行
止由己，無掣肘旁撓之患。凡事求其在己與求諸人者，其得失難易必不可同
日語也。乃近之盱衡時務者，或謂宜結懽日本以拒英、俄，或謂宜專交俄羅
以借英、德，此猶痿痹不能起立，倩人負之而走，何如急覓良方，廣求善藥，
祛風濕以強筋骨，自能健步而行耶！泰西與中朝邦交最睦者，德意志也。去
歲首先發難，突據膠州，致我皇上旰食宵衣，聖容日瘠，則友邦之不足倚賴
明矣。況彼皆貪我之利，焉能捍我之害；幸我之危，豈能詒我以安。畏虎之咥
而乞憐於狼，三尺童子當亦笑其計左。唯大呼以醒長夜之眠，全力以挽積重
之勢，毋為及身苟免之計而忘久遠，毋執治標濟變之說而昧本原。惟懷永圖，
自求多福，為大可恃耳。昔呂文節公有言，譬之於病，血氣已枯，外邪又熾，
若再諱疾忌醫，愈難救藥。近日時勢，無異於斯。非明公忠誠，孰肯為皇上詳
告者。非下走顓愚，誰肯為明公詳言者。言之而苟有利益於國，雖蹈出位高
之罪，亦有所不暇計矣。至於復海軍之舊，練選鋒之兵，創保商之會，獎巧創
之工，合公司之財，講樹藝之政，精開礦之法，汰閒冗之官，此皆時彥之所能
詳，不敢拾瀋以塵清聽。寒蜩隱情，平生所羞。瞻烏憂深，欲默不忍。西臺峻
極，無階可上。以公能集思廣益，故敢佈其區區，唯恕其狂瞽，幸甚。不宣。

　　此書今歲閏月撰也，一時京華士大夫競相傳誦。襄平徐蔭軒相國尤愛重
之，謂賈傅之《治安策》、王樸之《平邊策》殆不能過。惜張制府以沙市民變，
行至滬上，復奉詔折回鄂州，未克呈達。而馬君為瑗已槧之京師〔5〕。未及兩

月，朝廷變法自強書中所言行者過半。至詆訶翁相、康逆，尤奇中，若合左券，非空談經濟、迂闊遠於事情者比也。集中論保國會鳩鳥說，孔子誅少正卯論，皆指斥康逆於未反之前。使徐致靖、李端棻等當日見之，必將怒髮衝冠。若今日觀之，必又赧其面而泚其顙矣。戊戌秋九月，受業左橤謹注。

【校記】

① 氣，疑誤。

【疏證】

〔1〕《孟子·公孫丑上》：「孟子曰：『仁則榮，不仁則辱。今惡辱而居不仁，是猶惡濕而居下也。如惡之，莫如貴德而尊士。賢者在位，能者在職；國家間暇，及是時明其政刑，雖大國，必畏之矣。』」

〔2〕見前《上祭酒王盆吾師書》注。

〔3〕見《禮記·大學》。

〔4〕《資治通鑑》卷二百〇三：「行儉曰：『士之致遠者，當先器識而後才藝。勃等雖有文華，而浮躁淺露，豈享爵祿之器邪！楊子稍沉靜，應至令長；余得令終幸矣。』」

〔5〕國家圖書館藏清光緒鉛印本《上張香濤宮保書》1冊，俟訪。

卷　六

與山陽高子上先生延第[1]書

　　昔洪荒渾敦，結繩而治，史皇仰觀奎婁，俯察蟲鳥，創為文字，字成而天雨粟。少時讀書至此，夙夜沉思，苦不得其理。有謂予者曰：「書契出而典籍多，典籍多而誦讀者眾，誦讀者眾而賢愚雜出。其賢者視為身心性命之學，其愚者恃為衣食貨利之源，而文字之禍烈矣。夫借文字以明道，農工商賈不如也；借文字以餬口，不如農工商賈也。上帝知人之溺於文字，不復從事於耕作也，勢必至因讀而貧，因貧而貪，貪則取求酷，爭奪起，強凌弱，眾暴寡，耽耽逐逐，豺虎橫行，大為人神之害。天於是預雨粟以濟之，以填壑慾而熄爭端。此則天之思深而慮遠也。」予始聞其說，疑為附會，不可訓。及閱《淮南子・本經》高誘注[2]，而知其說之有本，不可易也。先生以為何如？

　　今夫校庠者，風俗之本原，人才所從出也；士人者，里黨之翹楚，庶民所瞻仰也。今欲培人才，厚民俗，必先丕變士習；變士習，必先使知廉恥，以禁遏其孳孳為利之心，而磨礪其不忘溝壑之志。前在郡城，耳目聞見，皆為鄙人所不忍言。其最甚者，藉口窮餓，行類攫金，身為眾倡；其次則掘泥揚波，自投穢濁；其次則和光同塵，與時卷舒。間有一二獨清獨醒之士，守明哲保身之戒，凜括囊无咎之誼，不敢顯然出其身，以與眾抗，而已為作奸犯科者所娼疾矣。自郡歸來，每一念及，憤填匈臆。彼覥然儒服，乃同吏胥駔儈之為，事故之來，豈有止極也。揆度情理，禍當不遠。天之遲遲不遽降罰者，殆欲貫盈其惡而大創之也。昔明季士紳抗糧，相沿成俗。及本朝朱國治巡撫江南，斥革一萬二千餘人，而抗糧之風熄。嘉、道以來，順天鄉試主考同考官公

行賄鬻。及咸豐戊午，以科場事株連成大獄，而夤緣之風熄。俯仰今古，物極必反，平陂往復，類皆如此。特恐狡兔善奔，罝罹澤雉，城門失火，殃及池魚，為可慮耳。

貴邑季夏之事，樹初覬小有懲艾，稍可挽回。繼聞太守柔靡已甚，移書上官，吐茹不盡其辭。彼黨固勢強力足，抗禦必至鷸蚌互持，勝負莫決。終且解釋讐怨，言歸於好。一發不中，勢難再舉。長其恣睢，益無畏忌。膠庠之禍，未知所底。嗚乎！此豈惟諸生之過哉！先王知士之不可不教也，董戒休威之不容偏廢也，於是糾其過惡，興其賢能，攷其德行道藝，警以觥撻，惕以郊遂，淑慝明而勸懲當。夫是以士習正，風俗厚，而人才盛也。

今太守喜讀書稽古，隱然以循良自期許，而於造士一事絕不加意，任其貪齬，略無檢制一二。懷芳履潔者流，不聞太守有一字之褒，以表異於眾。眾反笑其過迂拙無才，又或謗其矯情干譽，謂不如己之真率。是非不明，賢否倒置，好惡幾希之氣梏亡殆盡，乃相率而為犯上之事。太守若明示好惡，急行彰癉，慰誨教官，與之更始。訪知正士，手書以勵其節，號令以褒其美，綽楔以表其宅。其為清議所不容者，擇其尤甚，重繩以法，不少寬假。此則善者奮，惡者懼，中立者知所去就。奮則無孤危之慮，懼則萌悛悔之志，去就審則善者之朋日眾，惡者之勢日孤，士習之轉可翹足而待。若請於上官，籌貲生息，每逢試期，量給教官廩保，禁其他求，則百年陋習一朝而革，尤為快事。噫！手無寸尺之柄，空談何補彼侵欲崇侈，不知紀極難以舌爭。吾惟歸咎於倉頡之造字，而恨天之不再雨粟也。區區此心，無可與談。知我惟君，故敢肆其狂愚，無復忌諱。

【疏證】

〔1〕邱崧生在《清故翰林院待詔太學生高先生行狀》〔註1〕：

> 曾祖濂，晉贈中議大夫。祖守仁，晉贈中議大夫。考士魁，皇清進士，四川蓬州府知府道銜，誥授中憲大夫。先生諱延第，字子上，號槐西居士。江蘇山陽人。先世家蘇州閶門，明嘉靖中，諱龍公者始徙山陽。考蓬州公生二子，長延恩，次即先生。蓬州公廉靜愛人，治蜀素有名。先生幼時有成人器，隨侍赴蜀，夜遇竊發，舟人惶恐，先生不為動，時甫十齡也。入塾讀書，即求實用，不屑屑於帖括章句。凡治亂源流、學術正偽，究心搜討，無稍模棱。在蜀二十年，

〔註1〕見汪兆鏞纂輯《碑傳集三編》卷三三，周駿富編《清代傳記叢刊》第 126 冊，明文書局，1985 年，第 99～104 頁。

未嘗一干公事，獨與成都謝青山善。青山孝友士，貧而狷介，先生厚契之。蜀水程險阻，不得歸。應郡縣試，援例赴京兆試，往返萬里，所遇山川興亡古蹟，必流連憑弔而後去。都中貴人某將有主試之命，聞先生名，風某招之至。先生曰：「讀書人自有其分。以布衣干謁顯者，是越分也。」遂辭不往。先生夙具經世志，每謂伯兄曰：「二親，君奉養惟謹。異日天下有事，惟有周覽輿圖，馳驅疆域，生死非所計耳。」伯兄病歿，先生以侍親不欲出。又病當世士大夫好標榜、務名譽，不務正學實政，類私而非公，奉蓬州公引退歸里，遂無意功名。迨蓬州公棄養，益深閟不出，銳意著書。家藏數萬卷，丹黃甲乙，辨訛訂偽。其學以明體達用為主，得古今之要領。紬宋儒之拘束而不遺其純誠。去漢學之附會而必歸於精實。詞章浮華與夫經術襲取而不能篤性情、敦氣節者，皆擯斥之。當道有知先生者，每訪以治民之術。遇可言者，盡言之。非其人，不與見也。同時以性命學術相友善者，高先生伯平、吳先生稼軒、魯先生仲寶。之數先生者，品學各有獨詣，而莫不歸重於先生。吳勤敏公移節四川，聘入幕，不就。黎文肅公督漕時，聘幕府志參條例，先生與郡守孫公雲錦書反覆辯論。孫公以書呈，文肅公一見歎服。孫公延主講席。先生曰：「今世多亟功利，學校不興久矣。居主講之名而不能輔世立教，何為池？」力辭乃止。侍郎黃公體芳督學淮郡畢，欲一見先生，不可得。以其名上之朝，踢翰林院待詔。光緒十二年十一月嬰末疾，年六十四。娶丁孺人，繼娶丁孺人，前室女弟，先先生卒。側室張孺人。子四人。長鴻寶，丁孺人出，早卒。次承裕、承斿、承武，張出。女三人。長適安東王崇哲。著存《淮安府志》、《山陽縣志》、《盱眙縣志》、《老子證義》、《廣韻重文補注》、《浦翠山房詩文集》八卷、《論文要旨》、《五朝近體詩選》。《山陽耆舊詩選》、《孫吳司馬法補注》二書皆未成。先生天懷瀟落，擺棄一切，生平無疾言遽色，待人一以誠，而風采嚴峻不可犯。論及時事，憂憤作色。讀書數十年，閉門卻數，時人比之李元禮、董叔度一流。尤篤於道誼。吳魯先生歿後，先生每憶及輒慟，慟極輒涕，其中有所不得已也。有問學者讀書之法，在考事與積理，可見諸施行。不則讀盡萬卷無益。又曰：為學貴識見不卑，胸次不俗，性情不偽，為治貴扼要以御繁，核實以觀效，破格以用人。蓋先生持身涉世，孤行特立，得力於漢儒經術者為多。區區山林壇坫，尚不足以位置也。崧生游先生門晚，每月必數謁，謁必教以修身為學之道。崧生學植淺薄，不足以窺先生，特以與先生善者多殂謝，懼久而事實湮沒不彰也，敬志之以待能者。

（清）孫雄《道咸同光四朝詩史》乙集卷四

高延第，字子上，江蘇山陽人。諸生。官翰林院待詔。有《湧翠山房詩集》。
邱崧生《行狀》〔註2〕云：先生讀書求實用。同時以性命學術相友善者，如高
伯平、吳稼軒、魯仲實數先生，品詣各有獨至，而咸歸重於先生。黃侍郎師體
芳督學蘇省，薦先生於朝，得賜待詔。風采嚴峻，閉門郤埽，時人比之李元禮、
黃叔度。輯有《五朝近體詩選》、《山陽耆舊詩選》。

徐世昌《晚晴簃詩匯》卷一百八十

高延第，字子上，江蘇山陽人。官翰林院待詔。有《湧翠山房集》。
詩話：子上又號槐西居士。少應京兆試，未遇。深闋不出，銳意著書，兼漢宋
之學，體用畢備。黃漱蘭侍郎視學江南，上其名，授待詔。嘗採山谷語，謂文
章以理為主，理得而辭順，自然出群。所作詩古文辭，能踐其言，斐然質有其
文，言理而不落理障。

何其誠《挽高子上》（王錫祺編纂《山陽詩徵續編》）

古人喜讀書，立志希賢淑。今人亦讀書，將以學干祿。先生真閉關，終日
對修竹。甘隱南陽廬，獨富孝先腹。餘力耽吟詠，詩成驚俗目。偶而一臨池，
龍蛇走尺幅。花香石徑間開，酒熟葛巾漉。足跡絕塵市，交遊鄙食肉。星使聞
高鳳，一朝登薦牘。詔下錫冰銜，先生眉雙蹙。自謂學無成，聞命增慚恧。依
然手一編，日坐林間屋。今冬抱微屙，神明仍靜穆。方冀疾易瘳，奇功奏參茯。
詎料十日間，修文召何速。哲人不可追，聊以歌當哭。

又，《前詩意有未盡，復作此以申之》：

憶昔執經鱣堂前，我方未冠君壯年。咸豐己未，余始受業於尊翁紫峰夫子之門。
偶過君齋問奇字，滔滔清辨如湧泉。丙寅仲秋絳帳撤，恭逢誕日祀事虔。每歲
四月五日門弟子公祀師於奎文書院。講舍流連不忍去，門牆相向同泫然。此舉已近
二十載，又慟館舍先生捐。明年此會君不見，當階芍藥空紅鮮。書院有紅芍藥數
種，每值祭時盛開。諸郎英資皆瑰異，達人世澤宜綿綿。唯阿貢諛吾不敢，遺經
慎守其勉旃。

〔2〕《淮南子·本經訓》：「昔者，蒼頡作書，而天雨粟，鬼夜哭。」高誘《注》：「蒼
頡始視鳥跡之文造書契，則詐偽萌生。詐偽萌生，則去本趨末，棄耕作之業而
務錐刀之利，天知其將餓，故為雨粟，鬼恐為書文所劾，故夜哭也。『鬼』或

作『兔』。兔恐見取毫作筆，害及其軀，故夜哭。」

報山陽徐賓華先生嘉〔1〕書

歲在敦牂〔2〕，律中大呂〔3〕，承睨詩函，如獲琮琥〔4〕。盥手雒誦〔5〕，口角流沫〔6〕。指陳軍國，意切匡拯。方以風雅，則園桃之嗟誰知〔7〕，繁霜之憂方殆〔8〕。倫以唐宋，則拾遺〔9〕之詠諸將，劍南〔10〕之傷中原。忠悃〔11〕溢於簡外〔12〕，丹忱〔13〕浮於肉食〔14〕，鷗鳳〔15〕高鳴於丹穴〔16〕，扈嬬〔17〕宜啾於藩籬矣。乃素秉向氏多言之躁〔19〕，夙韋《周易》括囊之訓〔20〕，思和引商刻羽之曲〔21〕，用寫叫帝呼荃之隱〔22〕。改歲以來，捴管〔23〕亦屢，而蓬心〔24〕多梗，詩腸〔25〕弗腴。伏念五六，至於旬時，神慵意亂，不成一言。作書覆命，遂延數月。執事或疑遐遺〔26〕德音，慳悋〔27〕緘札。自樑鄙衷，豈曰敢然。矧咳唾為恩，眄睞成飾〔28〕。彥昇郵到溉之困〔29〕，叔牙知管氏之貧〔30〕。俾嗷飯之有所〔31〕，豈代庖之敢卻〔32〕。瞻言郡齋，實為喬木。褰裳〔33〕以就，我心實夷。

奈其時野有白雁之謠〔34〕，軍無朱鷺之唱〔35〕。鴟梟翔於鹿臺〔36〕，狼燧〔37〕騰於鯷壑〔38〕。廛野驚市虎之至〔39〕，官民惴風鶴之聲〔40〕。天吳〔41〕皷浪，則纖鰭潛糝〔42〕；狂飆撼林，則弱翰〔43〕伏巢。爰戢翼〔44〕於故枝，未拜手〔45〕於嘉惠〔46〕。心乎怍矣，君其諒焉。夫阮王之兩都，漢之交趾日南郡也；李氏之八道，唐之安東都護府也。雖云藩服，實為隩區〔47〕。屏障海疆，如脣蔽齒，豈可輸之介狄〔48〕。自墮戶垣，乃丹冥投烽〔49〕則朱鳶〔50〕不返，青徼釋警〔51〕則句驪〔52〕淪亡。海表大藩，今茲盡矣。尤可慨者，金繒外輸，脂膏內竭。不夜〔53〕仍屯蚙洲〔54〕之兵，雞籠〔55〕永隸鰕夷〔56〕之籍。此蘇代所謂「抱薪捄火」〔57〕，張浚慮其「指瑕造釁」〔58〕者也。槐鼎〔59〕碩輔〔60〕，圻畺〔61〕巨公，苟非有胸無心〔62〕，詎忘除凶刷恥，乃以載書〔63〕為可恃，謂與國〔64〕必我援，竊旦夕之寔讇，昧悠遠之宏謨〔65〕。言戒諾諾〔66〕，福葆容容〔67〕。吏治戎政，沿前踵舊。失律〔68〕之帥，罕伏象典〔69〕；折檻〔70〕之臣，仍戍龍沙〔71〕。陰雲任其弇日，咎徵若以恒風〔72〕。兔罝絕響於林逴〔73〕，鶴鳴無聞聞於皋野〔74〕。青雀〔75〕黃龍〔76〕之舟，不言更艁；橫海〔77〕下瀨〔78〕之職，行將永替。內治不脩，外侮焉捍？東夷既乖太平之仁，西極詎守大蒙〔79〕之信。前虎飽腹而暫逝，後狼擇肉而旋進。比之繆醜禍宋〔80〕，殆有甚焉；求如天水〔81〕歁金，弗可得矣。

某一介孤孱，百憂煎逼。思蓋人船胥之對晉②〔82〕，驚如監門魯女之忏衛〔83〕。儲謬擬一疏，條陳五事，郵寄馬君，俾獻烏府〔84〕。縱為繡衣〔85〕所格，亦明恤緯〔86〕之深。其文繁多，未及繕獻。局戶廿日，成詩數篇。匪怨靈脩〔87〕，聊紓忳鬱。螢燭末光〔88〕，不足比曜於暘谷〔89〕；布鼓謷響，詎宜揚枹於雷門〔90〕。爰恃谷王之納流〔91〕，遒殊暑賦之不獻〔92〕。冀容蚩鄙，歷指紕繆。至言實也，跂予望之。玉樹再拜白。

【校記】

①「兔罝」，原作「免罝」。據《詩經》改。

②「思蓋人船胥之對晉」，似當作「思□船人盍胥之對晉」。

【疏證】

〔1〕梁淑安主編《中國文學家大辭典》（近代卷）（中華書局，1997年）：

徐嘉，字賓華，號遁庵。江蘇山陽人。早歲以詩名，治學、為詩均私淑顧炎武及鄉先輩潘德輿。嘗箋注顧亭林詩，以表彰顧學。有《味靜齋集》二〇卷。另有「味靜齋雜記」三卷，《顧亭林先生詩箋注》一七卷。

（清）俞樾《春在堂雜文》六編補遺卷一《徐賓華味靜齋詩文序》：「又以君所著《味靜齋詩文稿》各四大冊見示，余讀其文，質直而有味，清疏而有物，紀載時事，敷陳義理，無不曲盡；又讀其詩，聲情之激越，意思之纏綿，非近時作者所能及。殆皆師法亭林者歟？」張謇《山陽徐賓華詩存》（《張謇全集》第7冊）：「並世詩人秀，知君獨後時。聲名歸冶煉，風氣絕磷緇。潘魯前旌合，邱朱宿草滋。有與履平酬唱及贈曼君詩。猶同庚丙試，風雨若為離。」

〔2〕《爾雅·釋天》：「在午曰敦牂。」

〔3〕《呂氏春秋》第六卷《季夏紀第六·音律》：「蕤賓生大呂。」高誘注：「大呂，十二月律。」

〔4〕《周禮·大宗伯》：「以蒼璧禮天，以黃琮禮地，以青圭禮東方，以赤璋禮南方，以白琥禮西方，以玄璜禮北方。」琮、琥均為玉器，借指指珍貴的物品。

〔5〕雒誦，反覆誦讀。《莊子·大宗師第六》：「副墨之子，聞諸洛誦之孫。」成玄英《疏》：「臨本謂之副墨，背文謂之洛誦。初既依文生解，所以執持披讀；次則漸悟其理，是故羅洛誦之。」

〔6〕（漢）揚雄《解嘲》：「顑頤折頞，涕唾流沫。」南朝梁·劉孝標《廣絕交論》：「顑頤蹙頞，涕唾流沫。」

〔7〕《詩經・魏風・園有桃》:「園有桃，其實之肴。心之憂矣，我歌且謠。不知我者，謂我士也驕。彼人是哉，子曰何其？心之憂矣，其誰知之？其誰知之，蓋亦勿思！園有棘，其實之食。心之憂矣，聊以行國。不知我者，謂我士也罔極。彼人是哉，子曰何其？心之憂矣，其誰知之？其誰知之，蓋亦勿思！」

〔8〕《詩經・小雅・正月》:「正月繁霜，我心憂傷。」

〔9〕《舊唐書》卷一百九十中《文苑列傳中・陳子昂》:「陳子昂，梓州射洪人。……再轉右拾遺。數上疏陳事，詞皆典美。」《新唐書》卷一百七《陳子昂傳》:「陳子昂，字伯玉，梓州射洪人。……以母喪去官，服終，擢右拾遺。」

〔10〕《宋史》卷二百八《藝文志第一百六十一》著錄「陸游《劍南續槁》二十一卷，又《渭南集》五十卷」。

〔11〕忠悃：忠誠。(唐）權德輿《權載之文集》卷十五《唐故四鎮北庭行軍兼涇原等州節度支度營田等使開府儀同三司檢校尚書右僕射使持節涇原諸軍事涇州刺史兼御史大夫上柱國南川郡王贈司空劉公神道碑銘》:「遺章備見其忠悃。」

〔12〕《文心雕龍・奏啟第二十三》：必使理有典刑，辭有風軌，總法家之裁，秉儒家之文，不畏彊禦，氣流墨中，無縱詭隨，聲動簡外，乃稱絕席之雄，直方之舉耳。

〔13〕丹忱：赤誠之心。(唐）李商隱《李義山文集》卷三《為張周封上楊相公》(四部叢刊景稽瑞樓鈔本）:「聊寫丹忱，以伸永訣。」

〔14〕《左傳・莊公十年》:「其鄉人曰:『肉食者謀之，又何間焉。』劌曰:『肉食者鄙，未能遠謀。』」杜預注:「肉食，在位者。」

〔15〕《爾雅・釋鳥》:「鶠，鳳，其雌皇。」

〔16〕《山海經・南山經第一》:「又東五百里，曰丹穴之山，其上多金玉。丹水出焉，而南流注於渤海。有鳥焉，其狀如雞，五采而文，名曰鳳皇，首文曰德，翼文曰義，背文曰禮，膺文曰仁，腹文曰信。是鳥也，飲食自然，自歌自舞，見則天下安寧。」

〔17〕《爾雅・釋鳥》:「扈，鴳。」

〔18〕《莊子・逍遙遊第一》:「斥鴳笑之曰:『彼且奚適也？我騰躍而上，不過數仞而下，翱翔蓬蒿之間，此亦飛之至也，而彼且奚適也？』」(明）王在晉《越鐫》卷十六《與太史長石曾公》(明萬曆三十九年刻本）:「苞翥鴳，槍藩籬，殊隔天地。」

〔19〕《史記》卷六十七《仲尼弟子列傳》：「司馬耕，字子牛。牛多言而躁。」（宋）金履祥《論孟集注考證》卷四：「桓魋。注：避廟諱作威。蓋宋桓公之後，別為向氏，又世為司馬，故又以司馬為氏。司馬牛其弟也。」

〔20〕《周易‧坤》：「六四，括囊，无咎无譽。」

〔21〕《文選》卷四十五宋玉《對楚王問》：「引商刻羽，雜以流徵，國中屬而和者不過數人而已。」

〔22〕《漢書》卷八十七上《揚雄傳上》錄《甘泉賦》：「選巫咸兮叫帝閽，開天庭兮延羣神。」服虔曰：「令巫祝叫呼天門也。」《離騷》：「吾令帝閽開關兮，倚閶闔而望予」；「荃不察余之中情兮，反信讒而齌怒」。

〔23〕搦管：握筆、執筆為文。南朝梁‧簡文帝《玄圃園講頌序》：「搦管摛章，既便娟錦縟；清談論辯，方參差玉照。」南北朝‧何遜《何水部集‧哭吳興柳惲》（明洪瞻祖刻本）：「含毫徒有屬，搦管竟無摛。」

〔24〕《莊子‧逍遙遊第一》：「今子有五石之瓠，何不慮以為大樽而浮乎江湖，而憂其瓠落無所容？則夫子猶有蓬之心也夫！」郭象注：「蓬，非直達者也。」

〔25〕（唐）孟郊《孟東野詩集》卷十《哭劉言史》（宋刻本）：「精異劉言史，詩腸傾珠河。」

〔26〕《周易‧泰》九二：「包荒，用馮河，不遐遺，朋亡。」王弼《注》：「用心弘大，無所遐棄。」孔穎達《疏》：「遐，遠也；遺，棄也。用心弘大，無所疏遠棄遺於物也。」

〔27〕慳恡，即慳吝。亦作「慳悋」。

〔28〕（南朝梁）任昉《到大司馬記室箋》：「況昉受教君子，將二十年，咳唾為恩，眄睞成飾。」

〔29〕《南史》卷二十五《到溉傳》：「後為建安太守，昉以詩贈之，求二衫段云：『鐵錢兩當一，百易代名實，為惠當及時，無待涼秋日。』溉答云：『余衣本百結，閩中徒八蠶，假令金如粟，詎使廉夫貪。』」

〔30〕《史記》卷六十二《管仲傳》：「管仲夷吾者，潁上人也。少時常與鮑叔牙遊，鮑叔知其賢。管仲貧困，常欺鮑叔，鮑叔終善遇之，不以為言。」

〔31〕《資治通鑒》卷二百八十五《後晉紀六》：「契丹主賜帝手詔，且遣解裏謂帝曰：『孫勿憂，必使汝有噉飯之所。』」

〔32〕《莊子‧逍遙遊第一》：「庖人雖不治庖，尸祝不越樽俎而代之矣。」

〔33〕《詩經‧鄭風‧褰裳》：「子惠思我，褰裳涉溱。子不我思，豈無他人？狂童之

狂也且！子惠思我，褰裳涉洧。子不我思，豈無他士？狂童之狂也且！」

〔34〕（明）楊慎《古今風謠・宋季白雁謠》：「江南若破，白雁來過。後元將伯顏平江南。」

〔35〕《晉書》卷二十三《樂志下》：「漢時有《短簫鐃歌》之樂，其曲有《朱鷺》、《思悲翁》、《艾如張》、《上之回》、《雍離》、《戰城南》、《巫山高》、《上陵》、《將進酒》、《君馬黃》、《芳樹》、《有所思》、《雉子班》、《聖人出》、《上邪》、《臨高臺》、《遠如期》、《石留》、《務成》、《玄雲》、《黃爵行》《釣竿》等曲，列於鼓吹，多序戰陣之事。」

〔36〕《山海經傳・西山經第二》：「又西二百里曰鹿臺之山，其上多白玉，其下多銀，其獸多㸲牛、羬羊、白豪。有鳥焉，其狀如雄雞而人面，名曰鳧徯。其名自叫也，見則有兵。」

〔37〕古代邊防報警時燃燒狼糞而起的烽火。義同「狼煙」。

〔38〕《漢書》卷二十八下《地理志下》：「會稽海外有東鯷人，分為二十餘國，以歲時來獻見云。」（唐）徐堅《初學記》卷六《地部中・海第二》（清光緒孔氏三十三萬卷堂本）：「鯷壑鵬溟。《漢書》曰：『會稽海外有東鯷，壑分為二十餘國，以歲時來獻見。』」

〔39〕《戰國策・魏策二》：「龐蔥與太子質於邯鄲，謂魏王曰：『今一人言市有虎，王信之乎？』王曰：『否。』『二人言市有虎，王信之乎？』王曰：『寡人疑之矣。』『三人言市有虎，王信之乎？』王曰：『寡人信之矣。』龐蔥曰：『夫市之無虎明矣，然而三人言而成虎。今邯鄲去大梁也遠於市，而議臣者過於三人，願王察之。』王曰：『寡人自為知。』於是辭行，而讒言先至。後太子罷質，果不得見。」

〔40〕《晉書》卷七十九《謝玄傳》：「堅眾奔潰，自相蹈藉投水死者不可勝計，淝水為之不流。餘眾棄甲宵遁，聞風聲鶴唳，皆以為王師已至，草行露宿，重以饑凍，死者十七八。」

〔41〕《山海經・海外東經第九》：「朝陽之谷神曰天吳，是水伯也，其獸也八首八足八尾，背黃青。」

〔42〕《詩經・周頌・潛》：「猗與漆沮，潛有多魚。有鱣有鮪，鰷鱨鰋鯉。」毛《傳》：「潛，糝也。」

〔43〕《說文解字・翰》：「天雞赤羽也。從羽倝聲。《逸周書》曰：『大翰，若翬雉，一名鷐風。周成王時蜀人獻之。』」

〔44〕（漢）趙曄《吳越春秋・句踐歸國外傳》：「猛獸將擊，必弭毛帖伏；鷙鳥將搏，必卑飛戢翼。」

〔45〕《尚書・太甲中》：「伊尹拜手稽首。」偽孔《傳》：「拜手，首至手。」

〔46〕《左傳・昭公七年》：「今君若步玉趾，辱見寡君，寵靈楚國，以信蜀之役，致君之嘉惠，是寡君既受貺矣，何蜀之敢望？」

〔47〕《六臣注文選》卷一班固《西都賦》（四部叢刊景宋本）：「防禦之阻，則天地之隩區焉。」呂延濟《注》：「隩，猶深險也。」

〔48〕《詩經・大雅・瞻卬》：「舍爾介狄，維予胥忌。」

〔49〕《文選》卷三十五張景陽《七命八首》：「丹冥投烽，青徼釋警。」李善《注》：「丹，南方朱冥也。《楚辭》曰：『歷祝融於朱冥。』王逸曰：『朱冥之野也。』青徼，東方也。《呂氏春秋》曰：『禹東至青羌之野，南至交址、丹粟。』范曄《後漢書》：『遼東徼外貊人寇右北平。』張揖《漢書注》曰：『徼，塞也。以木柵水中，為夷狄之界也。』」

〔50〕《舊唐書》卷四十一《地理志四》：「朱鳶，漢縣名，交趾郡。今縣，吳軍平縣地。舊置武平郡。」

〔51〕請參前注〔49〕。

〔52〕《後漢書》卷八十五《東夷列傳》：「句驪一名貊。有別種，依小水為居，因名曰小水貊。出好弓，所謂『貊弓』是也。」李賢《注》：「《魏氏春秋》曰：『遼東郡西安平縣北，有小水南流入海，句驪別種因名之小水貊。』」

〔53〕《漢書》卷二十八上《地理志上》載東萊郡有「縣十七」，其一為不夜。顏師古《注》：「《齊地記》云：『古有日夜出，見於東萊，故萊子立此城，以不夜為名。』」

〔54〕指日本。（清）黃遵憲《日本國志》卷十《地理志一・太和》：「初，都橿原即葛上郡柏原村。登山而望，曰：美哉國乎！其如蜻蜒之點水乎！故國又名蜻蜒洲。」《日本書紀》卷三《神武天皇》：「卅有一年夏四月乙酉朔，皇輿巡幸。因登腋上嗛間丘而廻望國狀，曰：『妍哉乎，國之獲矣！雖內木錦之真迮國、猶如蜻蛉之臀咕焉。』由是始有秋津洲之號也。」另，劉橒劍（字劍侯）曾著《蛉洲遊記》。劉橒劍自光緒卅三年九月，迄至翌年一月，留學於法政大學。此書為其日本視察日記。

〔55〕雞籠，疑為「雞林」之誤。雞林指新羅。（明）佚名《朝鮮史略》卷一：「新羅王得閼智小兒之稱。養為子，姓金氏。初，王夜聞金城西始林間有鷄聲，遣瓠公視之。有小金櫝掛樹梢，白鷄鳴於下。開櫝視之，有小兒。王喜，養

為子，名閼智，姓金氏。改始林為鷄林，因以為國號。」

〔56〕鰕夷，亦作「蝦蛦」。指日本。《新唐書》卷二百二十《東夷列傳·日本》：「明年，使者與蝦蛦人偕朝。蝦蛦亦居海島中，其使者鬚長四尺許，珥箭於首，令人戴瓠立數十步，射無不中。」

〔57〕《史記》卷四十四《魏世家》：「蘇代謂魏王曰：『欲璽者段干子也，欲地者秦也。今王使欲地者制璽，使欲璽者制地，魏氏地不盡則不知已。且夫以地事秦，譬猶抱薪救火，薪不盡，火不滅。』」

〔58〕（宋）劉時舉《續宋編年資治通鑑》卷五：「張浚在永州上疏言：『（下略）彼或內變既平，指瑕造隙，肆無厭之欲。』」又見（宋）李心傳《建炎以來繫年要錄》卷一百二十五。

〔59〕槐鼎，泛指執政大臣。《後漢書》卷八十二上《方術列傳上·序》：「故王梁、孫咸名應圖籙，越登槐鼎之任。」李賢《注》：「光武以赤伏符文拜梁為大司空，又以讖文拜孫咸為大司馬，見《景丹傳》。」

〔60〕（晉）皇甫謐《高士傳》卷下《贄恂》（明古今逸史本）：「永和中，常博求名儒，公卿薦恂，行侔顏閔，學擬仲舒，文參長卿，才同賈誼，實瑚璉器也，宜在宗廟，為國碩輔。」

〔61〕疆圻，猶疆界。五代前蜀·杜光庭《廣成集》卷四《皇太子青城山修齋詞》（四部叢刊景明正統道藏本）：「定蜀漢之疆圻，扼黔巫之襟帶。」又意為邊疆。借指封疆大吏。（清）陳康祺《郎潛紀聞二筆》卷三（清光緒刻本）：「家傳方略，勇敢性成，連任疆圻，多所籌畫。」

〔62〕南朝梁·釋僧祐《弘明集》卷一《正誣論》：「此真有胸無心之語也。」

〔63〕《左傳·襄公九年》：「晉士莊子為載書。」杜預《注》：「載書，盟書。」

〔64〕《管子·八觀》（四部叢刊景宋本）：「與國不恃其親，而敵國不畏其彊。」房玄齡《注》：「言恃黨與之國，又不為推讓，每輒幸其名利也。」《史記》卷七《項羽本紀》：「項梁曰：『田假為與國之王，窮來從我，不忍殺之。』」裴駰《集解》：「如淳曰：『相與交善為與國，黨與也。』」

〔65〕宏謨：宏謀。《文選》卷四十七載袁宏《三國名臣序贊》：「子布擅名，遭世方擾。撫翼桑梓，息肩江表。王略威夷，吳魏同寶。遂獻宏謨，匡此霸道。」

〔66〕詻詻：直言論爭貌。《墨子·親士》：「君必有弗弗之臣，上必有詻詻之士。」孫詒讓《間詁》：「案詻，洪頤煊謂與諤同，近是。」

〔67〕《史記》卷九十六《張丞相列傳》：「其治容容隨世俗浮沉，而見謂諂巧。」

〔68〕《周易・師》初六：「象曰：『師出以律，失律凶也。』」

〔69〕（漢）韓嬰《韓詩外傳》卷六：「不爭則強不陵弱，眾不暴寡，是君之所以象典刑而民莫犯法，民莫犯法而亂斯止矣。」

〔70〕《漢書》卷六十七《朱雲傳》：「至成帝時，丞相故安昌侯張禹以帝師位特進，甚尊重。雲上書求見，公卿在前。雲曰：『今朝廷大臣上不能匡主，下亡以益民，皆尸位素餐，孔子所謂『鄙夫不可與事君』，『苟患失之，亡所不至』者也。臣願賜尚方斬馬劍，斷佞臣一人以厲其餘。』上問：『誰也？』對曰：『安昌侯張禹。』上大怒，曰：『小臣居下訕上，廷辱師傅，罪死不赦。』御史將雲下，雲攀殿檻，檻折。雲呼曰：『臣得下從龍逢、比干遊於地下，足矣！未知聖朝何如耳？』御史遂將雲去。於是左將軍辛慶忌免冠解印綬，叩頭殿下曰：『此臣素著狂直於世。使其言是，不可誅；其言非，固當容之。臣敢以死爭。』慶忌叩頭流血。上意解，然後得已。及後當治檻，上曰：『勿易！因而輯之，以旌直臣。』」

〔71〕《後漢書》卷四十七《班梁列傳》：「贊曰：定遠慷慨，專功西遐。坦步蔥、雪，咫尺龍沙。」李賢《注》：「蔥領、雪山，白龍堆沙漠也。八寸曰咫。坦步言不以為艱，咫尺言不以為遠也。」

〔72〕《尚書・洪範》：「曰咎徵：曰狂，恒雨若；曰僭，恒暘若。」《漢書》卷二十七中之上《五行志中之上》引此，顏師古《注》：「言惡行之驗。」蔡沉《書集傳》：「某事失，則某咎徵應。」

〔73〕《詩經・周南・兔罝》：「肅肅兔罝，椓之丁丁。赳赳武夫，公侯干城。肅肅兔罝，施于中逵。赳赳武夫，公侯好仇。肅肅兔罝，施于中林。赳赳武夫，公侯腹心。」

〔74〕《詩經・小雅・鶴鳴》：「鶴鳴于九皋，聲聞于野。魚潛在淵，或在于渚。樂彼之園，爰有樹檀，其下維蘀。他山之石，可以為錯。鶴鳴于九皋，聲聞于天。魚在于渚，或潛在淵。樂彼之園，爰有樹檀，其下維穀。他山之石，可以攻玉。」

〔75〕（漢）揚雄《方言》卷九：「舟……或謂之鷁首。」郭璞《注》：「鷁，鳥名也。今江東貴人船前作青雀，是其像也。」《穆天子傳》卷五（四部叢刊景明天一閣本）：「癸亥，天子乘鳥舟龍，卒浮於大沼。」郭璞《注》：「沼，池。『龍』下有『舟』字。舟皆以龍、鳥為形制，今吳之青雀舫，此其遺制者。」北周・庾信《奉和濬池初成清晨臨泛》：「時看青雀舫，遙逐桂舟回。」

〔76〕（宋）葉廷珪《海錄碎事》卷二十《武部・水戰門・黃龍艦》（清文淵閣四庫全書本）：「楊素造大艦名曰五牙，上起樓五層，高百餘尺，容戰士八百人。次曰黃龍，置兵百人。自余平乘、舴艋等各有差。」

〔77〕《漢書》卷六《武帝紀》：「秋，東越王余善反，攻殺漢將吏。遣橫海將軍韓說、中尉王溫舒出會稽，樓船將軍楊僕出豫章，擊之。」

〔78〕《漢書》卷六《武帝紀》：「遣伏波將軍路博德出桂陽，下湟水；樓船將軍楊僕出豫章，下湞水；歸義越侯嚴為戈船將軍，出零陵，下離水；甲為下瀨將軍，下蒼梧。」顏師古《注》：「服虔曰：『甲，故越人歸漢者也。』臣瓚曰：『瀨，湍也，吳越謂之瀨，中國謂之磧。伍子胥書有下瀨船。』」

〔79〕《爾雅・釋地第九》：「西至日所入為大蒙。」郭璞《注》：「即蒙汜也。」《淮南子・氾論訓》：「丹穴、太蒙、反踵、空同、大夏、北戶、奇肱、修股之民，是非各異，習俗相反。」高誘《注》：「太蒙，西方日所入處也。」

〔80〕（明）馮琦《宋史紀事本末》卷二十二《北伐更盟》（明萬曆刻本）：「二年夏四月庚午，追論秦檜主和誤國之罪，削奪王爵，改諡繆醜。」

〔81〕《宋史》卷六十五《五行志三》：「天水，國之姓望也。」

〔82〕《韓詩外傳》卷六：「晉平公遊於西河而樂，曰：『安得賢士與之樂此也！』船人盍胥跪而對曰：『主君亦不好士耳。夫珠出於江海，玉出於崑山，無足而至者，猶主君之好也。士有足而不至者，蓋主君無好士之意耳。何患於無士乎？』平公曰：『吾食客，門左千人，門右千人，朝食不足，夕收市賦，暮食不足，朝收市賦。吾可謂不好士乎？』盍胥對曰：『夫鴻鵠一舉千里，所恃者六翮爾。背上之毛，腹下之毳，益一把，飛不為加高，損一把，飛不為加下。今君之食客門左門右各千人，亦有六翮在其中矣，將皆背上之毛、腹下之毳耶？』詩曰：『謀夫孔多，是用不就。』此之謂也。」

〔83〕「魯監門之女嬰相從績，中夜而泣涕，其偶曰：『何謂而泣也？』嬰曰：『吾聞衛世子不肖，所以泣也。』其偶曰：『衛世子不肖，諸侯之憂也，子曷為泣也？』嬰曰：『吾聞之，異乎子之言也。昔者宋之桓司馬得罪於宋君，出奔於魯，其馬佚而〈馬展〉吾園，而食吾園之葵。是歲，吾聞園人亡利之半。越王句踐起兵而攻吳，諸侯畏其威。魯往獻女，吾姊與焉。兄往視之，道畏而死。越兵威者吳也，兄死者，我也。由是觀之，禍與福相及也。今衛世子甚不肖，好兵，吾男弟三人，能無憂乎？』《詩》曰：『大夫跋涉，我心則憂。』是非類與乎？」

〔84〕烏府：御史府。《漢書》卷八十三《朱博傳》：「是時御史府吏舍百餘區，井
　　　水皆竭；又其府中列柏樹，常有野烏數千棲宿其上，晨去暮來，號曰『朝夕
　　　烏』。」

〔85〕《漢書》卷十九上《百官公卿表上》：「侍御史有繡衣直指，出討姦猾，治大
　　　獄，武帝所制，不常置。」顏師古《注》：「衣以繡者，尊寵之也。」

〔86〕恤緯，意為憂慮國事。《左傳·昭公二十四年》：「抑人有言曰：嫠不恤其緯，
　　　而憂宗周之隕。」

〔87〕《楚辭·離騷》：「余既不難夫離別兮，傷靈脩之數化。」王逸《注》：「靈，神
　　　也。脩，遠也。能神明遠見者，君德也，故以諭君。言己將陳忠策，內慮之
　　　心，上指九天，告語神明，使平正之，唯用懷王之故，欲自盡也。」

〔88〕蕭統《文選》卷三十七曹植《求自試表》：「螢燭末光，增暉日月。」

〔89〕《尚書·堯典》：「分命羲仲，宅嵎夷，曰暘谷。」偽孔安國《傳》：「東表之地
　　　稱嵎夷。暘，明也。日出於谷而天下明故稱暘谷。」

〔90〕《漢書》卷七十六《王尊傳》：「尊曰：『毋持布鼓過雷門！』」顏師古《注》：
　　　「雷門，會稽城門也，有大鼓。越擊此鼓，聲聞洛陽，故尊引之也。布鼓謂
　　　以布為鼓，故無聲。」

〔91〕《老子》：「江海所以能為百谷王者，以其善下之，故能為百谷王。」

〔92〕《文選》卷四十楊脩《答臨淄侯箋》：「是以對鶡而辭，作暑賦彌日而不獻。」

報山陽徐賓華先生書

　　舉世皆濁〔1〕，八表同昏〔2〕。橫覽寰瀛，知交有幾。惠我如君，可友可
師。乃以詒音〔3〕弗續，疑有公叔絕交之思〔4〕。下走雖獧，奚敢出此。今者
聖皇發憤，迫求自強，八股廢捐，書院改制，僻壤小生皆撫掌而譚新學。吾邑
諸君子密勿〔5〕從事，籌建學堂，擬請執事奉板輿〔6〕，辱臨敝邑，督誨髦彥
〔7〕，蔎熙〔8〕人才。向者修羊〔9〕太瘠，來歲當以腯者相餉。但恐聲聞遠蜚，
羔雁充庭〔10〕，皎皎白駒，或未必食吾場藿耳〔11〕。昔阿羅思〔12〕以琿春、海
參威地列早冰，非泊舟善地，因與日本力爭朝鮮。今既獲旅順、大連灣，遂鄙
夷小東，不屑經營。得絲棄蒯，人之恒情。願執事勿別尋旅順，而以朝鮮視我
鹽城也。《欽定勝朝殉節諸臣錄》為先帝教忠之書，敬遺一部，用備觀覽。涼
飆已發，順候自珍為盼。

【疏證】

〔1〕《楚辭‧漁父》：「屈原曰：『舉世皆濁我獨清，眾人皆醉我獨醒，是以見放！』」

〔2〕陶淵明《停雲》：「靄靄停雲，濛濛時雨。八表同昏，平路伊阻。……停雲靄靄，時雨濛濛。八表同昏，平陸成江。」

〔3〕《詩經‧鄭風‧子衿》：「縱我不往，子寧不嗣音。」（唐）陸德明《經典釋》文：「《韓詩》作『詒』。詒，寄也，曾不寄問也。」

〔4〕《後漢書》卷四十三《朱穆傳》：「穆字公叔。……穆又著《絕交論》，亦矯時之作。」

〔5〕（清）王先謙《詩三家義集疏》卷三上：「黽勉同心，不宜有怒。《注》：『《韓》黽勉作密勿，雲密勿僶俛也。《魯》黽勉亦作密勿。』」又，卷十七：「黽勉從事，不敢告勞。《注》：『《魯》黽勉作密勿』《漢書‧劉向傳》：『君子獨處守正，不撓眾枉，勉彊以從王事……故其詩曰：『密勿從事，不敢告勞。』顏師古《注》：『密勿，猶黽勉從事也。』」

〔6〕《文選》卷十六潘岳《閑居賦》：「太夫人乃御版輿，升輕軒，遠覽王畿，近周家園。」李善《注》：「版輿，車名。傅暢《晉諸公贊》曰：『傅祗以足疾，版輿上殿。』版輿，一名步輿。周遷《輿服雜事記》曰：『步輿方四尺，素木為之，以皮為襻，搁之，自天子至庶人通得乘之。』」

〔7〕晉‧葛洪《抱朴子外篇‧嘉遯》：「而多士雲起，髦彥鱗萃。」

〔8〕《爾雅‧釋詁第一》：「厥、熙，興也。」

〔9〕（唐）馮贄《雲仙雜記》卷三《束脩羊》（四部叢刊續編景明本）：「倪若水藏書甚多，列架不足，疊牕安置，不見天日。子弟值日看書、借書者，先投束脩羊。《唐餘錄》。」

〔10〕（清）龔自珍《與人箋》：「然猶有可言者，曰致其羔雁，而甲乙其時藝，則亦舉業之師也。」

〔11〕《詩經‧小雅‧白駒》：「皎皎白駒，食我場苗。縶之維之，以永今朝。所謂伊人，於焉逍遙？皎皎白駒，食我場藿。縶之維之，以永今夕。所謂伊人，於焉嘉客？皎皎白駒，賁然來思。爾公爾侯，逸豫無期？慎爾優游，勉爾遁思。皎皎白駒，在彼空谷。生芻一束，其人如玉。毋金玉爾音，而有遐心。」

〔12〕（清）屠寄《蒙兀兒史記》卷一百六十《地理志第一阿羅思》（民國刊本）：「部族名。今俄羅斯國也。」

與劉楚薌 [1] 邑侯書

笠澤 [2] 姑胥 [3]，淞瀨滬岸，朱方 [4] 京峴 [5]，楊子 [6] 韓溝 [7]。跋涉千里，勞人正瘁。天翁厚貺，巧假良覯。水暗途暝，見燈知姓。詢者在湑，膺者在舳。邂遘之奇，生平所罕。蘭舟造膝，斗醑傾心。愁城十仞，不攻自墮。椒蘭之怨，思稍紓矣。時寒飆振林，繁霜覆瓦，殘月掛堞，薄冰凝溪。霽發砭肌，敝裘不燠。晤言達旦，茶倦未能，忍淚擅別，悄悄回艇。強即衾枕，寐不成寐，展轉反仄，載飢載渴。鄰舫鼾聲，側耳臥聽。未幾，廣陵城上群烏啞啞，燭炧窗明，東方已曙矣。榜人解維，溯流北上。風溜俱拂，心急洰遲。晝進卅里，昏宿召埭。長市壓堤，疏燈可數。東船西艦，人語相續。暗風縐水，湖星搖光。吟情畫意，左宜右有 [8]。生人樂趣，隨境可尋。怫鬱牢愁，徒自困耳。

使君隸鹽三載，異政邁俗。牔堰捍海，沃粱衍稌。營築精舍，甄彥陶髦。伐棘遏孟，奸逃宄匿。誨殖交施，猛寬參伍 [9]。鄭僑雖烈，史列循吏 [10]。水懦民翫 [11]，曷足選乎！舟子孔姓，藉隸孟城。婁艐鹽濆，視聽頗諳。聆君去位，感喟無已。矧隸宇下，曷月能蕤。鄉者違鹽，傾城出錢。塞巷填衢，攬祛抱膝。送者雨泣，聞者心悽。宦海光龍，無碩於斯。蜮沙射影，奚損毫末。錦濯彌玼，鑒磨俞瑩。前修遭此，唯勤內省。外不辜民，內不疚心。賴印人天，樂可殄慍。取諓投豺，臺嫌其隘矣。

【疏證】

〔1〕《鎮海縣志》編纂委員會編《鎮海縣志》第二十八編《人物》（中國大百科全書出版社上海分社，1994）：

劉崇照（1863～1920）

劉崇照，譜名頤翹，字楚薌，貴駟里洞橋入。文思清刻，擅長書法。光緒十六年（1890）中進士，授翰林院庶吉士，散館出任江蘇鹽城知縣，清正廉明，揭查姦猾，建北閘，辦清丈局，百姓稱「劉青天」，建其生祠於閘旁。1894年、1897年兩次為鄉試同考官，所取皆當時知名之士。後以道員在任候選。1901年丁憂還鄉。歷任鄉約局長，府、縣教育會長，六縣地方自治會董事。創辦貴駟寶善學校，所費逾萬金。又向政府報請免除倪家堰卡稅，商民稱便。辛亥革命時被推為鎮海縣民政長，旋為民國鎮海縣首任縣知事，1912年（民國元年）5月卸任。

〔2〕笠澤，指太湖。

〔3〕姑胥，即姑蘇。山名。在江蘇省吳縣西南。《史記》卷二十九《河渠書》：「上

姑蘇，望五湖。」

〔4〕北魏・酈道元《水經注》卷三十《淮水》：「昔吳將伐齊，北霸中國，自廣陵城
東南築邗城，城下掘深溝，謂之韓江，亦曰邗溟溝，自江東北通射陽湖。」

〔5〕《左傳・昭公四年》：「秋七月，楚子以諸侯伐吳。宋大子、鄭伯先歸，宋華費
遂、鄭大夫從。使屈申圍朱方。」杜預《注》：「朱方，吳邑。」

〔6〕南朝（宋）鮑照《鮑明遠集》卷五有《從拜陵登京峴》。（四部叢刊景宋本）《太
平御覽》卷六十六《地部三十一・湖》：「《梁典》曰：『武帝望京峴山，盤紆似
龍，掘其右為龍目二湖。』」（宋）樂史《太平寰宇記》卷八十九《江南東道一》
亦引《梁典》此語，「右」作「石」。（宋）盧憲《嘉定鎮江志》卷六《地理・
山・丹徒縣》（清道光二十二年丹徒包氏刻本）：「京峴山在府治東五里。《潤州
類集》云：『州謂之京鎮、京口者，因此山。』《寰宇記》：『梁武帝望京峴山，
盤紆似龍，掘其左右為龍目二湖。』」（清）顧祖禹《讀史方輿紀要》卷二十五
《江南七・鎮江府・丹徒縣》：「京峴山。城東五里，一名丹徒峴。相傳即秦時
所鑿以泄王氣處。京口、京鎮皆因以名。《梁典》：『武帝望京峴，盤紆似龍，
因掘二湖於山下，曰龍目湖。』今湮。唐建中末鎮海節度韓滉以汴洛多故，修
塢壁，起建業，抵京峴，樓堞相屬。是也。或謂之荆峴。又云此為京山，今府
西南五里為峴山云。」

〔7〕（宋）史能之《咸淳重修毗陵志》卷十五《山水・江》（明初刻本）：「揚子江在
縣北五十里，西接丹陽界，東抵江陰中流，西北入泰州涉江，東北為三河。」

〔8〕《詩經・小雅・裳裳者華》：「左之左之，君子宜之；右之右之，君子有之。」

〔9〕《左傳・昭公二十年》：「仲尼曰：『善哉，政寬則民慢，慢則糾之以猛；猛則民
殘，殘則施之以寬。寬以濟猛，猛以濟寬，政是以和。』」

〔10〕《史記》卷一百一十九《循吏列傳》：「子產者，鄭之列大夫也。」

〔11〕「鄭子產有疾，謂子大叔曰：『我死，子必為政。唯有德者能以寬服民，其次
莫如猛。夫火烈，民望而畏之，故鮮死焉；水懦弱，民狎而翫之，則多死焉。
故寬難。』疾數月而卒。」

報劉楚薌邑侯書【注一】

自邗城審別，隔闊盈載。積愫若疛，鬢髮欲素。比聞哀童烏之不苗〔1〕，

【注一】《後樂堂文鈔》卷九《亡婦張氏壙銘》：「歿以光緒丁酉元月二十四日，葬以
戊戌塗月十七日。」據此可知此信作於光緒丁酉，即光緒二十三年（1897）。

悼金鹿之殤逝〔2〕，太上遲矣，疇能忘情〔3〕。然吳札達觀，傅記所美〔4〕；卜夏呼天，子輿不懌〔5〕。想已抑情割慈〔6〕，不復感戚也。自君違鹽，攝者無狀。骨以惰弛，性與利翕。庶事頹墮，百凶湧集。鼠狐跳樑，豺虎塞路。康衢攢赤白之丸〔7〕，闤闠化萑蒲之楸〔8〕。縛人於市，輸貲乃縱。眾戚胥吁，明府若聵。際此叔末，泯棼綱憲，陵缺拮据，密勿猶虞不理，欲跡臥閣坐嘯之風〔9〕，其有幸乎？元元跂望賈父〔10〕，百里一志，懷冤結而不鳴，徯神君而後訴。廝臺賈豎，譚循跡而騁思；牧兒農叟，述廉善而結想。下走舊荷青睞，謬稱素心，競踵門而詢涖至，或投書而訝不糅。雖甘棠之思康公〔11〕，鄭人之望諸梁〔12〕，無以踰也。而執事方謨蟬蛻埃中，鵠舉區外，飲流於甬江之涘，葺宇於招寶之麓，道則高矣，無乃忿乎！昊乾生材，濟物是珍。箕山雖峻，不遏洽水〔13〕；於陵獨潔〔14〕，弗逮葉陽〔15〕。況今聖皇遭遘鞠厄，日昃不遑。凡有血氣，宜共愍憂。魯漆邑之媛，且悠儲貳〔16〕；辟司徒之妻，尚愛林蒸〔17〕。君為人臣，豈諼恤緯〔18〕。上違後闢〔19〕之德，下拂蒸黎〔20〕之望，非所期於行義之君子也。玉樹德涼祜菲，喪厥善匹，挑域未撫，室事煩猥，婁懷躋堂，容與不前。來歲孟陬，葬婦事畢〔21〕，當鼓棹淶口，泥首勸駕。今且詒音，祇求登車。淵衷至意，伏惟亮察。

【疏證】

〔1〕《法言·問神第五》：「育而不苗者，吾家之童烏乎？」

〔2〕晉·潘岳《金鹿哀辭》：「嗟我金鹿，天姿特挺。鬌髮凝膚，蛾眉蠐領。柔情和泰，朗心聰警。嗚呼上天，胡忍我門。良嬪短世，令子夭昏。既披我幹，又剪我根。塊如瘣木，枯荄獨存。捐子中野，遵我歸路。將反如疑，迴首長顧。」

〔3〕《世說新語·傷逝第十七》：「王戎喪兒萬子，山簡往省之，王悲不自勝。簡曰：『孩抱中物，何至於此？』王曰：『聖人忘情，最下不及情；情之所鍾，正在我輩。』簡服其言，更為之慟。」

〔4〕《禮記·檀弓下》：「延陵季子適齊，於其反也，其長子死，葬於嬴博之間。孔子曰：『延陵季子，吳之習於禮者也。』往而觀其葬焉。其坎深不至於泉，其斂以時服。既葬而封，廣輪揜坎，其高可隱也。既封，左袒，右還其封且號者三，曰：『骨肉歸復於土，命也。若魂氣則無不之也，無不之也。』而遂行。孔子曰：『延陵季子之於禮也，其合矣乎！』」《世說新語·雅量第六》：「豫章太守顧邵，是雍之子。邵在郡卒，雍盛集僚屬，自圍棋。外啟信至，而無兒書，雖神氣不變，而心了其故。以爪掐掌，血流沾褥。賓客既散，方歎曰：『已無

延陵之高，豈可有喪明之責？』於是豁情散哀，顏色自若。」

〔5〕《禮記·檀弓上》：「子夏喪其子而喪其明。曾子弔之曰：『吾聞之也：朋友喪明
則哭之。』曾子哭，子夏亦哭，曰：『天乎！予之無罪也。』曾子怒曰：『商，
女何無罪也？吾與汝事夫子於洙泗之間，退而老於西河之上，使西河之民疑女
於夫子，爾罪一也；喪爾親，使民未有聞焉，爾罪二也；喪爾子，喪爾明，爾
罪三也。而曰女何無罪與！』子夏投其杖而拜曰：『吾過矣！吾過矣！吾離羣
而索居，亦已久矣。』」

〔6〕南朝梁·江淹《別賦》：「割慈忍愛，離邦去里，瀝泣共訣，抆血相視。」

〔7〕《漢書》卷九十《酷吏傳·尹賞》：「長安中姦猾浸多，閭里少年群輩殺吏，受
賕報仇，相與探丸為彈，得赤丸者斫武吏，得黑丸者斫文吏，白者主治喪；城
中薄墓塵起，剽劫行者，死傷橫道，桴鼓不絕。」

〔8〕《左傳·昭公二十年》：「大叔為政，不忍猛而寬。鄭國多盜，取人於萑苻之澤。
大叔悔之曰：『吾早從夫子，不及此。』興徒兵以攻萑苻之盜，盡殺之，盜少
止。」

〔9〕《後漢書》卷六十七《黨錮傳》：「後汝南太守宗資任功曹范滂，南陽太守成瑨
亦委功曹岑晊，二郡又為謠曰：『汝南太守范孟博，南陽宗資主畫諾。南陽太
守岑公孝，弘農成瑨但坐嘯。』」

〔10〕《後漢書》卷三十一《賈琮傳》：「舊交阯土多珍產，明璣、翠羽、犀、象、瑇
瑁、異香、美木之屬，莫不自出。前後刺史率多無清行，上承權貴，下積私
賂，財計盈給，輒復求見遷代，故吏民怨叛。中平元年，交阯屯兵反，執刺
史及合浦太守，自稱『柱天將軍』。靈帝特敕三府精選能吏，有司舉琮為交阯
刺史。琮到部，訊其反狀，咸言賦斂過重，百姓莫不空單，京師遙遠，告冤
無所，民不聊生，故聚為盜賊。琮即移書告示，各使安其資業，招撫荒散，
蠲復傜役，誅斬渠帥為大害者，簡選良吏試守諸縣，歲閒蕩定，百姓以安。
巷路為之歌曰：『賈父來晚，使我先反；今見清平，吏不敢飯。』在事三年，
為十三州最，徵拜議郎。」

〔11〕《說苑》卷五《貴德》：「詩曰：『蔽芾甘棠，勿剪勿伐，召伯所茇。』傳曰：
自陝以東者周公主之，自陝以西者召公主之。召公述職當桑蠶之時，不欲變
民事，故不入邑中，舍於甘棠之下而聽斷焉，陝間之人皆得其所。是故後世
思而歌誦之，善之，故言之；言之不足，故嗟歎之；嗟歎之不足，故歌詠之。」

〔12〕《左傳·定公五年》：「葉公諸梁之弟後臧從其母於吳，不待而歸，葉公終不正

視。」杜預《注》：「諸梁，司馬沈尹戌之子，葉公子高也。」《左傳‧哀公十
六年》：「白公欲以子閭為王，子閭不可，遂劫以兵。子閭曰：『王孫若安靖楚
國，匡正王室，而後庇焉，啟之願也，敢不聽從。若將專利以傾王室，不顧
楚國，有死不能。』遂殺之，而以王如高府。石乞尹門。圉公陽穴宮，負王
以如昭夫人之宮。葉公亦至，及北門，或遇之，曰：『君胡不胄？國人望君如
望慈父母焉，盜賊之矢若傷君，是絕民望也，若之何不胄？』乃胄而進。」
（清）陳壽祺《絳跗草堂詩集》卷五《送友人官湖南二首》其二：「漢吏高車
重黃霸，楚人如歲望諸梁。」

〔13〕《孟子‧滕文公下》：「《書》曰：『洚水警余。』洚水者，洪水也。」趙岐《注》：
「《尚書》逸篇也。水逆行，洚洞無涯，故曰『洚水』。洪，大也。」

〔14〕《孟子‧滕文公下》：「匡章曰：『陳仲子豈不誠廉士哉？居於陵，三日不食，
耳無聞，目無見也。』」

〔15〕《漢書》卷三十六《楚元王傳》：「秦昭王舅穰侯及涇陽、葉陽君專國擅勢，上
假太后之威，三人者權重於昭王，家富於秦國，國甚危殆，賴寤范睢之言，
而秦復存。」

〔16〕參《上左季高侯相書》注。

〔17〕《爾雅‧釋詁第一》：「林、烝、天、帝、皇、王、后、辟、公、侯，君也。」
《注》：「《詩》曰：『有壬有林。』又曰：『文王烝哉。』其餘義皆通見《詩》、
《書》。」《疏》：「皆天子諸侯南面之君異稱也。《白虎通》云：『君，群也。』
群下之所歸心也。林者，《說文》云：『平地有叢木曰林。』烝者，《左傳》云：
『天生烝民，樹之以君，而司牧之。』然則人物之眾，必立君長以司牧之。
故以林、烝為君也。」《左傳‧成公二年》：「齊侯免，求丑父，三入三出。每
出，齊師以帥退。入於狄卒，狄卒皆抽戈楯冒之。以入於衛師，衛師免之。
遂自徐關入。齊侯見保者，曰：『勉之！齊師敗矣！』辟女子。女子曰：『君
免乎？』曰：『免矣。』曰：『銳司徒免乎？』曰：『免矣。』曰：『苟君與吾
父免矣，可若何？』乃奔。齊侯以為有禮。既而問之，辟司徒之妻也。予之
石窌。」

〔18〕《左傳‧昭公二十四年》：「抑人有言曰：嫠不恤其緯，而憂宗周之隕。」

〔19〕參注〔17〕。班固《東都賦》：「豈特方軌並跡，紛綸後辟，治近古之所務，蹈
一聖之險易云爾哉！」《文選》卷十九束皙《補亡詩》：「明明後辟，仁以為政。」

〔20〕蒸黎：百姓、黎民。漢‧蔡邕《蔡中郎集》卷五《陳留太守胡公碑》（四部叢

刊景明活字本）：「悠悠蒸黎，惆悵喪氣。」

〔21〕《楚辭·離騷》：「攝提貞於孟陬兮，惟庚寅吾以降。」王逸《注》：「孟，始也。貞，正也。於，於也。正月為陬。」《爾雅·釋天第八》：「正月為陬。」

【附錄】

李審言《學制齋駢文》卷一《廣謳一首為劉楚蓀明府作》

鎮海劉楚蓀明府，先後官鹽城數年，坐絓吏議去職。事會得白，鹽之人士引領南望，若念慈母。東南村聚，田叟廝養，偶見河上有峨舸，張紅幟，楫濯而過，必曰：「劉公復任矣！」走相傳播。既知其非也，鳴悒而退。余僑居河濱，屢聞此語。竊歎古有尸祝俎豆，如楚庚桑之徒，明府殆其人與？明府既留省會，大吏高其治行，將復畀以鹽，猥邇瑕釁，重被苛問，明府殊不介介。道路甲乙，有言明府思於秋時投劾歸里，奉母自娛。聞其志甚堅，余恐鹽民怨思，鬱伊不宣，作《廣謳》一首，俾好事者歌之以達情云。

謂公之來兮，障袂以睎；謂公之歸兮，潸然而悲。公不來兮民則那，凶德參會兮張蔚羅，上無逸飛兮下無走，坐撫機兮顏孔厚。青衿列植兮乳贙相牙，民日瘠兮吏甚都。昔之去兮怨不留，極目江上兮徒煩憂。神靈雨兮天無正，虎豹強梁兮愁屏營。君所思兮並日夜，多問父老兮敬長謝。身雖離兮心則同，安知出入兮余之從容。滄州近兮吏情疎，棲遲奉母兮可為居。

報劉楚蓀邑侯書

趙中丞昭雪之疏，昨於沙溝趙君處見之。雖未詳陳明公實政，然任事之勇、嫉惡之嚴，大旨已達聖聽。他日邸報流傳，海內皆識循跡。誠哉小人之謀，無往不福君子也！

然不佞於明公竊有慮焉。清慎勤，雖三德並重，然居今之世，清勤為難而慎匪難。古人以非禮不履為慎，今人以見義不為為慎；古人以見利不趨為慎，今人以見害必避為慎；古人以不敢放言為慎，今人以不肯敏行為慎。督撫舉州具之疏，動謂謹慎安詳，大抵皆罷軟畏縮、不任事、奔走迎合，無他長者耳。謂天下事半壞於慎之一字可矣。大抵用刑不可不慎，故《易》言「君子以明慎用刑」〔1〕；任事不可過慎，故《論語》言「慎而無禮則葸」〔2〕。

論者謂明公清勤有餘，謹慎不足，不佞則不惜明公前此之慎不足，而憂明公後此之慎有餘也。王伯芳明府之宰丹徒也，勤政憂民，循聲遠聞，與太守王可莊先生齊名，有「鎮江二王」之目。今則廢多而舉希，與蠹吏所謂安詳

者合矣。盧蕭卿明府初蒞阜寧，於除夕率兵役，往捕劇盜。柳銅匠戎服匹馬，身為眾先，生擒數賊。不待馳白大府，刃斬其首。聞者服其英勇，嘖嘖稱頌。而淮安張小雲太守謂其孟浪，非自全之道。及由阜邑調署山陽，不肯為此孟浪之事矣。兩君服官蘇省，所歷皆康莊夷坦之塗，未經八盤九折之道，且閱事生畏若此，矧躬歷嶮岨，幾於覆車者哉！

　　漢蔡邕於光和元年應詔，陳言指斥趙、霍，語極切直，不畏常侍虐焰。及廢徙朔方，逃匿江海，乃懼而應董卓之召，感其知遇。〔3〕唐元微之初為東臺鑒①察御史，多所糾舉，不避權貴，為宦官所切齒。及貶為江陵士曹，乃與監軍崔潭峻善，得內召為祠部郎中，知制誥，士論鄙之。〔4〕昔賢變易初節，如此類者不少。明公身經挫折之後，將無灰心短氣，謂叔世良吏不可為，無復疆者之嫉惡嚴而任事勇乎？古之君子，節以窮而益堅，氣以養而無害，如水之萬折而必東，若金之百鍊而彌勁。惶恐灘舟行己過，可以登君家鐵漢樓〔5〕矣。

【校記】

　　① 監，原作「鑒」，據《新唐書》改。詳見注。

【疏證】

〔1〕《周易・旅》：「象曰：山上有火，旅。君子以明慎用刑，而不留獄。」

〔2〕《論語・泰伯第八》：「子曰：恭而無禮則勞，慎而無禮則葸。」

〔3〕《後漢書》卷六十下《蔡邕列傳》：「又特詔問曰：『比災變互生，未知厥咎，朝廷焦心，載懷恐懼。每訪群公卿士，庶聞忠言，而各存括囊，莫肯盡心。括囊喻閉口而不言。以邕經學深奧，故密特稽問，宜披露失得，指陳政要，勿有依違，自生疑諱。具對經術，以皂囊封上。』邕對曰：『（下略）霓墮雞化，皆婦人干政之所致也。前者乳母趙嬈，貴重天下，生則貲藏侔於天府，死則丘墓逾於園陵，兩子受封，兄弟典郡；續以永樂門史霍玉，依阻城社，又為姦邪。今者道路紛紛，復云有程大人者，察其風聲，將為國患。宜高為堤防，明設禁令，深惟趙、霍，以為至戒。』（下略）中平六年，靈帝崩，董卓為司空，聞邕名高，辟之。稱疾不就。卓大怒，詈曰：『我力能族人，蔡邕遂偃蹇者，不旋踵矣。』又切敕州郡舉邕詣府，邕不得已，到，署祭酒，甚見敬重。舉高第，補侍御史，又轉持書御史，遷尚書。三日之間，周歷三臺。」

〔4〕《新唐書》卷一百七十四《元稹傳》：「服除，拜監察御史。按獄東川，因劾奏

節度使嚴礪違詔過賦數百萬，沒入塗山甫等八十餘家田產奴婢。時礪已死，七刺史皆奪俸，礪黨怒。俄分司東都。時浙西觀察使韓皋杖安吉令孫澥，數日死；武寧王紹護送監軍孟升喪乘驛，內喪郵中，吏不敢止；內園擅係人逾年，臺不及知；河南尹誣殺諸生尹太階；飛龍使誘亡命奴為養子；田季安盜取洛陽衣冠女；汴州沒入死賈錢千萬。凡十餘事，悉論奏。會河南尹房式坐罪，積舉劾，按故事追攝，移書停務。詔薄式罪，召積還。次敷水驛，中人仇士良夜至，積不讓，中人怒，擊積敗面。宰相以積年少輕樹威，失憲臣體，貶江陵士曹參軍，而李絳、崔群、白居易皆論其枉。久乃徙通州司馬，改虢州長史。元和末，召拜膳部員外郎。積尤長於詩，與居易名相埒，天下傳諷，號『元和體』，往往播樂府。穆宗在東宮，妃嬪近習皆誦之，宮中呼元才子。積之謫江陵，善臨軍崔潭峻。長慶初，潭駿方親幸，以積歌詞數十百篇奏御，帝大悅，問：『積今安在？』曰：『為南宮散郎。』即擢祠部郎中，知制誥。變詔書體，務純厚明切，盛傳一時。然其進非公議，為士類訾薄。」（唐）白居易《代書一百韻寄微之》：「南國人無怨，東臺吏不欺。」自注：「微之使東川，奏冤八十餘家，詔從而平之，因分司東都。」

〔5〕（明）彭韶《彭惠安集》卷三《鐵漢樓記》：「賢人君子聳聲名於霄漢之上，而能服乎當時，信乎後世，豈聲音笑貌所能為哉！誠而已誠，積而久，久則著而明。凡同是心者，孰不信且服哉！不然，無是心者也，非人之所為者也。宋至元祐，號為多賢。溫公在政府，東坡在翰林，元城諸人為從官，可謂盛矣。然當熙、豐之後，猶再實之木，於是紹聖繼之，奸相嗣虐，羣賢盡斥。元城劉先生始落寶文閣待制，知南安軍道，改提舉洪州。玉隆觀本軍居住，先生遂奉母夫人來寓寶界院。又改少府、少監。未一年，復徙嶺南。瀕危數四，初心不變。東坡推服之，曰：『真鐵漢也』。後雖召還，終不能安於朝，屢斥以死。死二年，宋有金難嗚呼，此豈人之所能為哉！想一時君相，非不知先生之為賢，然畏忌之，以其阻吾為妨吾樂耳。其心固計曰天下全盛，委裘可治，何藉彼迂儒輩。於是君自聖而臣自賢，馴致遇變不可救藥。所謂樂者，竟亦何有？而先生之道，則昭然於後世矣。南安舊祀先生於寓賢祠，而寶界未有聞。成化戊戌，東海張汝弼來為守，暇考圖志得之，歎曰：『先賢故居，其可廢邪？』適院之右廊樓毀，撤而新之。於時聶都山民獻梓木一章，長九丈，徑三尺，數百年前物也。冥符期會，眾咸驚異。既以成是樓，題曰鐵漢。蓋先生至是始有專祠。使來請記。噫！韶何足以知先生。然竊惟名世之賢，其道有三：曰合內外、一患

難、齊死生。蓋常變，終始之極也。志在責難，已有愧辭，是之謂欺。先生忠
孝正直，言行一致，未嘗有聲色貨利之好，是用獻忠效職，吾無怍焉，內外不
合乎？持論從容，臨難失措，是之謂誕。先生遇惇，三貶官，一再徙惡地，遇
京又連遷謫，曾無懼焉。患難有二乎？死生危迫，狷者或懼。先生於豪判之來、
檻車之徵，笑談處之，生死不一視乎？全具斯道以立於世，非至剛者不能，東
坡之言豈欺我哉！抑聞先生學於溫公，公教之以誠，且令自不妄語，始退而隲
括，七年而後可，然則先生所立之卓，其誠於中，形於外，與後之欲學先生者，
有所依據矣。」

與武進謝君鍾英〔1〕書

鍾英同年足下：

　　自箸雝困敦〔2〕之秋，秣陵判袂〔3〕，不聆棐誨〔4〕，八艾阪塗〔5〕。迴①憶
暨陽共研，江路同舲，雪泥塵跡，散如煙雨。昔邇諒直，不知悜懻；今索居
悆，滋望益無。徑求如前此之樂，胡可洴也？猥蒙不遺，迺睨簡翰。所以嘉勉
者甚篤，反覆觀誦，且荷且栗。

　　樹姿本駑下，學復鹵滅。於漢、宋兩家之學、軍國時務之宜，未涉厥藩，
無論其奧。琴堂不審，謬採虛聲。延主講席，俾毓髦彥。子雲不範之誚〔6〕，
孔璠謝青之譏〔7〕。鑑舊儆躬，兢逾冰淵。華實並茂，匪所敢承。執事謂宜塾
創自強，誨崇西學，識時鏡機，偉哉淵乎！然不佞嘗謂為國之要，首正人心。
國無人不可謂國，人無心不可謂人。彼謹守長樂老〔8〕、太平翁〔9〕之心法者，
心固亡矣，即胡廣中庸〔10〕、王珪三旨〔11〕，心亦奚存？以不克自保其心之人，
而欲責以保人之國，是猶未能舉尋仞之梃，而欲使扛百鈞之鼎，三尺髫稚當
亦啞然。夫鈞是百體，疇無靈府，然各心其心，心乃億萬。室盈鏐鐐，心憂凍
餒，口詡忠信，心匿姦偽。躬據崇高，心墜洿下。面雖人也，心則禽焉。故礦
利雖厚，僅以餂私；槍礮雖利，潛以易資；鐵甲雖羍，籍以獻鹵；土地雖寶，
割以媚敵。其尤無憚者，且效昊、元之走西夏〔12〕，全、富之匿版升〔13〕，中
行說之降老上〔14〕，滔於覃之事頭兵〔15〕。彼蠢爾島夷，未聞有此。萬金購諜，
其道末由。華不若戎，此其明證。雖事事強效西人，庸有濟乎？夫西人所以
富且勍者，其風俗人心蓋有不可企及者也。彼法簡而信，民愿而忠，朝野同
志，上下一體，廉恥道重，身家念輕，詐偽不萌，雍蔽不興，行一政而必稽於
眾，舉一事而必要其成，制一器而必責其精，立一法而必期其永，無苟得苟

免之計，少自私自利之心。其人心不可及也如此。今海內士大夫無西人之心，徒步趨西人之法，捨其精而竊其粗，昧其本而齊其末，吾恐愈求富強，而愈致貧弱也。

際今日而欲正人心，似非易易，而抑知不難。下之於上也，不從所令而從所愛，不避所禁而避所憎。愛憎既當，賞罰不主故常，海內耳目見聞一悚，方寸垢污可溉滌十之二三。昔齊威王烹一阿大夫，封一即墨大夫，境內大治〔16〕；周世宗斬樊愛能、何徽七十餘人於潞州，軍威大振〔17〕。其明徵也。獨不聞夫雷乎？礚礚虺虺，聆者罔畏。虢虢而鳴，聞者稍驚。若夫巨電驟燿，闖歷〔18〕匎訇〔19〕，川谷動搖，鳥獸震恐，雖至暴慢無忌之人，亦將蕭於一震。夫聲威者，朝廷之雷霆也。我世宗憲皇帝有不測之雨露，亦有不測之雷霆。刑賞操縱，皆出廷臣意計之表。其時臣工烝烝日新，惴惴奉法，莫敢貪詐，肆其欺罔。故雍正之治，遠軼前代。逮今則雨露多而雷霆少，紀網弛而風俗頹，人心日弊，如水趨壑。戎夷伐侮，良有淵源。昔契丹謂胡嶠曰：「夷狄之人豈能勝中國？然晉所以敗者，臣不忠也。子歸語漢人，使努力事主，毋為夷虜。」〔20〕夫臣盡不忠，未有不敗；臣盡努力，未有不勝。不謂夷為漢謀，有此篤論。今遊談之士，沒沒然不察其本，日議更法以救世變，庸有益乎？來書有憂時之言，故敢肆其狂瞽。如有未洽，願賜駁覆。溽署炎烝，順候自珍。不宣。玉樹頓首。

【校記】

①「迴」，疑作「迴」。

【疏證】

〔1〕江蘇省地方志編纂委員會編《江蘇省志·人物志三》：

謝鍾英（1855～1901），武進縣（今常州市區）羅墅灣人。生於清咸豐五年（1855年）。輿地學家。幼時家庭窘迫，刻苦好學，尤其愛好地理學說。曾校勘洪亮吉所著《三國疆域志》，對缺誤處作了補正，仔細研究事蹟、年月，以此判斷是非。依據陳壽所著原志，對所記情況探求始末以符合實際，凡所引證的資料努力做到古今相符。光緒十四年（1888年）中舉人，廣泛涉獵經史百家之學，後來宗仰王陽明學說，曾入江蘇布政司黃彭年、湖廣總督張之洞、臺灣巡撫邵友濂之幕辦理政務，才能卓越，很受器重。後至湖南任知縣，清丈所轄領的洞庭湖沙田，親自指揮，科學丈量，得到讚賞。戊戌變法後回家鄉授

徒講學，並研究「周易」、老子學說及中醫醫術。光緒二十七年（1901 年）去世。著有《三國疆域補志》20 卷，文集雜著若干卷。

〔2〕《爾雅·釋天第八》：「在戊曰著雍」、「在子曰困敦」。著雍困敦即戊子，乃清光緒十四年（1888）。

〔3〕（宋）范成大《石湖居士詩集》卷十九《大熱泊樂溫有懷商卿德稱》（四部叢刊景清愛汝堂本）：「故人新判袂，得句與誰論。」（明）朱諫《李詩選注》卷十一《答高山人兼呈權顧二侯》：「運闊英達稀，同風遙執袂。」注：「執袂者，意合也，故相離者謂之判袂。」

〔4〕《孟子·告子上》：「孟子曰：『羿之教人射，必志於彀；學者亦必志於彀。大匠誨人，必以規矩；學者亦必以規矩。』」

〔5〕《爾雅·釋天第八》：「正月為陬，二月為如，三月為寎，四月為余，五月為皋，六月為且，七月為相，八月為壯，九月為玄，十月為陽，十一月為辜，十二月為涂。月名。」《周禮·秋官司寇》：「硩蔟氏掌覆夭鳥之巢，以方書十日之號、十有二辰之號、十有二月之號、十有二歲之號、二十有八星之號，縣其巢上則去之。」鄭玄《注》：「方版也，日謂從甲至癸，辰謂從子至亥，月謂從娵至荼，歲謂從攝提格至赤奮若，星謂從角至軫。」

〔6〕《法言·學行卷第一》：「師者，人之模範也。模不模，範不範，為不少矣。」

〔7〕《魏書》卷九十《逸士列傳·李謐傳》：「李謐，字永和，趙涿人，相州刺史安世之子。少好學，博通諸經，周覽百氏。初師事小學博士孔璠。數年後，璠還就謐請業。同門生為之語曰：『青成藍，藍謝青，師何常，在明經。』」又見《北史》卷三十三《李謐傳》。

〔8〕《新五代史》卷五十四《雜傳·馮道傳》：「當是時，天下大亂，戎夷交侵，生民之命，急於倒懸，道方自號「長樂老」，著書數百言，陳己更事四姓及契丹所得階勳官爵以為榮。」

〔9〕（宋）陸游《劍南詩稿》卷四十五《追感往事》：「太平翁翁十九年，紹興中，禁中謂秦太師為太平翁翁。父子氣焰可薰天。不如茅舍醉村酒，日與鄰翁相枕眠。」

〔10〕《後漢書》卷四十四《胡廣傳》：「性溫柔謹素，常遜言恭色。達練事體，明解朝章。雖無謇直之風，屢有補闕之益。故京師諺曰：『萬事不理問伯始，天下中庸有胡公。』」（宋）韓淲《澗泉集》卷十一《題笑軒》：「伸眉為作笑軒詩，胡廣中庸天下知。」

〔11〕《宋史》卷三百一十二《王珪傳》：「珪以文學進，流輩咸共推許。其文閎侈瑰麗，自成一家，朝廷大典策，多出其手，詞林稱之。然自執政至宰相，凡十六年，無所建明，率道諛將順。當時目為『三旨相公』，以其上殿進呈，云『取聖旨』；上可否訖，云『領聖旨』；退諭稟事者，云『已得聖旨』也。」

〔12〕（宋）洪邁《容齋三筆》卷十一《記張元事》：「西夏曩霄之叛，其謀皆出於華州士人張元與吳昊，而其事本末，國史不書。比得田晝承君集，實紀其事云：『張元、吳昊、姚嗣宗，皆關中人，負氣倜儻，有縱橫才，相與友善。嘗薄遊塞上，觀覘山川風俗，有經略西鄙意。姚題詩崆峒山寺壁，在兩界間，云：『南粵干戈未息肩，五原金鼓又轟天。崆峒山叟笑無語，飽聽松聲春晝眠。』范文正公巡邊，見之大驚。又有『踏破賀蘭石，掃清西海塵』之句。張為鸚鵡詩，卒章曰：『好著金籠收拾取，莫教飛去別人家。』吳亦有詩。將謁韓、范二帥，恥自屈，不肯往，乃礱大石，刻詩其上，使壯夫拽之於通衢，三人從後哭之，欲以鼓動二帥。既而果召與相見，躊躇未用間，張、吳徑走西夏。范公以急騎追之，不及，乃表姚入幕府。張、吳既至夏國，夏人倚為謀主，以抗朝廷，連兵十餘年，西方至為疲弊，職此二人為之。時二人家屬羈縻隨州，間使諜者矯中國詔釋之，人未有知者。後乃聞西人臨境，作樂迎此二家而去，自是邊帥始待士矣。姚又有述懷詩曰：『大開雙白眼，只見一青天。』張有雪詩曰：『五丁仗劍決雲霓，直取銀河下帝畿。戰死玉龍三十萬，敗鱗風卷滿天飛。』吳詩獨不傳。觀此數聯，可想見其人非池中物也。』承君所記如此。予謂張、吳在夏國，然後舉事，不應韓、范作帥日尚猶在關中，豈非記其歲時先後不審乎？姚、張詩，筆談諸書，頗亦紀載。張、吳之名，正與羌酋二字同，蓋非偶然也。」

〔13〕《明史》卷三百二十七《外國列傳八‧韃靼》：「明年春，以侍郎史道蒞其事，給白金十萬，開市大同，次及延、寧。叛人蕭芹、呂明鎮者，故以罪亡入敵，挾白蓮邪教，與其黨趙全、丘富、周原、喬源諸人導俺答為患。俺答市畢，旋入掠。邊臣責之，以芹等為詞。芹詭有術，能墮城。敵試之不驗，遂縛芹及明鎮，而全、富等竟匿不出。」

〔14〕《史記》卷一百一十《匈奴列傳》：「老上稽粥單于初立，孝文皇帝復遣宗室女公主為單于閼氏，使宦者燕人中行說傅公主。說不欲行，漢彊使之。說曰：『必我行也，為漢患者。』中行說既至，因降單于，單于甚親幸之。」

〔15〕《北史》卷九十八《蠕蠕傳》：「始阿那瓌初復其國，盡禮朝廷。明帝之後，中

原喪亂，未能外略，阿那瓌統率北方，頗為強盛，稍敢驕大，禮敬頗闕，遣使朝貢，不復稱臣。天平以來，逾自踞慢。汝陽王暹之為秦州也，遣其典籤齊人淳于覃使於阿那瓌。遂留之，親寵任事。阿那瓌因入洛陽，心慕中國，立官號，僭擬王者，遂有侍中、黃門之屬。以覃為秘書監、黃門郎，掌其文墨。覃教阿那瓌，轉至不遜，每奉國書，鄰敵抗禮。及齊受東魏禪，亦歲時往來不絕。」

〔16〕《史記》卷四十六《田敬仲完世家》：「威王初即位以來，不治，委政卿大夫，九年之間，諸侯並伐，國人不治。於是威王召即墨大夫而語之曰：『自子之居即墨也，毀言日至。然吾使人視即墨，田野闢，民人給，官無留事，東方以寧。是子不事吾左右以求譽也。』封之萬家。召阿大夫語曰：『自子之守阿，譽言日聞。然使使視阿，田野不闢，民貧苦。昔日趙攻甄，子弗能救。衛取薛陵，子弗知。是子以幣厚吾左右以求譽也。』是日，烹阿大夫，及左右嘗譽者皆並烹之。遂起兵西擊趙、衛，敗魏於濁澤而圍惠王。惠王請獻觀以和解，趙人歸我長城。於是齊國震懼，人人不敢飾非，務盡其誠。齊國大治。諸侯聞之，莫敢致兵於齊二十餘年。」

〔17〕《新五代史》卷七十《東漢世家》：「世宗休軍潞州，大宴將士，斬敗將樊愛能、何徽等七十餘人，軍威大振。」

〔18〕闞歷，即霹靂。《史記·天官書》：「夫雷電、蝦虹、闞歷、夜明者，陽氣之動者也，春夏則發，秋冬則藏。」

〔19〕《藝文類聚》卷二《天部下·電》：「晉顧凱之《雷電賦》曰：『夫其聲無定響，光不恒照，砰訇輪轉，儵閃羅曜。』」

〔20〕《新五代史》卷七十三《四夷附錄第二》：「契丹謂嶠曰：『夷狄之人豈能勝中國？然晉所以敗者，主暗而臣不忠。』因具道諸國事，曰：『子歸悉以語漢人，使漢人努力事其主，無為夷狄所虜，吾國非人境也。』嶠歸，錄以為《陷虜記》云。」

【附錄】

張元濟《謝鍾英先生傳》〔註3〕

吾母系出武進羅墅灣謝氏。余幼時隨吾父居粵東，獲侍子威舅氏。先後又得見善敷、子遐二舅祖、梅生舅氏、質甫表兄。余業師榴生先生亦舅氏行

〔註3〕《張元濟詩文》，商務印書館1986年版，第354～356頁。

也。謝故巨族。余從未至舅家，母黨中僅識數人而已。余既釋褐，官刑曹，迎吾母居京師。歲甲午，鍾英表兄入都應禮部試，以族子禮進褐吾母。余與論世事，語甚通達，知非尋常章句之士。未幾別去，不復通音問。戊戌政變，余削職南旋，入上海商務印書館任編譯。招其子利恒來助，時距君下世已十載矣。利恒語余，君少丁洪楊兵燹，避居泰興，隨母言太宜人拾菜根為食。後歸於鄉，故廬僅存，風雨不蔽。年十歲，嘗為小販以飲家。逾年，母氏卒。兼助父葆初公執炊爨，隆冬猶禦夾衣。年二十始製一絮袍。夜覆一衾，閱十七年未更易。初應童子試，入城行四十里。葆初公與制錢五百，試畢歸，猶餘百文。既補縣學生員。先後為人塾師。某歲館杭州，年末假歸。至常州舟覆，雇夫肩行囊，徒跣從之，夜五鼓抵家，兩足盡僵。以幼時飽受鍛鍊，故壯歲膚腠仕，能自守如寒士。嘗自言惟儉養廉，不濫用，斯能不苟得也。利恒又語余，君嗜讀史。為童時居灶下閱《綱鑑易知錄》，盡能記憶。顧無力買書。後積所入館穀。八年始得置前、後《漢書》。足跡所至，遇有書之家，假讀殆徧。生平致力於輿地之學，成《三國疆域志補注》十五卷、《大事表》一卷、《疆域表》二卷、《志疑》一卷，及身刊行。自言畢生精力咸注是書也。為文喜學《國策》、《韓非子》、韓昌黎、柳河東諸家。駢體文仿洪北江，考據文則以汪容甫、惲子居為宗。受知於長沙王益吾先生，舉戊子優貢，其年又中式江南鄉試舉人。主試者順德李芍農先生，亦專以實學取士者也。利恒又語余，羅墅灣濱孟瀆河，受江潮淤積，鄉先輩惲竹坡先生醵資疏濬，分五段，各設工局。以君董羅墅灣奔牛兩段，他局工役多爭哄，獨君所司兩段無事。既竣，人皆曰費省而工固。嗣入江蘇布政使黃彭年幕。彭年嘗從駱文忠，治事以精密稱。署中文牘咸委君。每夕飯罷就君坐，盡舉一日所受事反覆討論，指授要略，君密為籌劃。削牘以應，無不當意。在署凡八月，黜貪吏數人，集賑款百餘萬，皆君之助也。黃公卒，乃受臺灣巡撫邵友濂聘，渡海遇臺澎兵備道顧肇熙，留君充臺南鹽務總局提調，轄鹽場四所。屬有總管三、分館數十。赴場領鹽繳課，皆司事為之。弊竇百出，上下咸恃陋規以相欺蔽，君至則盡裁革之，嚴禁短欠，斥奸蠹十餘輩，人無敢干以私。緝私營管帶某以練勇捕私被毆上聞，君察其意，藉弛縱索賄，嚴飭民敢為亂，會營助剿，嗣果無事。某兩館司事互訐，引地己瘠而彼肥，延不納課。君令互易，咸懼服請罷。君初至時，庫無餘資。閱十五月受代去，積銀多至百有餘萬。湖南巡撫陳寶箴耳君名，奏調入湘，委文南洲廳、洞庭湖沙田。沙田坍漲無常，歷若干歲必一清文憑以徵賦。

自昔官無親蒞其役者，故事權盡入書吏弓手之手。賦額之升降，田之多寡，以賄賂為衡，而官亦坐享其肥。民多不服，輒聚眾滋事。君捧檄請行。既至，躬自督率，雖風雨烈日不稍懈。豪猾有梗阻者，懲治之，吏役咸斂手。克期藏事。既返省，益吾先生方鄉居，譽以公平精細，為同時奉委者冠。巡撫陳公知其能，奏保以知縣送部引見。會戊戌八月政變，陳公獲咎罷去。君返長沙，知事無可為，亦棄官還里，仍授徒自給。自是不復出矣。夫以君之學養之精粹，宜可以有為於世，而卒不能大展其用。且以童年貧困，壯歲饑驅奔走，躬冒寒暑，體以羸憊，且不獲永其年。歿之日，年僅四十有七。傷已！君配何宜人，孝事翁姑，能以勤儉持其家，後君二十五年卒。子觀，以字行，亦能繼君之志，業醫有聲於時。余交利恒，久聞所述，以為君之行誼，足為吾母黨光也，故樂為之傳。表弟海鹽張元濟拜撰。

與武進謝君鍾英書

《三國疆域志》聞已梓行【注二】，精塙實出洪書之右〔1〕，願惠一部，以資攷證。客有自長沙來者，言陳右銘中丞〔1〕奏調足下以知縣留湖南候補。此君可謂卓識。《易林》有言「龍喜張口，大悅在後。」〔2〕蘇文忠贈周循州云：「功名在子，何異我躬。」〔3〕敢為足下頌之。然不患無位，患所以立。敬贛芻蕘之言，竊附於直諒之誼，可乎？

士人服古入官，始患更事太少，既患更事太多。閱歷既深，慮患浸密。英華就消，趨避日熟。直方之節，外斂於貴勢。勇銳之志，內阻於利害。為茂宰則不足，敎巧宦則有餘。國與民其奚賴焉？願足下以義養氣，以氣策行，不以困逆而氣縮，不以達順而氣浮。氣猶水也，才猶舟也。水深而舟阻，氣沛而才滯者，吾未之見矣。

【疏證】

〔1〕洪亮吉著《補三國疆域志》二卷，後謝鍾英著《三國疆域志補注》十九卷首一卷，有清光緒二十四年（1898）湘中刻本。另，《二十五史補編》收錄《補三國疆域志補注》十五卷。

陳寶箴，字右銘，江西義寧人。官湖南巡撫。《清史稿》卷四百六十四有傳。

〔2〕《易林·姤之履》：「鼓瑟歌舞，懽遺於酒。龍喜張口，大喜在後。」

【注二】據注〔一〕，此信當做於清光緒二十四年（1898）或稍後。

〔3〕見蘇軾《和荅龐參軍》。

與馬君為瑗〔1〕書

慕蕙足下：

今者大詐雲興，真源涸竭，其有悃悃款款如衡陽彭尚書〔2〕者，非常之怪也。小臣謰大僚，大僚告天子，皆習為佹張〔3〕，以相朋蔽。用情之奏，十無二三。如鄉者河決鄭州〔4〕，總河成孚奏稱風雨猛疾，搶護不及，民遷高皋，幸未淹沒。誣罔若此，令人駭歎。夫高堤驟潰，洪流就下，勢若建瓴，捷於犇驥，原隰汪洋，瞬息百里。雖有飛廉，走避奚及。如雲前知而徙，官曷不先事而防也？不待尋索罅隙，昭然樞府。擬旨不予嚴駁，寬大流弊，一至斯乎！昨覽《池北偶談》，言「士夫履歷，例減年歲。同官燕會，罕言真年」〔5〕。考官年之說，宋代已興，《容齋隨筆》〔6〕言之詳矣。相率為偽，此其一端。足下抗懷厲俗，高識超世，易覩之謬，憎鄙可想。入官立誠，始基在茲。勿謂小偽，貶道從俗。

【疏證】

〔1〕陳中凡《清暉山館散文》（見柯夫編《清暉集》）有《馬君墓誌銘》：

公諱為瑗，字慕憲，江蘇鹽城人。祖松年，考紹聞，行義並彰，名昭邑乘。公胚胎前烈，髫齡竺學，綜覽典墳，旁及諸子，貫穿融會，發為文章，淹博閎通，驚其老宿。年二十三，受知於瑞安黃體芳侍郎，補博士弟子。二十五，受知長沙王先謙祭酒，食廩餼。兩公並一代經師，海內髦彥，依以揚聲，公獨恥聞望過情，未足成業，息景邱樊，砥行厲節，攄轡慨然，有澄清宇合之志。貢職京師，實司兵馬，恩威燀耀，英能卓越。遂遷知縣，典順天府常平倉。值庚子之變危城食盡，易子析骸，公盡糶倉粟，沾漑流離，全活之眾，殆靡算數。大府嘉其幹練，委知東安縣事。旋調署三河、大城、寶坻等縣。兵燹之後，流冗載途，……公平亭教爭，尤示鯁直。卒以是積牾法蘭西牧師。牧師轉嗾法使，嚴詞詰責。大府畏逼，召公對簿。公慷慨申辯，牧師語塞，抑首而退。公返治所，益申素懷，摒刈兇暴，薙遺根亥，招徠逃亡，復其故業。氓庶銜感，家戶尸祝。去官之日，臥轍攀轅。雖侯霸被遮於臨淮，寇公願借於河內，方茲蔑以上矣。癸卯冬，改知豐潤縣事。公更興學校，創工廠，闢草萊，修水利，選俊才以遊海外，設游徼以緝奸邪，養孤寡而恤困窮，禮賢良而敦風化。由是士農緝熙，工商沐澤，訟獄折於琴堂，桴鼓息於砥路。再薦循良，朝旨卓異。丙午

春，直薊州釐正經界之役；大府審此匪公莫屬，爰遷知州。公既到官，躬親履勘，相土訂稅。逾年事畢，復還本任，舊政半馳，整飭復初，公帑不充，稱貸以益。明年，入覲，南宮稱之曰能。遂以道員即補，出典灤州，尋遷遵化。會辛亥國變，餉竭兵嘩，公馳赴曉諭，眾懾伏受命，廛市不驚，巨難坐弭。逮清室遜位絕意住進，而濟世初衷，未嘗稍殺。居恒軫念時限，謂匪厚殖富源，未足濟茲彫攰。爰集貲掘採，以事中輟，閎模莫展，嵫景俄逝。乙卯之冬，卒於京邸，享年五十有六。逾年，始克返葬於鹽城西鄙之長建里。訃音所播，哀動江淮，慟浮京國，豈惟遠交近執，含悲雪涕而已哉！公孝友根於天性，仁惠秉自降衷，輕財若塵埃，重誼若丘山。振饑助餉，綏宗周急，千金萬鍾，揮手輒盡。幼侍衰親，殫心醫術，辨症準藥，精審寡倦，危急就診，輒奏奇效。舉茲一節，足概生平，輿誦所歸，宜享介祉。上壽未登，遽嗟不祿。配薛氏，生三女，三寡兩殤。姜朱氏，生一子二女，復並夭折。天道寧論，千古一慨！公揚歷八州縣，歷年十有五載，行李往來，篋無長物，惟讞論孤吟，殘叢寸軼，誠使名山可期，要之百世，則公之沒世足稱，亦正有在。凡茲第錄，固未足揚丕休於萬特備後之式公墓者，懷仁考跡云。銘曰：於皇先生，畿輔稱循。美教移俗，成孝厚倫。如何蒼昊，喪我善人。躬既瘝悴，胤且沉淪。胡柄胡棄？胡懟胡瞋？帝心洞儆，久不可詢。爰摘光耀，勒此貞珉。願謝來者，毋損厥窀。

〔2〕彭玉麟，字雪琴，湖南衡陽人。光緒九年，擢兵部尚書，以衰病辭。《清史稿》卷四百一十有傳。

〔3〕《尚書・無逸》：「此厥不聽，人乃或譸張為幻。」（唐）陸德明《經典釋文》卷四《尚書音義下》（清抱經堂叢書本）：「馬本作『輈』，《爾雅》及《詩》作『侜』，同。侜，張誑也。」

〔4〕《清史稿》卷二十三《德宗本紀一》：「（十三年八月）丙午，沔陽等州縣被水，留冬漕三萬石賑之。鄭州河決，南入於淮，褫河督成孚職，留任。」

〔5〕《池北偶談》卷二《談故二・官年》：「三十年來士大夫履歷，例減年歲，甚或減至十餘年；即同人宴會，亦無以真年告人者，可謂薄俗。按洪容齋《四筆》，宋時有真年、官年之說，至形於制書。乃知此風由來遠矣。獨寇萊公不肯減年應舉，又《司馬朗傳》：『伯達志不減年以求成』。則漢、魏間已有之。」

〔6〕《容齋四筆》卷三《實年官年》；「士大夫敘官閥，有所謂實年、官年兩說，前此未嘗見於官文書。大抵布衣應舉，必減歲數，蓋少壯者欲藉此為求昏地；不幸潦倒場屋，勉從特恩，則年未六十始許入仕，不得不豫為之圖。至公卿任子，

欲其早列仕籍，或正在童孺，故率增攙庚甲有至數歲者。然守義之士，猶曰兒曹甫策名委質，而父祖先導之以挾詐欺君，不可也。比者以朝臣屢言，言及七十者不許任監司、郡守，搢紳多不自安，爭引年以決去就。江東提刑李信甫，雖春秋過七十，而官年損其五，堅乞致仕，有旨官年未及，與之外祠。知房州章騆六十八歲，而官年增其三，亦求罷去。諸司以其精力未衰，援實為請，有旨聽終任。知嚴州秦　乞祠之疏曰：『實年六十五，而官年已逾七十。』遂得去。齊慶胄寧國乞歸，亦曰：『實年七十，而官年六十七。』於是實年、官年之字，形於制書，播告中外，是君臣上下公相為欺也。掌故之野甚矣，此豈可紀於史錄哉？」

【附錄】

陳中凡《感舊集》（見柯夫編《清暉集》）有《讀馬慕蓬丈〈蘇齋遺詩〉，敬題其耑》

願夏悲秋百感生，

餘生憂患剩微吟。

天荊地棘人憔悴，丈供職燕京二十餘年，經庚子之變，備歷艱辛，直至袁氏帝制自為，憤而即世，故有「天荊地棘」之慨。一卷長留耿介心。

逸臣心事邈難陳，

閱盡人間幻並真。

北國何堪回首望，

似聞太息泣麒麟。七七事變後，河北全部淪陷，獲讀遺詩，益增憤慨。

故交生死見情真，

手撫遺文取次分。

付託孰知非善士，

編書竟作攘書人。先叔父惕庵公遺著《後樂堂詩文集》初、二、三編，丈出貲託人合編為一集。……

詹安泰《鷦鷯巢詩集》卷一《題馬慕蓬〈蘇齋遺詩〉》

久耳馬公名，卅載官河北。政績今襲黃，性情古狷直。餘事及篇章，凌駕戢群翼。心肝寧鐵鑄，痛憤誰能抑。浩然塞兩間，亦不矜筋力。瑣細到蟲

魚，雜碎惟君國。誠齋詩：「雕得心肝百雜碎。」死豈一切平，生真百憂迫。古馗
森崢嶸，白日走鬼蜮。梁燕巢林去，獰狼求其食。妖氛乘蔑土，滅沒不容刻。
遺澤愴孤忠，天地驚慘黑。

　　王鍾琴《馬為瑗》（見顧國華編《文壇雜憶全編四》卷十六）

　　鹽城老友馬沛雲生前為予談及其先輩馬為瑗事，據謂馬為清之廩貢生，
曾任蘇州府學教諭，與陳鍾浩先生之尊人陳玉澍為至交，玉澍字惕庵，曾在
馬家鄉馬廠執教，工詩。陳鍾浩先生號幼惕，其來由此。馬為瑗十分重視鄉
誼，凡鄉里子弟之聰慧者，解衣推食，必使其成材，鄉里德之。著有《蘇齋詩
鈔》及文集等，大本工楷，均未刊行，手稿於「文革」中亡去，又有《庚子紀
事詩》百首，實錄八國聯軍肆虐之罪行，為極珍貴之歷史文獻，亦不幸於「文
革」中抄沒，至今杳無下落，殊可惜也。晚年境遇不佳，卒於北京，無力歸
葬，係友好醵資，方得還於鄉里。宋澤夫輓聯云：「大名已千古，清風剩一棺。」
張季直輓聯云：「一輪明月，兩袖清風。」皆言其廉介自守，有人無我有之高
尚情操。而對其身後蕭條，則深致慨歎也。馬死後，胡喬木之尊人胡啟東先
生為之作傳，桐城姚永模先生為之書墓表。馬享年僅五十四歲。生前，袁世
凱有意延攬，馬有詩曰：「恥與兵練伍，願學范蠡遊。」詞以見意，然後竟出
任彼之某道臺，雖僅數日，終為白璧之玷，論者惜之。人之於晚節，豈可不慎
乎！

與馬君為瑗書

　　仲冬月吉〔1〕，始接壯月〔2〕京邸惠書。發緘雒誦，詞意激壯，味復醇濃。
鞶轂之下〔3〕，酬應紛擾，猶能燖溫書史，發為文藻。不覯二歲，竟非復吳下
阿蒙〔4〕。雖仕路未達，而此事良可忻慰。至以鄙人箸室〔5〕有娠，喜溢於辭。
以君悞我，宜有此懷。而區區鄙衷，竊未敢愫憚，而憂懼之深心，且隨熊罷虺
蛇交縈於夢寐間也〔6〕。

　　今之王公卿相及專閫〔7〕兼圻〔8〕大吏，下逮一命之長、百里之司，往往
鐐鈑〔9〕羨盈〔10〕，蕩鏐〔11〕充牣〔12〕，廛市遍通都，寄資及島國，亦可與南
徐北魚〔13〕競豪富矣。而其持籌會計，勤於污行，賈豎憂凍懼餒，下同操瓢
行乞之倫。仰侵俯剝，巧取強奪，坐視國家貧弱，戎夷侵侮，聖皇焦勞，民生
愁苦，墊隘唵吘〔14〕，展轉漠焉無所動於心。彼豈狼貪之性根於降衷，良以內
顧子孫，繩繩不絕。設不幸愚駃〔15〕暗瞀，有蘧篨〔16〕、戚施〔17〕、疲癃〔18〕

之疾，不克捷足與世爭財，必罹飢寒，流為勾乞，將仰咎祖考匪人，胡寧忍予至是？興念及此，憂心如焚，不得不乘斧柯在手之時，高張利罔，深畜厚積，以詒後嗣。雖世有陋儒迂士援引古義，詈我為敗類之貪人、壟斷之賤丈夫，而我子孫繩繩，已享百年溫飽安全之利，是所捨者少，所取者奢，未始非大智大巧之所為也。彼使年逾艾者，未一縣孤帨於門，自顧𣣈𣣈待盡之身，雖有紫標黃榜〔19〕，疇為典守，念及此，而眈眈逐逐之心，縱不能盡付逝波，亦可稍澹十之一二。但官僚少一分貪婪，即國與民多受一分利益。故不佞嘗謂中國受制外夷，皆由大小臣工媷顧子孫，罔恤君父。能以愛厥子孫者愛君父，憂厥子孫者憂君父，如是而國不富疆、夷不震懾者，未之有也。孟子有言〔20〕：「人少則慕父母，知好色則慕少艾，有妻子則慕妻子，仕則慕君。」常人之情，隨境遷變，孝由妻衰，廉由子敗。故孔子曰〔21〕：「及其老也，血氣既衰，戒之在得。」如玉樹碌碌，亦常人耳，有志堅白〔22〕，常恐定力不足以持之，預憂墮地呱呱，即為磷緇〔23〕。乃父之物，一念歧誤，去敗類不能以寸。雖欲易懼為喜，何可得也。

抑不佞更有說焉。《斯干》為「宣王考室」之詩。首章言國富民殷，兄弟親睦；後三章言夢得吉祥，生育男女，貴為君王，慶流後裔。詩人豈泛祝多男，拾華封人〔24〕之遺瀋哉！良以宣王少遭愍凶，國祚不絕如縷，賴周、召共和，危而復安，故以青宮〔25〕早建，金楨〔26〕廣樹，為姬宗無疆畺之休。此詩人慮之遠、愛之深也。我穆宗毅皇帝龍馭賓天，未占一索〔27〕，皇上以醇賢王之子入為文宗之子，將來皇子之承大統者，即為穆宗之子。而椒房〔28〕七載，未覯菖花；掖庭〔29〕九御〔30〕，亦有高禖之禱〔31〕。前星晦曜，為海內阢隉〔32〕榮懷所繫。殷憂〔33〕內蘊，同符漆室〔34〕。若返躬自顧，夢蘭〔35〕遲速，何與休戚。男祥女祥〔36〕，從未卜之日者，大類今之官府於國計民生，漠焉不動於心也。然足下之跂望殷矣。俟喤喤有聲，微論衣裳衣襓，當係書春鴻之足，為足下告也。

【疏證】

〔1〕《周禮·地官司徒第二·族師》：「各掌其族之戒令政事，月吉，則屬民而讀邦灋，書其孝悌睦婣有學者。」鄭玄《注》：「月吉，每月朔日也。」

〔2〕《爾雅·釋天第八》：「八月為壯。」

〔3〕《漢書》卷六十二《司馬遷傳》：「僕賴先人緒業，得待罪輦轂下二十餘年矣。」顏師古《注》：「言侍從天子之車輿。」（唐）韓愈《昌黎先生文集》卷三十九

《潮州刺史謝上表》：「雖在萬里之外、嶺海之陬，待之一如幾甸之間、輦轂之下，有善必聞，有惡必見。」

〔4〕《三國志》卷五十四《吳書九·呂蒙傳》，裴松之《注》引江表傳曰：「初，權謂蒙及蔣欽曰：『卿今並當塗掌事，宜學問以自開益。』蒙曰：『在軍中常苦多務，恐不容復讀書。』權曰：『孤豈欲卿治經為博士邪？但當令涉獵見往事耳。卿言多務孰若孤，孤少時歷《詩》、《書》、《禮記》、《左傳》、《國語》，惟不讀《易》。至統事以來，省三史、諸家兵書，自以為大有所益。如卿二人，意性朗悟，學必得之，寧當不為乎？宜急讀《孫子》、《六韜》、《左傳》、《國語》及《三史》。孔子言『終日不食，終夜不寢以思，無益，不如學也』。光武當兵馬之務，手不釋卷。孟德亦自謂老而好學。卿何獨不自勉勗邪？』蒙始就學，篤志不倦，其所覽見，舊儒不勝。後魯肅上代周瑜，過蒙言議，常欲受屈。肅拊蒙背曰：『吾謂大弟但有武略耳，至於今者，學識英博，非復吳下阿蒙。』蒙曰：『士別三日，即更刮目相待。大兄今論，何一稱穰侯乎！兄今代公瑾，既難為繼，且與關羽為鄰。斯人長而好學，讀《左傳》略皆上口，梗亮有雄氣，然性頗自負，好陵人。今與為對，當有單復以鄉待之。』密為肅陳三策，肅敬受之，秘而不宣。權常歎曰：『人長而進益，如呂蒙、蔣欽，蓋不可及也。富貴榮顯，更能折節好學，耽悅書傳，輕財尚義，所行可跡，並作國士，不亦休乎！』」

〔5〕（清）俞正燮《癸巳類稿》卷七《釋小補楚語笄內則總角義》：「小妻曰妾，曰嫡，曰姬，曰側室，曰簉室。」

〔6〕見卷五《上祭酒王盆吾師書》注。

〔7〕《史記》卷一百二《馮唐傳》：「臣聞上古王者之遣將也，跪而推轂曰：『閫以內者，寡人制之；閫以外者，將軍制之。』」裴駰《集解》：「韋昭曰：『此郭門之閫也。門中橛曰閫。』」

〔8〕清代總督多管轄兩省或三省，謂之兼圻。清陳康祺《郎潛紀聞二筆》卷十三：「公饒權術，而有毅然任事之略，肫然愛民之誠，其由流外，至兼圻，非幸也宜也。」

〔9〕《爾雅·釋器第六》：「白金謂之銀，其美者謂之鐐。鉼金謂之鈑。」

〔10〕羨盈：盈餘。（宋）梅堯臣《宛陵先生集》卷五十六《送江東轉運楊少卿》（四部叢刊景明萬曆梅氏祠堂本）：「有意息民甚，不同求羨盈。」（宋）曾鞏《元豐類稿》卷二十四《戶部侍郎制》（四部叢刊景元本）：「公藏贍足，而私蓄羨

盈。」

〔11〕《爾雅・釋器第六》:「黃金謂之璗,其美者謂之鏐。」

〔12〕充牣:豐足。(宋)李心傳《建炎以來繫年要錄》卷三十一《建炎四年》(清
　　　文淵閣四庫全書本):「又竭取民財錢穀以鉅萬計,庫廩充牣,兵甲犀利。」

〔13〕《南史》卷十五《徐羨之傳》:「時襄陽魚弘亦以豪侈稱,於是府中謠曰:『北
　　　路魚,南路徐。』」

〔14〕《左傳・成公六年》:「易覯則民愁,民愁則墊隘。」杜預《注》:「墊隘,羸困
　　　也。」《左傳・襄公九年》:「公子騑趨進曰:『天禍鄭國,使介居二大國之間,
　　　大國不加德音,而亂以要之,使其鬼神不獲歆其禋祀,其民人不獲享其土利,
　　　夫婦辛苦墊隘,無所厎告。』」杜預《注》:「墊隘猶委頓。」《詩經・大雅・
　　　板》:「民之方殿屎,則莫我敢葵喪。」毛《傳》:「殿屎,呻吟也。」《說文解
　　　字》引作「民之方唸㕧」。

〔15〕愚騃:愚笨癡呆。《魏書》卷十五《昭成子孫列傳》:「高祖大怒,詔曰:『阿
　　　倪愚騃,誰引為郎?』」

〔16〕籧篨,又作「蘧蒢」。《詩經・邶風・新臺》:「燕婉之求,籧篨不鮮。」毛《傳》:
　　　「籧篨,不能俯者。」

〔17〕《詩經・邶風・新臺》:「燕婉之求,得此戚施。」毛《傳》:「戚施,不能仰
　　　者。」

〔18〕疲癃,又作「罷癃」。《史記》卷七十六《平原君傳》:「臣不幸有罷癃之病。」
　　　《集解》:「徐廣曰:『癃音隆。癃,病也。』」《索隱》:「罷音皮。癃音呂宮反。
　　　罷癃謂背疾,言腰曲而背隆高也。」

〔19〕《南史》卷五十一《梁宗室列傳上・臨川靜惠王宏》:「宏性愛錢,百萬一聚,
　　　黃榜標之;千萬一庫,懸一紫標。如此三十餘間。」

〔20〕見《孟子・萬章上》。

〔21〕見《論語・季氏第十六》。

〔22〕《論語・陽貨》:「不曰堅乎,磨而不磷;不曰白乎,涅而不緇。」何晏《集
　　　解》:「孔安國曰:『言至堅者磨之而不薄,至白者染之於涅而不黑。』」

〔23〕參上注。

〔24〕《莊子・天地第十二》:「堯觀乎華。華封人曰:『嘻,聖人!請祝聖人,使聖
　　　人壽。』堯曰:『辭。』『使聖人富。』堯曰:『辭。』『使聖人多男子。』堯
　　　曰:『辭。』封人曰:『壽,富,多男子,人之所欲也。女獨不欲,何邪?』」

堯曰：『多男子則多懼，富則多事，壽則多辱。是三者，非所以養德也，故辭。』
封人曰：『始也我以女為聖人邪，今然君子也。天生萬民，必授之職。多男子
而授之職，則何懼之有！富而使人分之，則何事之有！夫聖人鶉居而鷇食，
鳥行而無彰；天下有道，則與物皆昌；天下無道，則修德就閒。千歲厭世，
去而上仙，乘彼白雲，至於帝鄉；三患莫至，身常無殃，則何辱之有？』封
人去之，堯隨之，曰：『請問。』封人曰：『退已！』」

〔25〕青宮：太子東宮。東方屬木，於色為青，故有此稱。《河東先生集》卷三十七
《賀皇太子牋》：「殿下祗膺茂典，位副青宮。」（宋）魏仲舉《注》：「青宮，
東宮也。《神異經曰：『東方有宮，青石為墻，高三仞。門有銀牓，以青石碧
鏤，題曰天地長男之宮。』」

〔26〕（明）卓明卿《卓氏藻林》卷二《君道類》（明萬曆八年刻本）：「金楨玉幹。
同姓侯封也。金楨玉幹之戚。」《藝文類聚》卷四十六《職官部二・太尉》：
「皇上革命應運，大啟邦國，麟趾磐石之宗固具，金楨玉幹之戚畢封，文叔
掩被之悲無泯，仲謀援鞍之慟逾切。乃封始興郡王，永定元年下詔曰。」

〔27〕《周易・說卦》：「乾，天也，故稱乎父。坤，地也，故稱乎母。震，一索而得
男，故謂之長男。巽，一索而得女，故謂之長女。」

〔28〕《漢書》卷六十六《車千秋傳》：「江充先治甘泉宮人，轉至未央椒房。」顏師
古《注》：「椒房，殿名，皇后所居也。以椒和泥塗壁，取其溫而芳也。」

〔29〕《後漢書》卷四十上《班固傳上》：「後宮則有掖庭椒房，后妃之室，合歡增
成，安處常寧，茝若椒風，披香發越，蘭林蕙草，鴛鸞飛翔之列。」李賢《注》：
「《漢官儀》曰：『婕妤以下皆居掖庭。』《三輔黃圖》曰：『長樂宮有椒房殿。』
前書曰：『班婕妤居增成舍。』桓譚《新論》曰：『董賢女弟為昭儀，居舍號
曰椒風。』《漢宮閣名》長安有披香殿、鴛鸞殿、飛翔殿。餘未詳。」

〔30〕《周禮・天官冢宰第一・內宰》：「以婦職之灋教九御，使各有屬，以作二事。」
鄭玄《注》：「九御，女御也，九九而御於王，因以號焉。」

〔31〕《呂氏春秋》卷二《仲春紀》：「是月也，玄鳥至。至之日，以太牢祀於高禖。
天子親往，后妃率九嬪御，乃禮天子所御，帶以弓韣，授以弓矢於高禖之前。」
高誘《注》：「《周禮》禖氏以仲春之月合男女於時也，奔則不禁。因祭其神於
郊，謂之郊禖。音與高相近，故或言高禖。」（清）王引之《經義述聞》第十
四《高禖》（清道光刻本）：「仲春之月，以大牢祠於高禖。鄭《注》說『高禖』
云：『高辛氏之世，元鳥遺卵，娀簡狄吞之而生契，後王以為媒官嘉祥，而立

其祠焉。變媒言禖，神之也。』蔡邕以為禖神，高辛巳前舊有。高者，尊也，謂尊高之禖，不由高辛氏而始有高禖。盧植以為居明顯之處，故謂之高，見《續漢書·禮儀志》注）。引之謹案：鄭、蔡、盧三家之說皆非也。高者，郊之借字。古聲高與郊同，故借高為郊。」

〔32〕阢隉，又作「杌隉」。《尚書·秦誓》：「邦之杌隉，曰由一人。」孔安國《傳》：「杌隉，不安。」又作「臲卼」。《周易·困》上六：「困於葛藟，於臲卼。」《正義》：「臲卼，動搖不安之貌。」

〔33〕《文選》卷二十三阮籍《詠懷》之十四：「感物懷殷憂，悄悄令心悲。」李善《注》：「《韓詩》曰：『耿耿不寐，如有殷憂。』」南朝（宋）謝靈運《謝康樂集》卷三《歲暮》：「殷憂不能寐，苦此夜難頹。」

〔34〕見《上左季高侯相書》注。

〔35〕夢蘭，指懷孕。《左傳·宣公三年》：「初，鄭文公有賤妾曰燕姞，夢天使與己蘭，曰：『余為伯鯈。余，而祖也。以是為而子。以蘭有國香，人服媚之如是。』既而文公見之，與之蘭而御之。辭曰：『妾不才，幸而有子，將不信，敢徵蘭乎？』公曰：『諾。』生穆公，名之曰蘭。」

〔36〕（清）俞樾《茶香室叢鈔》卷十六《鬼媒人》：「宋康譽之《昨夢錄》云：『北俗，男女年當嫁娶未婚而死，兩家命媒互求之，謂之鬼媒人。就男墓備酒果祭以合婚，設二座相併，各立小幡長尺餘。其未奠也，二幡直垂不動。奠畢，祝請男女相就，若合巹焉。其相喜者，二幡微動。若一不喜，幡不為動。既已成婚，則或夢新婦謁翁姑，壻謁外舅也。不如是，則男女或作祟，謂之男祥女祥，兩家亦薄以幣帛酬鬼媒。』按：此《周禮》所謂嫁殤。今時亦或有之。然敘述嫁娶之詳，則無如此條者矣。」

與陶君鴻恩書

湛村仁兄足下：

　　玉樹家居侍伯氏疾十日，俾君獨肩捍海之重，屬薪牽茭，獎勤懲惰，良苦良苦。借撥倉錢不足，君又自捨錢三千緡，惠風高義，豈叔末所有。玉樹且感且愧。宵接書翰，知弟三堰成而復潰，豈蒼蒼者必欲降割吾邑，不容斥鹵豐稻粱之利耶？何任海若〔1〕彭亨至是！見易而進，知艱而卻，眾情恒然，無足駭異。多口鑠金，聚蚋成雷，宜塞耳勿聽，聽之徒眩惑人意。吾曹之為此役，救瘝民耳。向既挾一必行之志，不量己力。今宜挾一必成之志，不揣天

意。天且勿問，何有於人。且天與人皆可以誠感也。吾聞阿非利加洲北有埃及國焉，國濱紅海，海水歲由奈兒河流入，浸溢禾稼，邦人病之。有貞女誓於神，勾眾築隄障，冀為國除患害。潮汐馳突，越數載，績弗成，眾將潰散，貞女懼既散不可復萃，蹈海以激眾怒。一媛甫沈，萬夫競奮，未浹旬而隄竟觀成矣。此非至誠感蹴之明效乎！吾與君不能為埃及貞女之事，不可無埃及貞女之心。心志堅銳，神將畏之。心力劬瘁〔2〕，神亦矜之。既畏且矜，則陽侯之波〔3〕可戢，而堰可就也。家兄已小愈，日晡〔4〕即揚舲來工，稍析勞瘁，且以分謗。詰朝〔5〕晤言，書不悉意。

【疏證】

〔1〕《莊子·外篇·秋水第十七》：「於是焉河伯始旋其面目，望洋向若而歎。」

〔2〕（漢）蔡邕《蔡中郎集·述行賦》：「僕夫疲而劬瘁兮，我馬虺隤以玄黃。」《楚辭·九章·哀郢》：「凌陽侯之泛濫兮，忽翱翔之焉薄。」《戰國策》卷二十七《韓二》：「謂公叔曰：『乘舟，舟漏而弗塞，則舟沉矣。塞漏舟而輕陽侯之波，則舟覆矣。』」《淮南子·覽冥訓》：「武王伐紂，渡於孟津，陽侯之波，逆流而擊。」高誘《注》：「陽侯，陵陽國侯也。其國近水，溺死於水，其神能為大波，有所傷害，因謂之陽侯之波也。」

〔3〕日晡，即日餔。《史記》卷九《呂太后本紀》：「入未央宮門，遂見產廷中。日餔時，遂擊產。」（明）楊慎《丹鉛總錄》卷十五《字學類·昌古與餔通》（清文淵閣四庫全書本）：「昌，古餔字。昌字從臼從日。餔時，申時也。《說文》：『申字從臼，自束持之意。吏以餔時聽事，申旦政也。』故臼與申字皆從臼。」

〔5〕《左傳·僖公二十八年》：「戒爾車乘，敬爾君事，詰朝將見。」杜預《注》：「詰朝，平旦。」

【附錄】

張謇《鹽城陶先生墓誌銘》（《張謇全集》第6冊《藝文雜著》）

先生陶姓，諱鴻恩，字湛春。其先蘇州人，自明處士某公遷鹽城占籍焉。祖諱鄰，清國子監生，有善人之稱。考諱躍龍，清廩貢生，工書法，官海州、甘泉、江寧儒學訓導，在官愛士，而能以善教，事蹟載所在縣志。妣吳夫人。子二：長鴻緒，出嗣；先生其次也。少讀書，有經世之志，其於歷代政治得失、朝章國故，皆能明其要怉，又慕古名臣大儒之言行威儀辭氣，為長老所器。清光緒初肄業尊經、鍾山書院，院長江先生、薛先生賞異之，並見重於學

使里安黃先生。庚寅，以優行廩貢生納資為訓導。鹽城學宮故有酒掃公會，費絀久不修，先生乃繕池濬渠，重建尊經閣廟堂，粉丹髹堊，載飭載新。益治縣表海書院，與縣陳君惕庵建尚志院，大備書籍，供學子觀覽，而祀鄉之忠義先達於中，以興感人。復與陳君議借倉穀修天妃兩閘御海大潮，白縣令劉青蔡為請於總督，得可。而先與兄以遺命捐千金倡，募所得數如之，眾齗齘焉，先生毅然遴工選材，躬自料量，五閱寒暑，卒底於成。辛丑，朝旨令天下府縣興學，縣令陳樹涵任先生與薛君祉常董其事，而斥城西僧寺為校舍。僧嗾愚民群千百焚校，毀先生家，甚洶洶。令怒，偵逮四出，必窮治其獄。先生請第罪其魁，終佐令成校。又以私財助淮安府置義塾，以是獲上獎，連權豐縣訓導贛榆教諭、邳州學正。先生生平既務修名尚節，而資性愷悌，沖易簡素，無已甚斬絕之行，其資力又足以好行其德，為眾所傾服。即里中黠猾少年，以其無可疵也，久亦耼耼漸安。以是省長官凡有事於鹽城者必屬焉。先是甲午中日戰役，並海戒嚴，蘇撫屬與陳君幼香治海防團練，旋和議成，改練兵為緝捕保甲。辛丑，以民灶樵田變價，漕督及省員復屬與陳君幼香佐其事。省議之升西蕩淤地租也，縣令尤倚以區地高下平租重輕。由是遠而順、直、魯蜀、秦、晉、湘、鄂之振，近而徐、海之振，其募捐轉粟，他人所棘棘不下者，惟先生是賴。昔蘇人自辦鐵路之議起，眾以屬崇明王君與謇，謇募資江準間，亦屬諸先生，蓋信義孚於人人矣。辛亥，武昌師起，清江兵乘機變，擾及縣湖垛、建陽等鎮，安東、阜寧土匪鋒起，駐縣緝私之營，陳兵要餉，一日數驚。先生糾合友好，毗贊文武將吏，夙夜維持，以待大局之定。時所有湖垛質庫瀕毀矣，猶倉卒書券，應潰兵薄城之嘩，而紓其難。益修城購械，募衛安營，舉楊君統之，而為任措餉，以防客兵之貳心。其能以一縣安危自任又如是。謇始聞先生行義於陳君，陳君即辛丑令鹽城者也。蘇路之役，始與締交。辛亥則通與鹽並沿海要衝，變兵劇盜出人彼此靡定，時時相詗覺、相援蔽。癸丑之變，群小集矢陷先生，謇以公義理而伸之，由是交益親。嘗用謇所斥一人，而卒被給，耗損及萬，然第自引咎而不訴追，以視古所云長者何讓焉。自國事變革以來，叫囂隳突之聲溢大宇，若疫癘之中人，雖平日自附於謹願之士，亦不惜剝脫毛羽，而薰炙勢利，分餘焰以為榮。士之不中疫者，蓋僅有之。疫不能中而猶足御絕者，縣不過一二人，而此一二人乃彌苦。世固不常治，即亂人不能絕。誠使千七百縣縣得如先生者，當亂之鋒而不使爛，則亂止而猶可幾治。奈何國不能得三數縣，縣不能得三數人，幸而得之

且不能永恃,此則不能不歸之天命,而太息悼歎於無窮者矣。先生生於清咸豐七年正月十三日,至民國三年四月十九日卒,年五十有八。凡承先志設施於縣者,戚族而外,若棲流之所、施藥戒煙之局、恤嫠之會,振災恤患、治道成梁之捐金動輒巨數。此亦為常人之所難,而無與於一縣治亂之故,不至為先生重。卒之日,農泣於野,商哀於市,士歎於學,亦以見世雖亂而人心公道之不泯矣。配左夫人,阜寧左公士鉞女。生子四:長祖典,清附學生;次祖述,江寧府中學校畢業生;次祖武、祖詒,上江公學學生。女四:長、次皆適士族,幼者待字。孫五:宗元、宗幹、宗瀛、宗岱、宗鑫。四年二月三日葬縣西興陶舍先塋之次。既葬,宗元來請為誌銘。謇於先生有道義之感,而於其卒又不勝未來世變之憂,乃為銘曰:

謂天不愛民,曷為生善人。謂愛善人,曷為中壽而屯。惟天無常,而人道伸。立人之道,以義以仁。由治否亂,若軌於輪。亂亦必由,乃醇乎醇。亂然後見,乃逾等倫。椒桂騰菽,中含大辛。逝者常畢,來艱無垠。孰與濟是,茫茫大鈞。百年一旦,浮漚棲塵。日星下照,陶阡之墳。

與陶君鴻恩書

玉樹嘗三復《小雅·巷伯》之詩,而歎寺人孟子之知道也。其第六章曰:「取彼譖人,投畀豺虎。豺虎不食」,非謂豺虎不肯食也;曰「投畀有北。有北不受」,非謂有北不肯受也;繼之曰「投畀有昊」,而知讒人之命縣於天矣。天不欲剿絕其命,豺虎、有北雖欲殪之,惡得而殪之哉!言至此,而知詩人之才慍怨亦稍平矣。《緇衣》曰:「惡惡如《巷伯》」,以其嚴而不殘,怨而不懟,有合於溫柔敦厚之教耳。鄭氏不察,乃謂「欲其死亡之甚」,此嶧山[1]所謂「以文害辭」[2]者也。知此道者,其有宋范忠宣乎!忠宣之落觀文殿大學士,謫永州也,行年七十,目已喪明矣。聞命怡然就道,戒子弟不可稍有不平。聞諸子怨章惇,必怒止之。在道,舟覆於江,衣盡濕,顧謂諸子曰:「此豈章惇為之耶?」[3]夫以惇之姦邪賊國,雖飼豺虎未足蔽辜。公即怨之於義,奚傷?然惇之命縣於有昊矣,縱詈惇詛惇,何損惇之毫髮?徒自隘其德量耳。其不怨惇者,非有愛於惇也,正詩人所謂「投畀有昊」者也。

執事哀桑梓之痌鰥,愍稻粱之瀉滷[4],慨然捨其貲而瘁其躬,佐明府築堰修閘,目續范文正捍海之功,庸庸懂擖者,四閱寒暑矣,此詩所以謂「勞人」者也。夫己氏密餌皂雕,計陷茂宰,及於執事,此詩所謂「譖人」者也。

劉明府之去位也，蒸黎扣心，如失怙恃，焫香雪涕，填塞衢巷。獨若人自北言旋，慍溢辭色，此詩所謂「驕人」者也。夫以吾子之勞如此，而若人之譖且驕如彼，欲「投之豺虎」，詎可厚非。然未知有昊之果悔禍而聖讒也，又未知豺虎之果可訓擾也。如不可訓擾，未知豺虎之果專咥譖人，不至咥我也。又未知豺虎之猛果足御譖人之弩矢，豺虎之貪果不墮譖人之陷阱也。夫以有昊冥冥，不可預知，而豺虎又萬萬不可深恃，無寧任蒼蒼者之或生或殪而已。以無怨無德處之，俾彼為章惇，我為忠宣，於吾坦坦蕩蕩之心獨無忝乎？

　　且詩之首章曰「彼譖人者，亦已太甚」，鄭《箋》釋「太甚」為「得重罪」，孔《疏》又目「重罪」為「極刑」，不如是不得為「太甚」也。君賴大府上疏昭雪，雖被誣劾，未乾吏議，安居於室，未耗一錢，與《詩》所謂「太甚」者異矣。雖若人處心積慮，非不欲以太甚禍君，然為邑人興百年之利，不憚以況瘁負數月之屙。「蒼天蒼天，矜此勞人」，卒不為鶹矢蜮沙所中，而若人耳耳數千言，翩翩數千里，徒自市不誼之名，上為疊吏所憎，下為百里元元所切齒。是君逸而休，彼勞而拙。君且當矜其迷蒙，憫其陷溺，如見孺子之匍匐將入井也。而或等于忠宣諸子之怨章惇，是自隘其德量，而無以造乎高明博大之域矣，豈不佞所冀於賢智者哉！

　　夫寺人所以為此詩者，非專為一己寫怨憤也。刺幽王，憂巷伯，期凡百君子知所儆備耳。其卒章卒句曰「敬而聽之」，《箋》云：「欲使眾在位者慎而知之。」士君子不幸值憂讒畏禍之時，唯敬慎可以免戾，故《沔水》之卒句曰「我友敬矣，讒言其興」；《小宛》之卒句曰「惴惴小心，如臨于谷」。不佞所以遠闕閭閻，力辭講席，不通一刺①於邑宰之堂者，期以敬惴免讒，稍有得於學《詩》之益焉耳。《巷伯》之二章曰：「哆兮侈兮，成是南箕。」毛《傳》釋以「避嫌不審」，而援顏叔子之事為說，謂不如魯男子之閉戶也。〔7〕然則詩人亦自悔其近嫌矣，豈專以姜斐為讒人咎哉！今而後，我與君亦審於避嫌焉耳矣。

【校記】

① 刺，原作「剌」。

【疏證】

〔1〕《史記·夏本紀第二》：「嶧陽孤桐。」《正義》：「《括地志》：『嶧山在兗州鄒縣南二十二里。』《鄒縣志》云：『鄒山，古之嶧山，言絡繹相連屬也。』」《史記》

卷七十四《孟子列傳》:「孟軻,騶人也。」《索隱》:「鄒,魯地名。又云『邾』,邾人徙鄒故也。」《正義》:「鄒,兗州縣。」故以嶧山代指孟子。

〔2〕《孟子·萬章上》:「故說詩者,不以文害辭,不以辭害志;以意逆志,是為得之。」

〔3〕《宋史》卷三百一十四《范純仁傳》第:「明年,又貶武安軍節度副使、永州安置。時疾失明,聞命怡然就道。或謂近名,純仁曰:『七十之年,兩目俱喪,萬里之行,豈其欲哉?但區區之愛君,有懷不盡,若避好名之嫌,則無為善之路矣。』每戒子弟毋得小有不平,聞諸子怨章惇,純仁必怒止之。江行赴貶所,舟覆,扶純仁出,衣盡濕。顧諸子曰:『此豈章惇為之哉?』……明日,熟寐而卒。年七十五。詔賻白金三十兩,敕許、洛官給其葬,贈開府儀同三司,諡曰忠宣。」

〔4〕潟鹵,又作「潟鹵」。《史記》卷一百二十九《貨殖列傳》:「故太公望封於營丘,地潟鹵。」《集解》:「徐廣曰:『潟鹵,鹹地也。』」

〔5〕《爾雅·釋鳥第十七》:「鸛鷒,鵋鶀。如鵲,短尾,射之,銜矢射人。」

〔6〕《詩經·小雅·何人斯》:「為鬼為蜮,則不可得。」毛《傳》:「蜮,短狐也。」陸德明《經典釋文》卷六:「蜮,短狐也。狀如鱉,三足。一名射工,俗呼之水弩。在水中含沙射人,一云射人影。」晉葛洪《抱朴子內篇·登涉》:「又有短狐,一名蜮,一名射工,一名射影,其實水蟲也。狀如鳴蜩,狀似三合杯,有翼能飛,無目而利耳,口中有橫物角弩,如聞人聲,緣口中物如角弩,以氣為矢,則因水而射人,中人身者即發瘡,中影者亦病,而不即發瘡,不曉治之者煞人。其病似大傷寒,不十日皆死。」(宋)陸佃《埤雅》卷十一《釋蟲·蜮》:「蜮,短狐也,似鱉,三足,含水射人。一曰含沙。射人之影,其瘡如疥,《稽聖賦》所謂『蜮旋於影,蜮射於光』是也。一名射工,一名溪毒。有長角橫在口前,如弩簷臨其角端,曲如上弩,以氣為矢,因水勢以射人,故俗呼水弩。《春秋》曰:『秋有蜮』,即此是也。然畏鵝,鵝能食之,《禽經》所謂『鵝飛則蜮沉鴟。鳴則蛇結』。《詩》曰:『為鬼為蜮,則不可得。』言鬼無形而蜮性陰害,射人之影,則皆莫可究矣。《五行傳》曰:『南越淫惑之氣生蜮。』蜮之猶言惑也。《字說》曰:『蜮不可得也,故或之。』今蛟蝛溺人之影,亦是類爾。《造化權輿》曰:『短狐射氣,蛟蝛遺溺,中影則疾,人氣數感之故也。』《周官》曰:『凡隙屋,除其狸蟲。』狸蟲,蘆、蛟蝛之屬。蛟蝛言搜而去之也,亦言求而去之也。」

〔7〕毛《傳》：「侈之言是必有因也，斯人自謂鬮嫌之不審也。昔者，顏叔子獨處於室，鄰之釐婦又獨處於室。夜，暴風雨至而室壞。婦人趨而至，顏叔子納之而使執燭。放乎旦而蒸盡，縮屋而繼之。自以為鬮嫌之不審矣。若其審者，宜若魯人然。魯人有男子獨處於室，鄰之釐婦又獨處於室。夜，暴風雨至而室壞。婦人趨而託之。男子閉戶而不納。婦人自牖與之言曰：『子何為不納我乎？』男子曰：『吾聞之也，男子不六十不間居。今子幼，吾亦幼，不可以納子。』婦人曰：『子何不若柳下惠然，嫗不逮門之女，國人不稱其亂。』男子曰：『柳下惠固可，吾固不可。吾將以吾不可，學柳下惠之可。』孔子曰：『欲學柳下惠者，未有似於是也。』」

報呂君達材書

尚卿仁兄足下：

接誦苾函〔1〕，既悵且懍。語斐意質，憂深識崇。詩人忓蹶懠〔2〕，左徒怨椒蘭〔3〕，以古方今，猶「豀①子巨黍，異薲而同機」〔4〕也。夫以蠢爾鰕夷〔5〕，跰於鯷壑〔6〕，其酋豪則方良耕父〔7〕，其醜徒則野仲遊光〔8〕，欲與大邦為讎，豈不小丑自赦。乃鼓其黿鼉之怒〔9〕，恣其蠆蠹之毒〔10〕，揮其蟷螂之斧〔11〕，擁其蟛蜞之劍〔12〕，舍彼巢窟，劉②我邊陲，此《春秋傳》所謂籲好阻兵而安忍〔13〕、息不徵辭而伐人也〔14〕。我朝頌聲邁成、康，廣域逾唐、宋，經包寒暑之門，緯括暘昧之谷〔15〕，謀臣實蕃，將士如林，秉仁義以出師，致果毅以殺敵，如揚烈炬以焫陰蘀〔16〕，若注天河以沃燷火〔17〕，蠻夷大長有不謝罪奉詔〔18〕、車師後王有不脫帽抱馬〔19〕者哉！乃牙山則弗閴而委，公州則望塵而奔，樂浪一戰，瓦解冰泮〔20〕；鳳城再接，土崩魚爛〔21〕。畏寇虜如魖③鱸〔22〕，委輜重若邱山。倭乃席捲三韓，囊括八道，籍檀君〔23〕之故壤，臣李氏之孱王，俘我期門俠飛之卒〔24〕，殪我橫海樓船之將〔25〕，奪我黃鵠白鶴之舟〔26〕，掠我連二攢三之礮〔27〕，摧我銅梁鐵遂之墉〔28〕，扼我乖蠻隔夷之海〔29〕。昔雖有泰西之擾，亦未至奔北如斯也。自是士氣不揚，華威大戧，龍顏旰食，虎節星馳。乏富公拒遼之辭〔30〕，似巫伋見金而唯〔31〕，躕拗相姑予之謬〔32〕，工老秦挾敵之要〔33〕。山指常羊，刑天之戟誰舞〔34〕；肉投餒虎，益地之圖潛輸〔35〕。割南滇之三郡，輸金昆〔36〕而無算。我鑄四十三縣之大錯，彼鑄三十六鑪之橫財。填東海之眼，幾令鴶怖魚窮〔37〕；借西江之流，終憂狼貪羊很〔38〕。安得銅山四百六十七、鐵嶺三千六百九〔39〕，盡同杻楊之陰〔40〕，以免

診臺之避〔41〕。振古平戎，未聆此議。凡食毛者〔42〕，皆欲效蜀軍之砎石〔43〕；豈食肉者〔44〕，而不恥越甲之鳴君〔45〕乎？夫艾陵得志，有昊所以沼吳〔46〕；邲舟掬指，穹蒼所以警晉〔47〕。強弱無定形〔48〕，禍福皆自召〔49〕。履虎愬愬而終吉〔50〕，震來虩虩乃致福〔51〕。故視修政而王官捷〔52〕，差立庭而醉李報〔53〕。踐眠薪而舟脂，會稽酬以笠澤〔54〕；昭館隗而相毅，汶篁植於薊邱〔55〕。漢任青而犁庭，雪被圍白登之羞〔56〕；唐將靖而擒頡，洗斬馬便橋之辱〔57〕。前史所載，取鑑匪遠。誠使三事大夫〔58〕，百爾君子〔59〕，知畏鄰而戒備，慮有戎而惕號，革其故而鼎取新〔60〕，渙其群而堅多節〔61〕，內治飭而遠人服，牖戶葺而侮予誰〔62〕，前此之含垢以請成，未必非怒我而怠寇也。不佞妄謂當今之務，樹人為先。欲菀蕙荃〔63〕，先芟荼蓼〔64〕。今大本之薙〔65〕，莫之能揠；連茹之茅，何以彙徵〔66〕？側聞聖謨洋洋〔67〕，已渙旁求之大號〔68〕；竊慮師尹赫赫，仍營臚仕於瑣姻。〔69〕跖、蹻〔70〕廉則墨允〔71〕濁，嫫母〔72〕美則南威〔73〕惡。是非倒置，豪俊終湮。不湔臣心之私，必褻王言之大〔74〕。況鷙鳥累百，弗若一鶚〔75〕；腹龐盈把，不如六翮〔76〕。世變既洪，斗筲〔77〕奚補。經鄗邑者所以祇徊於文饒〔78〕之里，遶郢城者所以懷顧於太嶽〔79〕之祠也。溽暑方鬱，浮瓜〔80〕無所。君苗慎夏以自愛〔81〕，景真臨書而悢然〔82〕。陽鳥〔83〕南來，好音〔84〕詒我。

【校記】

① 豁，潘安仁《閑居賦》作「谿」，詳見注。

②「劉」字恐有誤。

③ 虯，疑為「魁」之誤。見注。

【疏證】

〔1〕（唐）段成式《僧房聯句》：「香字消芝印，金經發蒩函。」

〔2〕《詩經·大雅·板》：「天之方蹶，無然泄泄。（下略）天之方懠，無為夸毗。」

〔3〕《史記》卷八十四《屈原列傳》：「屈原者，名平，楚之同姓也。為楚懷王左徒。」《離騷》：「余以蘭為可恃兮，羌無實而容長。（下略）椒專佞以慢慆兮，樧又欲充夫佩幃。（下略）覽椒蘭其若茲兮，又況揭車與江離。」王逸《楚辭補注》：「蘭，懷王少弟，司馬子蘭也」，「椒，楚大夫子椒也」。

〔4〕《文選》卷十六潘安仁《閑居賦》：「谿子巨黍，異豢同機。」李善《注》：「《史記》：『蘇秦說韓王曰：谿子巨黍者，皆射六百步之外。』許慎曰：『南方谿子

蠻夷柘弩，皆善材也。』《孫卿子》曰：『繁弱巨黍，古之良弓。』異檠同機，言弩檠雖異，而同一機也。《漢書・音義》：『張晏曰：連弩，三十檠共一臂。』然檠，弩弓也。李奇曰：『檠，弓也。』《字林》曰：『檠，音卷。』孔安國《尚書傳》曰：『機，弩牙也。』本或為『異卷同歸』，誤也。」

〔5〕（唐）杜佑《通典》卷一百八十五《邊防一・東夷上・蝦夷》：「蝦夷國，海島中小國也。其使鬚長四尺，尤善弓失，插箭於首，令人戴瓠而立，四十步射之，無不中者。大唐顯慶四年十月，隨倭國使人入朝。」（明）陳霆《兩山墨談》卷十四：「海中有鰕夷國，其人鬚長四尺，善弓矢，令人插箭於首，違數十步而射中之。國名鰕夷，以多鬚也。《酉陽雜俎》載一士人隨新羅使飄至一處，人皆長鬚。王以女妻其人，美而亦須，固作詩云：『花無蕋不妍，女無須亦醜。』久之，國有難，士人為求救於龍王，因悟為群鰕所點，而所遇乃鰕島也。大槩如烏衣國之類。此殆因鰕□之名而造為怪誕之說，庸詎足信也。」

〔6〕《漢書》卷二十八下《地理志下》：「會稽海外有東鯷人，分為二十餘國，以歲時來獻見云。」

〔7〕《文選》卷三張衡《東京賦》：「斬蜲蛇，腦方良。囚耕父於清泠，溺女魃於神潢。」李善《注》：「方良，草澤之神也。」《山海經・中山經第五》：「神耕父處之，常遊清泠之淵，出入有光。」

〔8〕《文選》卷三張衡《東京賦》：「殘夔魖與罔像，殪野仲而殲遊光。」李善《注》：「野仲、遊光，惡鬼也，兄弟八人，常在人間作怪害。」

〔9〕（宋）孫奕《履齋示兒編》卷三《黽勉》：「『黽勉從事』者，黽，黽屬也。『蟈氏掌去鼃黽』，《注》謂：『鼃為蟈，黽，耿黽也。蟈與耿黽尤怒鳴。』退之《雜詩》：『蛙黽鳴無謂，閣閣祇亂人』，即其蟲也。蛙黽之行，勉強自力，故白黽勉。如猶之為獸，其行趑趄，故曰猶豫。」（清）江藩《國朝漢學師承記》卷八：「甲申、乙酉之變，二君策名於波浪礧灘之上，竄身於榛莽窮谷之中，不順天命，強挽人心，發蛙黽之怒，奮螳螂之臂，以烏合之眾，當王者之師，未有不敗者矣。」

〔10〕《左傳・僖公二十二年》：「邾人以須句故出師，公卑邾，不設備而禦之。臧文仲曰：『（下略）蠭蠆有毒，而況國乎？』弗聽。」

〔11〕《莊子・人間世第四》：「汝不知夫螳螂乎？怒其臂以當車轍，不知其不勝任也，是其才之美者也。戒之，慎之！」

〔12〕《世說新語・紕漏第三十四》：「蔡司徒渡江，見彭蜞，大喜曰：『蟹有八足，

加以二螯。』今烹之。既食，吐下委頓，方知非蟹。後向謝仁祖說此事，謝
曰：『卿讀《爾雅》不熟，幾為勸學死。』」劉孝標《注》：「《大戴禮·勸學篇》
曰：『蟹二螯八足，非蛇蟺之穴無所寄託者，用心躁也。』故蔡邕為勸學章取
義焉。《爾雅》曰：『蝪蠌小者勞，即彭蜞也，似蟹而小。』今彭蜞小於蟹，
而大於彭蚑，即爾雅所謂蝪蠌也。然此三物，皆八足二螯，而狀甚相類。蔡
謨不精其小大，食而致弊，故謂讀爾雅不熟也。」

〔13〕《左傳·隱公四年》：「公問於眾仲曰：『衛州吁其成乎？』對曰：『臣聞以德和
民，不聞以亂。以亂，猶治絲而棼之也。夫州吁，阻兵而安忍。阻兵無眾，
安忍無親，眾叛親離，難以濟矣。夫兵猶火也，弗戢，將自焚也。夫州吁弒
其君而虐用其民，於是乎不務令德，而欲以亂成，必不免矣。』」

〔14〕《左傳·隱公十一年》：「鄭、息有違言，息侯伐鄭。鄭伯與戰於竟，息師大敗
而還。君子是以知息之將亡也。不度德，不量力，不親親，不徵辭，不察有
罪，犯五不韙，而以伐人，其喪師也，不亦宜乎！」

〔15〕《尚書·虞書·堯典》：「乃命羲和，欽若昊天；曆象日月星辰，敬授人時。分
命羲仲，宅嵎夷，曰暘谷。寅賓出日，平秩東作；日中、星鳥，以殷仲春。
厥民析；鳥獸孳尾。申命羲叔，宅南交。平秩南訛；敬致。日永、星火，以
正仲夏。厥民因；鳥獸希革。分命和仲，宅西，曰昧谷。寅餞納日，平秩西
成；宵中、星虛，以殷仲秋。厥民夷；鳥獸毛毨。申命和叔，宅朔方，曰幽
都。平在朔易；日短、星昴，以正仲冬。厥民隩；鳥獸氄毛。」

〔16〕《詩經·豳風·七月》：「八月其穫，十月隕蘀。」毛《傳》：「隕，墜；蘀，落。」
孔穎達《疏》：「十月木葉皆隕落也。」

〔17〕《莊子·逍遙遊第一》：「日月出矣，而爝火不息；其於光也，不亦難乎！」成
玄英《疏》：「爝火，猶炬火也，亦小火也。」

〔18〕《史記》卷一百一十三《南越列傳》：「陸賈至南越，王甚恐，為書謝，稱曰：
『蠻夷大長老夫臣佗，前日高后隔異南越，竊疑長沙王讒臣，又遙聞高后盡
誅佗宗族，掘燒先人冢，以故自棄，犯長沙邊境。且南方卑溼，蠻夷中閒，
其東閩越千人眾號稱王，其西甌駱裸國亦稱王。老臣妄竊帝號，聊以自娛，
豈敢以聞天王哉！』乃頓首謝，願長為藩臣，奉貢職。」

〔19〕《漢書》卷九十六上《西域傳上》：「至宣帝時，遣衛司馬使護鄯善以西數國。
及破姑師，未盡殄，分以為車師前後王及山北六國。時漢獨護南道，未能盡
並北道也。然匈奴不自安矣。其後日逐王畔單于，將眾來降，護鄯善以西使

者鄭吉迎之。既至漢，封日逐王為歸德侯，吉為安遠侯。是歲，神爵二年也。乃因使吉並護北道，故號曰都護。都護之起，自吉置矣。僮僕都尉由此罷，匈奴益弱，不得近西域。於是徙屯田，田於北胥鞬，披莎車之地，屯田校尉始屬都護。都護督察烏孫、康居諸外國，動靜有變以聞。可安輯，安輯之；可擊，擊之。都護治烏壘城，去陽關二千七百三十八里，與渠犂田官相近，土地肥饒，於西域為中，故都護治焉。至元帝時，復置戊己校尉，屯田車師前王庭。是時，匈奴東蒲類王茲力支將人眾千七百餘人降都護，都護分車師後王之西為烏貪訾離地以處之。」

〔20〕三國・陳琳《檄吳將校部曲文》：「則七國之軍，瓦解冰泮。」北周・庾信《哀江南賦》：「瓦解冰泮，風飛電散。」

〔21〕《史記》卷一百一十二《主父偃傳》：「臣聞天下之患在於土崩，不在於瓦解，古今一也。何謂土崩？秦之末世是也。陳涉無千乘之尊，尺土之地，身非王公大人名族之後，無鄉曲之譽，非有孔、墨、曾子之賢，陶朱、猗頓之富也，然起窮巷，奮棘矜，偏袒大呼而天下從風，此其故何也？由民困而主不恤，下怨而上不知，俗已亂而政不脩，此三者陳涉之所以為資也。是之謂土崩。故曰天下之患在於土崩。」（漢）王符《潛夫論・明闇第六》：「趙高入稱好言以說主，出倚詔令以自尊，天下魚爛，相帥叛秦。」（漢）荀悅《漢紀卷五《惠帝紀》：「故人主失道，則天下遍被其害，百姓一亂，則魚爛土崩，莫之匡救。」三國・陳琳《為曹洪與魏文帝書》：「若乃距陽平，據石門，摅八陳之列，騁奔牛之權，焉有土崩魚爛哉！」

〔22〕《爾雅・釋獸第十八》：「甝，白虎。虪，黑虎。」左思《吳都賦》：「疏甝虪，繽麖麖。」

〔23〕（清）萬斯同《明史》卷四百十三《外蕃傳・朝鮮》：「東國朝鮮最古，相傳堯時有神降太伯山檀木下，國人君之，號檀君。」

〔24〕《漢書》卷六十五《東方朔傳》：「八九月中，與侍中常侍武騎及待詔隴西北地良家子能騎射者期諸殿門，故有「期門」之號自此始。」《漢書》卷八《宣帝紀》：「西羌反，發三輔、中都官徒弛刑，及應募佽飛射士、羽林孤兒，胡、越騎，三河、潁川、沛郡、淮陽、汝南材官，金城、隴西、天水、安定、北地、上郡騎士、羌騎，詣金城。」顏師古《注》：「服虔曰：『周時度江，越人在船下負船，將覆之。佽飛入水殺之。漢因以材力名官。』如淳曰：『《呂氏春秋》：荊有茲非，得寶劍於干將。度江中流，兩蛟繞舟。茲非拔寶劍赴江刺

兩蛟殺之。荊王聞之，任以執圭。後世以為勇力之官。茲、佽音相近。』臣
瓚曰：『本秦左弋官也，武帝改曰佽飛官，有一令九丞，在上林苑中結矰繳以
弋梟鴟，歲萬頭，以供祀宗廟。許慎曰：『佽，便利也』。便利矰繳以弋梟鴟，
故曰佽飛。詩曰『抉拾既佽』者也。』師古曰：『取古勇力人以名官，熊渠之
類是也。亦因取其便利輕疾若飛，故號佽飛。弋梟鴟事，自使佽飛為之，非
取飛鳥為名。瓚說失之。佽音次。』《漢書》卷六十九《趙充國傳》：「充國
子右曹中郎將印，將期門佽飛、羽林孤兒、胡越騎為支兵，至令居，虜並出
絕轉道，印以聞。」《文選》卷一班固《兩都賦》：「爾乃期門佽飛，列刃鑽鍭。
漢書：武帝與北地良家子期諸殿門，故有期門之號。又曰佽飛，掌弋射。」

〔25〕《史記》卷一百一十一《衛將軍驃騎列傳》：「將軍韓說，弓高侯庶孫也。以校
尉從大將軍有功，為龍嵒侯，坐酎金失侯。元鼎六年，以待詔為橫海將軍，
擊東越有功，為按道侯。」《史記》卷一百一十三《南越列傳》：「主爵都尉楊
僕為樓船將軍，出豫章，下橫浦。」

〔26〕《元史》卷八《世祖本紀五》：「宋師大敗，世傑虎臣等皆遁走，追至圖山，獲
黃鵠白鷂船數百艘，宋人自是不復能軍。」《元史》卷一百二十八《阿尤傳》：
「追至圖山，獲黃鵠白鷂船七百餘艘，自是宋人不復能軍矣。」《元史》卷一
百六十二《劉國傑傳》：「追奔圖山，奪黃鵠白鷂船數百艘，帝壯之。」

〔27〕（明）王世貞《弇州史料》後集卷三十五《李晟言兵》：「臣所造兵器，若連珠
飛箭自一至十，自百至千；銃砲自連二至排六，自攢三至排六。」

〔28〕（宋）魏泰《東軒筆錄》卷二：「遼犯澶淵，傅潛堅壁不戰。河北諸郡城守者，
多為蕃兵所陷，或守城，或棄城出奔。當是時，魏能守安肅軍，楊延朗守廣
信軍，乃世所謂梁門、遂城者也。二軍最切敵境，而攻圍百戰不能下，以至
敵退出界，而延朗追躡轉戰，未嘗衄敗。故時人目二軍為銅梁門、鐵遂城，
蓋由二將善守也。」

〔29〕晉·木華《海賦》：「乖蠻隔夷，回互萬里。」

〔30〕《宋史》卷三百一十三《富弼傳》：「會契丹屯兵境上，遣其臣蕭英、劉六符來
求關南地。朝廷擇報聘者，皆以其情叵測，莫敢行，夷簡因是薦弼。歐陽修
引顏真卿使李希烈事，請留之，不報。弼即入對，叩頭曰：『主憂臣辱，臣不
敢愛其死。』帝為動色，先以為接伴。英等入境，中使迎勞之，英託疾不拜。
弼曰：『昔使北，病臥車中，聞命輒起。今中使至而君不拜，何也？』英矍然
起拜。弼開懷與語，英感悅，亦不復隱其情，遂密以其主所欲得者告曰：『可

從，從之；不然，以一事塞之足矣。』弼具以聞。帝唯許增歲幣，仍以宗室
女嫁其子。進弼樞密直學士，辭曰：『國家有急，義不憚勞，奈何逆以官爵賂
之。』遂為使報聘。既至，六符來館客。弼見契丹主問故，契丹主曰：『南朝
違約，塞雁門，增塘水，治城隍，籍民兵，將以何為？群臣請舉兵而南，吾
以謂不若遣使求地，求而不獲，舉兵未晚也。』弼曰：『北朝忘章聖皇帝之大
德乎？澶淵之役，苟從諸將言，北兵無得脫者。且北朝與中國通好，則人主
專其利，而臣下無獲；若用兵，則利歸臣下，而人主任其禍。故勸用兵者，
皆為身謀耳。』契丹主驚曰：『何謂也？』弼曰：『晉高祖欺天叛君，末帝昏
亂，土宇狹小，上下離叛，故契丹全師獨克，然壯士健馬物故太半。今中國
提封萬里，精兵百萬，法令修明，上下一心，北朝欲用兵，能保其必勝乎？
就使其勝，所亡士馬，群臣當之歟，抑人主當之歟？若通好不絕，歲幣盡歸
人主，群臣何利焉？』契丹主大悟，首肯者久之。弼又曰：『塞雁門者，以備
元昊也。塘水始於何承矩，事在通好前。城隍皆修舊，民兵亦補闕，非違約
也。』契丹主曰：『微卿言，吾不知其詳。然所欲得者，祖宗故地耳。』弼曰：
『晉以盧龍賂契丹，周世宗復取關南，皆異代事。若各求地，豈北朝之利哉？』
既退，六符曰：『吾主恥受金帛，堅欲十縣，何如？』弼曰：『本朝皇帝言，
朕為祖宗守國，豈敢妄以土地與人。北朝所欲，不過租賦爾。朕不忍多殺兩
朝赤子，故屈己增幣以代之。若必欲得地，是志在敗盟，假此為詞耳。澶淵
之盟，天地鬼神實臨之。今北朝首發兵端，過不在我。天地鬼神，其可欺乎！』
明日，契丹主召弼同獵，引弼馬自近，又言得地則歡好可久。弼反覆陳必不
可狀，且言：『北朝既以得地為榮，南朝必以失地為辱。兄弟之國，豈可使一
榮一辱哉？』獵罷，六符曰：『吾主聞公榮辱之言，意甚感悟。今惟有結昏可
議耳。』弼曰：『婚姻易生嫌隙。本朝長公主出降，齎送不過十萬緡，豈若歲
幣無窮之利哉？』契丹主諭弼使歸，曰：『俟卿再至，當擇一受之，卿其遂以
誓書來。』弼歸覆命，復持二議及受口傳之詞於政府以往。行次樂壽，謂副
使張茂實曰：『吾為使者而不見國書，脫書詞與口傳異，吾事敗矣。』啟視果
不同，即馳還都，以晡時入見，易書而行。及至，契丹不復求婚，專欲增幣，
曰：『南朝遺我之辭當曰獻，否則曰納。』弼爭之，契丹主曰：『南朝既懼我
矣，於二字何有？若我擁兵而南，得無悔乎！』弼曰：『本朝兼愛南北，故不
憚更成，何名為懼？或不得已至於用兵，則當以曲直為勝負，非使臣之所知
也。』契丹主曰：『卿勿固執，古亦有之。』弼曰：『自古唯唐高祖借兵於突

厥,當時贈遺,或稱獻納。其後頡利為太宗所擒,豈復有此禮哉!』弼聲色俱厲,契丹知不可奪,乃曰:『吾當自遣人議之。』復使劉六符來。弼歸奏曰:『臣以死拒之,彼氣折矣,可勿許也。』」

〔31〕(宋)徐夢莘《三朝北盟會編》卷二百十九《炎興下帙》:「(紹興二十一年)九月,巫伋、鄭藻使於金國回。巫伋、鄭藻以祈請使、副使於金國,至金國闕下,引見畢,內殿奏公事,惟正使巫伋得入。金主問所請者何事,伋首言乞修奉陵寢,金主令譯者傳言『自有看墳人』。伋第二言乞迎請靖康帝歸國,又令譯者傳言『不知歸後,甚處頓放』。伋第三言本朝稱皇帝二字,又令譯者傳言『此是你中國事,當自理會』。伋唯唯而退,以待辭而歸。遺史曰:巫伋作祈請使,而無祈請之辭,投書而已。議者謂不識字之承局,可憂為也。」

〔32〕《文獻通考》卷三百十五《輿地考一》:「熙寧始務闢國,未及改元,種諤先取綏州,韓絳繼取銀州,王韶取熙河,章惇取懿、洽,謝景溫取徽、誠,熊本取南平,郭逵取廣源,最後李憲取蘭州,沈括取葭蘆、米脂、浮圖、安疆等寨。雖嘗以河東邊界七百里地乞遼人,而當時王安石議曰:『吾將欲取之,寧姑予之。』」(清)寶鋆《文靖公遺集》卷十《鞍山雜詠》四首其二:「古人慾取先姑予,大有荊公濟世才。王安石曾操此說。」

〔33〕(宋)留正《皇宋中興兩朝聖政》卷二十四:「秦檜方挾敵自重。」《宋史》卷三百八十一《張闡傳》:「朱熹嘗言:『秦檜挾敵要君,力主和議,群言勃勃不平。檜既摧折忠臣義士之氣,遂使士大夫懷安成習。至癸未和議,則知其非者鮮矣。朝論間有建白,率雜言利害,其言金人世仇不可和者,惟胡右史銓、張尚書闡耳。』」

〔34〕(唐)段成式《酉陽雜俎》前集卷十四《諾皋記上》:「形天與帝爭神,帝斷其首,葬之常羊山,乃以臍為目,臍為口,操干戚而舞焉。」《太平御覽》卷第三百七十一《人事部十二·乳》:「《山海經》曰:『形天與帝爭神,帝斷其首,罪葬之常羊山,乃以乳為目,齊為口。』」

〔35〕《史記》卷七十七《信陵君列傳》:「今有難無他端,而欲赴秦軍,譬若以肉投餒虎,何功之有哉!」梁·蕭繹《金樓子·興王篇一》:「堯乃老,使舜攝行天子政巡狩,得舉用事,卿雲出,景星見。西王母使使乘白鹿,駕羽車,建紫旗,來獻白環之玦,益地之圖,乘黃之駟。」此處似用《三國演義》第六十回《張永年反難楊脩,龐士元議取西蜀》「張松獻圖」之典。

〔36〕北齊·顏之推《顏氏家訓·書證第十七》:「《新論》以金昆為銀,《國志》以

天上有口為吳，《晉書》以黃頭小人為恭，《宋書》以召刀為邵，《參同契》以人負告為造。如此之例，蓋數術謬語，假借依附，雜以戲笑耳。」

〔37〕梁簡文帝《謝賜錢啟》：「使怖鴿獲安，窮魚永樂。」

〔38〕《史記》卷七《項羽本紀》：「因下令軍中曰：『猛如虎，很如羊，貪如狼，彊不可使者，皆斬之。』」

〔39〕《管子・地數第七十七》：「桓公曰：『地數可得聞乎？』管子對曰：『地之東西二萬八千里，南北二萬六千里，其出水者八千里，受水者八千里，出銅之山四百六十七山，出鐵之山三千六百九山，此之所以分壤樹穀也。』」

〔40〕《詩經・小雅・南山有臺》：「南山有桑，北山有楊。（下略）南山有栲，北山有杻。」

〔41〕《說文解字》卷三《言部・誃》：「周景王作洛陽誃臺。」

〔42〕《左傳・昭公七年》：「封略之內，何非君土；食土之毛，誰非君臣？」

〔43〕晉・常璩《華陽國志》卷七《劉後主志》：「會被後主手令。乃投戈釋甲詣鍾會降於涪。軍士莫不奮擊，以刃斫石。」（清）羅惇衍《集義軒詠史詩鈔》卷二十二《北地王諶》：「錦江金粟盈倉溢，劍閣軍民斫石喧。」

〔44〕《左傳・莊公十年》：「十年春，齊師伐我。公將戰，曹劌請見。其鄉人曰：『肉食者謀之，又何間焉？』劌曰：『肉食者鄙，未能遠謀。』」

〔45〕見卷五《甲午冬十一月上張香濤制府書》注。

〔46〕《詩經・小雅・巷伯》：「豺虎不食，投畀有北！有北不受，投畀有昊。」毛《傳》：「昊，昊天也。」《史記》卷三十一《吳太伯世家》：「七年，吳王夫差聞齊景公死而大臣爭寵，新君弱，乃興師北伐齊。子胥諫曰：『越王句踐食不重味，衣不重采，弔死問疾，且欲有所用其眾。此人不死，必為吳患。今越在腹心疾而王不先，而務齊，不亦謬乎！』吳王不聽，遂北伐齊，敗齊師於艾陵。（下略）二十年，越王句踐復伐吳。二十一年，遂圍吳。二十三年十一月丁卯，越敗吳。越王句踐欲遷吳王夫差於甬東，予百家居之。吳王曰：『孤老矣，不能事君王也。吾悔不用子胥之言，自令陷此。』遂自剄死。」《史記》卷四十一《越王句踐世家》：「居二年，吳王將伐齊。子胥諫曰：『未可。臣聞句踐食不重味，與百姓同苦樂。此人不死，必為國患。吳有越，腹心之疾，齊與吳，疥𤶾也。原王釋齊先越。』吳王弗聽，遂伐齊，敗之艾陵，虜齊高、國以歸。讓子胥。（下略）其後四年，越復伐吳。吳士民罷弊，輕銳盡死於齊、晉。而越大破吳，因而留圍之三年，吳師敗，越遂復棲吳王於姑蘇之山。（下

略）吳使者泣而去。句踐憐之，乃使人謂吳王曰：『吾置王甬東，君百家。』吳王謝曰：『吾老矣，不能事君王！』遂自殺。」（宋）李琪《春秋王霸列國世紀編》卷三：「豢吳之計蓄於臥薪嘗膽之時，而沼吳之志卒逞於生聚教訓之間。」

〔47〕《左傳・宣公十二年》：「遂疾進師，車馳卒奔，乘晉軍。桓子不知所為，鼓於軍中曰：『先濟者有賞。』中軍、下軍爭舟，舟中之指可掬也。……及昏，楚師軍於邲，晉之餘師不能軍，宵濟，亦終夜有聲。」

〔48〕《宋史》卷三百八十四《汪澈傳》：「會金使高景山來求釁端，澈言：『天下之勢，強弱無定形，在吾所以用之。』」

〔49〕《左傳・襄公二十三年》：「禍福無門，唯人所召。」

〔50〕《周易・履》：「九四：履虎尾，愬愬，終吉。」《象》曰：「愬愬終吉，志行也。」

〔51〕《周易・震》：「震，亨。震來虩虩，笑言啞啞，震驚百里，不喪匕鬯。」《象》曰：「震，亨。震來虩虩，恐致福也；笑言啞啞，後有則也。震驚百里，驚遠而懼邇也。出可以守宗廟社稷，以為祭主也。」

〔52〕《左傳・文公二年》「二年春，秦孟明視帥師伐晉，以報殽之役。二月，晉侯禦之。先且居將中軍，趙衰佐之。王官無地禦戎，狐鞫居為右。甲子，及秦師戰於彭衙。秦師敗績。晉人謂秦『拜賜之師』。（下略）秦伯猶用孟明。孟明增脩國政，重施於民。趙成子言於諸大夫曰：『秦師又至，將必闢之，懼而增德，不可當也。詩曰：『毋念爾祖，聿脩厥德。』孟明念之矣。念德不怠，其可敵乎？』」《左傳・文公三年》：「秦伯伐晉，濟河焚舟，取王官及郊。晉人不出，遂自茅津濟，封殽屍而還。遂霸西戎，用孟明也。」

〔53〕《春秋・定公十四年》：「五月，於越敗吳於檇李。」杜預《注》：「於越，越國也。使罪人詐吳亂陳，故從未陳之例書「敗」也。檇李，吳郡嘉興縣南醉李城。」

〔54〕《史記》卷四十一《越王句踐世家》：「吳既赦越，越王句踐反國，乃苦身焦思，置膽於坐，坐臥即仰膽，飲食亦嘗膽也。曰：『女忘會稽之恥邪？』身自耕作，夫人自織，食不加肉，衣不重采，折節下賢人，厚遇賓客，振貧弔死，與百姓同其勞。」《史記》卷三十一《吳太伯世家》：「十八年，越益彊，越王句踐率兵使伐，敗吳師於笠澤。」

〔55〕《史記》卷八十《樂毅列傳》：「樂毅賢，好兵，趙人舉之。及武靈王有沙丘之亂，乃去趙適魏。聞燕昭王以子之之亂而齊大敗燕，燕昭王怨齊，未嘗一日

而忘報齊也。燕國小，闢遠，力不能制，於是屈身下士，先禮郭隗以招賢者。
樂毅於是為魏昭王使於燕，燕王以客禮待之。樂毅辭讓，遂委質為臣，燕昭
王以為亞卿，久之。（下略）樂毅報遺燕惠王書曰：『（下略）故鼎反乎磿室，
薊邱之植植於汶篁。』」

〔56〕揚雄《諫不受單于朝書》：「會漢初興，以高祖之威靈，三十萬眾困於平城，
士或七日不食。時奇譎之士石畫之臣甚眾，卒其所以脫者，世莫得而言也。
（下略）孝武即位，設馬邑之權，欲誘匈奴，使韓安國將三十萬眾徼於便地，
匈奴覺之而去，徒費財勞師，一虜不可得見，況單于之面乎！其後深惟社稷
之計，規恢萬載之策，乃大興師數十萬，使衛青、霍去病操兵，前後十餘年。
於是浮西河，絕大幕，破寘顏，襲王庭，窮極其地，追奔逐北，封狼居胥山，
禪於姑衍，以臨翰海，虜名王貴人以百數。（下略）往時嘗屠大宛之城，蹈烏
桓之壘，探姑繒之壁，藉蕩姐之場，艾朝鮮之旃，拔兩越之旗，近不過旬月
之役，遠不離二時之勞，固已犁其庭，掃其閭，郡縣而置之，雲徹席捲，後
無餘災。」《史記》卷八《高祖本紀》：「七年，匈奴攻韓王信馬邑，信因與謀
反太原。白土曼丘臣、王黃立故趙將趙利為王以反，高祖自往擊之。會天寒，
士卒墮指者什二三，遂至平城。匈奴圍我平城，七日而後罷去。」《漢書》卷
三十三《韓王信傳》：「七年冬，上自往擊破信軍銅鞮，斬其將王喜。信亡走
匈奴其將白土人曼丘臣、王黃立趙苗裔趙利為王，復收信散兵，而與信及冒
頓謀攻漢。匈奴使左右賢王將萬餘騎與王黃等屯廣武以南，至晉陽，與漢兵
戰，漢兵大破之，追至於離石，復破之。匈奴復聚兵樓煩西北。漢令車騎擊
匈奴，常敗走，漢乘勝追北。聞冒頓居代谷，上居晉陽，使人視冒頓，還報
曰『可擊』。上遂至平城，上白登。匈奴騎圍上，上乃使人厚遺閼氏。閼氏說
冒頓曰：『今得漢地，猶不能居，且兩主不相厄。』居七日，胡騎稍稍引去。」
衛青擊匈奴事，見《史記》卷一百一十一《衛將軍驃騎列傳》、卷一百一十《匈
奴列傳》、《漢書》卷五十五《衛青霍去病傳》、卷九十四上《匈奴傳上》。

〔57〕《舊唐書》卷六十七《李靖傳》：「九年，突厥莫賀咄設寇邊，征靖為靈州道行
軍總管。頡利可汗入涇陽，靖率兵倍道趨豳州，邀賊歸路，既而與虜和親而
罷。太宗嗣位，拜刑部尚書，並錄前後功，賜實封四百戶。貞觀二年，以本
官兼檢校中書令。三年，轉兵部尚書。突厥諸部離叛，朝廷將圖進取，以靖
為代州道行軍總管，率驍騎三千，自馬邑出其不意，直趨惡陽嶺以逼之。頡
利可汗不虞於靖，見官軍奄至，於是大懼，相謂曰：『唐兵若不傾國而來，靖

豈敢孤軍而至。』一日數驚。靖候知之，潛令間諜離其心腹，其所親康蘇密
來降。四年，靖進擊定襄，破之，獲隋齊王暕之子楊正道及煬帝蕭后，送於
京師，可汗僅以身遁。以功進封代國公，賜物六百段及名馬、寶器焉。太宗
嘗謂曰：『昔李陵提步卒五千，不免身降匈奴，尚得書名竹帛。卿以三千輕騎
深入虜庭，克復定襄，威振北狄，古今所未有，足報往年渭水之役。』自破
定襄後，頡利可汗大懼，退保鐵山，遣使入朝謝罪，請舉國內附。又以靖為
定襄道行軍總管，往迎頡利。頡利雖外請朝謁，而潛懷猶豫。其年二月，太
宗遣鴻臚卿唐儉、將軍安修仁慰諭，靖揣知其意，謂將軍張公謹曰：『詔使到
彼，虜必自寬。遂選精騎一萬，齎二十日糧，引兵自白道襲之。』公謹曰：
『詔許其降，行人在彼，未宜討擊。』靖曰：『此兵機也，時不可失，韓信所
以破齊也。如唐儉等輩，何足可惜。』督軍疾進，師至陰山，遇其斥候千餘
帳，皆俘以隨軍。頡利見使者大悅，不虞官兵至也。靖軍將逼其牙帳十五里，
虜始覺。頡利畏威先走，部眾因而潰散。靖斬萬餘級，俘男女十餘萬，殺其
妻隋義成公主。頡利乘千里馬將走投吐谷渾，西道行軍總管張寶相擒之以
獻。」《舊唐書》卷二《太宗本紀上》：「甲戌，突厥頡利、突利寇涇州。乙亥，
突厥進寇武功，京師戒嚴。丙子，立妃長孫氏為皇后。己卯，突厥寇高陵。
辛巳，行軍總管尉遲敬德與突厥戰於涇陽，大破之，斬首千餘級。癸未，突
厥頡利至於渭水便橋之北，遣其酋帥執失思力入朝為覘，自張形勢，太宗命
囚之。親出玄武門，馳六騎幸渭水上，與頡利隔津而語，責以負約。俄而眾
軍繼至，頡利見軍容既盛，又知思力就拘，由是大懼，遂請和，詔許焉。即
日還宮。乙酉，又幸便橋，與頡利刑白馬設盟，突厥引退。」

〔58〕《詩經・小雅・雨無正》：「三事大夫，莫肯夙夜。」

〔59〕《詩經・邶風・雄雉》：「百爾君子，不知德行。」

〔60〕《周易・雜卦》：「革，去故也。鼎，取新也。」

〔61〕《周易・渙》：「六四：渙其群，元吉。渙有丘，匪夷所思。」《象》曰：「渙其
群元吉，光大也。」《周易・說卦》：「艮為山，（下略）其於木也，為堅多節。」

〔62〕《詩經・豳風・鴟鴞》：「迨天之未陰雨，徹彼桑土，綢繆牖戶。今女下民，或
敢侮予！」

〔63〕《九歌・湘君》薛荔柏兮蕙綢，蓀橈兮蘭旌。洪興祖《補注》：「蓀，一作荃。」

〔64〕《詩經・周頌・良耜》：「以薅荼蓼。」（宋）楊萬里《誠齋集》卷九十一《庸
言一》：「楊子曰：君子恩及禽獸，而周公必驅犀象；聖人仁及草木，而后稷

必薅荼蓼。」

〔65〕見卷五《上趙展如中丞書》注。

〔66〕《周易·泰》:「初九:拔茅茹,以其匯,征吉。」《象》曰:「拔茅征吉,志在外也。」

〔67〕《尚書·商書·伊訓》:「聖謨洋洋,嘉言孔彰。」

〔68〕《周易·渙》:「九五:渙汗其大號,渙王居,无咎。」《象》曰:「王居无咎,正位也。」

〔69〕《詩經·小雅·節南山》:「赫赫師尹,民具爾瞻。(下略)瑣瑣姻亞,則無膴仕。」

〔70〕見卷五《上趙展如中丞書》注。

〔71〕(宋)王應麟《困學紀聞》卷七《論語》:《論語書》:「案《春秋少陽篇》:伯夷姓墨,名允,字公信。伯,長也;夷,謚。叔齊名智,字公達,伯夷之弟。齊,亦謚也。」《少陽篇》未詳何書。真宗問陳彭年:「墨允墨智何人?」彭年曰:「伯夷、叔齊也。」上問:「見何書?」曰:「《春秋少陽》。」夷、齊之父名初,字子朝。胡明仲曰:「《少陽篇》以夷、齊為伯、叔之謚,彼已去國,隱居終身,尚誰為之節惠哉?蓋如伯達、仲忽,亦名而已矣。」元·陶宗儀《南村輟耕錄》卷九《姓名考》:「莊綽《雞肋編》云:『太史公作《伯夷傳》,但云『伯夷、叔齊,孤竹君之二子也』。而《論語音注》引《春秋少陽篇》,謂『伯夷姓墨,名允,一名元,字公信。叔齊名智,字公達』。夷、齊,謚也。陸德明取之。不知《少陽篇》何人所著,今世猶有此書否?』吾衍《閒居錄》云:『孤竹君,姓墨,音眉。名臺,音怡。初見《孔叢子》注。中子名伯遼,見周曇《詠史詩》注。伯,當作仲。』若如吾說,則伯夷、叔齊似又是名,非謚矣。」

〔72〕《荀子·賦篇第二十六》:「嫫母、力父,是之嘉也。」(唐)楊倞《注》:「嫫母,醜女,黃帝時人。」《淮南子·說山訓第十六》:「嫫母有所美。」高誘《注》:「嫫母,古之醜女,而行貞正,故曰有所美。」

〔73〕《戰國策·魏策二》:「晉文公得南之威,三日不聽朝,遂推南之威而遠之,曰:『後世必有以色亡其國者。』」

〔74〕《尚書·商書·咸有一德》:「俾萬姓咸曰:『大哉王言!』」

〔75〕《漢書》卷五十一《鄒陽傳》:「臣聞鷙鳥絫百,不如一鶚。」

〔76〕《新序》卷一《雜事一》:「晉平公畜西河,中流而歎曰:『嗟乎!安得賢士與

共此樂乎？』船人固桑進對曰：『君言過矣。夫劍產於越，珠產於江漢，玉產於崑山，此三寶者，皆無足而至，今君苟好士，則賢士至矣。』平公曰：『固桑，來。吾門下食客三千餘人，朝食不足，暮收市租；暮食不足，朝收市租，吾尚可謂不好士乎？』固桑對曰：『今夫檻鵠高飛衝天，然其所恃者六翮耳。夫腹下之毳，背上之毛，增去一把，飛不為高下。不知君之食客，六翮耶？將腹背之毳也？』平公默默而不應焉。」

〔77〕《論語·子路第十三》：「曰：『今之從政者何如？』子曰：『噫！斗筲之人，何足算也。』」

〔78〕《舊唐書》卷一百七十四《李德裕傳》：「李德裕，字文饒，趙郡人。」

〔79〕《明史》卷二百十三《張居正傳》：「張居正，字叔大，江陵人。（下略）及病革，乞歸。上復優詔慰留，稱『太師張太嶽先生』。」

〔80〕（三國魏）曹丕《與朝歌令吳質書》：「馳騁北場，旅食南館，浮甘瓜於清泉，沈朱李於寒水。」

〔81〕（三國魏）應璩《與從弟君苗君胄書一》：「慎夏自愛。」

〔82〕（晉）趙至（字景真）《與嵇蕃書》：「臨書悢然，知復何云。」

〔83〕《孔叢子》卷三《廣鳥第九》：「去陰就陽，謂之陽鳥，鴻鴈是也。」

〔84〕《詩經·檜風·匪風》：「誰將西歸，懷之好音。」

與成君毓麟書

《漢書·古今人表》第古人為九等〔1〕，愚於今之仕者以四等該之：為義而仕者，上也；為義而仕而未忘乎利者，次也；為利而仕而猶知有義者，又其次也；專為利仕，斯為下矣。欲使吾為義而仕耶，則不如古人；欲使吾為利而仕耶，則不如今人。四者之中，自居何等？俯仰身世，計之熟矣。如云為貧而仕，古人不諱。某自有生以來，未罹一日凍餒之苦，似不可為貧。仰維嚴遵之言〔2〕，雖謂之富可矣。且為貧而仕者，鮮有不蕩其廉恥者也。凡恥心深者，其氣必剛，其骨必重，其言必壯，其足必蹇，其腰膝必強。此五者，仕途之大忌也。於仕途所大忌者，而持以求仕，其道必窮。窮而後退，不已晚乎！昔逢萌恥候縣尉而擲楯〔3〕，橋玄恥詣尹府而棄官〔4〕，陶彭澤恥謁督郵而解綬〔5〕，吾甚惜夫三賢者未審於先也。

【疏證】

〔1〕《漢書》卷二十《古今人表》：「孔子曰：『若聖與仁，則吾豈敢？』又曰：『何

事於仁，必也聖乎！』『未知，焉得仁？』『生而知之者，上也；學而知之者，次也；因而學之，又其次也；困而不學，民斯為下矣。』又曰：『中人以上，可以語上也。』『唯上智與下愚不移。』傳曰：譬如堯、舜、禹、稷、卨與之為善則行，鮌、讙兜欲與為惡則誅。可與為善，不可與為惡，是謂上智。桀、紂、龍逢、比干欲與之為善則誅，於莘、崇侯與之為惡則行。可與為惡，不可與為善，是謂下愚。齊桓公，管仲相之則霸，豎貂輔之則亂。可與為善，可與為惡，是謂中人。因茲以列九等之序，究極經傳，繼世相次，總備古今之略要云。」

〔2〕（晉）皇甫謐《高士傳》卷中《嚴遵》：「嚴遵，字君平，蜀人也。隱居不仕，常賣卜於成都市，日得百錢以自給。卜訖，則閉肆下簾，以著書為事。楊雄少從之遊，屢稱其德。李強為益州牧，喜曰：『吾得君平為從事足矣！』雄曰：『君可備禮與相見，其人不可屈也。』王鳳請交，不許。蜀有富人羅沖者，問君平曰：『君何以不仕。』君平曰：『無以自發。』沖為君平具車馬衣糧，君平曰：『吾病耳，非不足也。我有餘而子不足，奈何以不足奉有餘。』沖曰：『吾有萬金，子無儋石，乃云有餘，不亦謬乎！』君平曰：『不然。吾前宿子家，人定而役未息，晝夜汲汲，未嘗有足。今我以卜為業，不下床而錢自至，猶餘數百，塵埃厚寸，不知所用。此非我有餘而子不足邪？』沖大慚。君平歎曰：『益我貨者損我神，生我名者殺我身，故不仕也。』時人服之。」

〔3〕《後漢書》卷八十三《逸民列傳·逢萌傳》：「逢萌字子康，北海都昌人也。家貧，給事縣為亭長。時尉行過亭，萌候迎拜謁，既而擲楯歎曰：『大丈夫安能為人役哉！』遂去之長安學，通《春秋經》。」

〔4〕《後漢書》卷五十一《橋玄傳》：「舉孝廉，補洛陽左尉。時梁不疑為河南尹，玄以公事當詣府受對，恥為所辱，棄官還鄉里。」

〔5〕《宋書》卷九十三《隱逸列傳·陶潛傳》：「郡遣督郵至，縣吏白應束帶見之。潛歎曰：『我不能為五斗米折腰向鄉里小人。』即日解印綬去職。」

與馬懷之上舍為琳書

垂髫時節，喜人談吳中佳處。年逾不惑，始遊蘇臺。辜月〔1〕十日，與楊生同寅躋道山亭，瞻拜周元公遺像。下有微行彳亍，而東經滄浪亭，過五百名賢祠。溪水幽曲，怪石崚峋，竹籬茅舍，皆無俗韻。楊生為歇後語云：「故鄉無此」〔2〕，誠哉是言！東出葑門，南行至覓渡橋，西瞻盤門，夷樓矗立雲

表。乘小車而馳者，東瀛賈客也。歎吳郡今非淨域，來遊暮矣。雖然，昔之句吳，泰伯國也。今之日本，泰伯後也。句吳之始祖君，此用夏變夷。句吳之末裔至斯，用夷變夏。平陂往復，天運固然。書此以叩泰伯[3]之靈，喜乎？悲乎？乞下一言決之。

【疏證】

〔1〕《爾雅·釋天第八》：「十一月為辜。」

〔2〕（宋）蘇軾《六月二十七日望湖樓醉書五絕》其五：「我本無家更安往，故鄉無此好湖山。」

〔3〕《史記》卷三十一《吳太伯世家》：「吳太伯，太伯弟仲雍，皆周太王之子，而王季歷之兄也。季歷賢，而有聖子昌，太王欲立季歷以及昌，於是太佰、仲雍二人乃奔荊蠻，文身斷髮，示不可用，以避季歷。季歷果立，是為王季，而昌為文王。太伯之奔荊蠻，自號句吳。荊蠻義之，從而歸之千餘家，立為吳太伯。」

與太平劉先生元準書

數載不見，我思悠悠。辱蒙不遺，遠惠皖茗。汲清泉，概瓷釜，拾柏葉，瀹而嘗之，鄞之十二雷茶[1]殆無以過。至來書云「風生七椀，可以追步盧全」[2]，詞人吐屬，固宜爾爾，豈知玉川桑苧匪我思，且生平一瓣心香，遠在飲蘭露之三閭[3]、掇菊英之五柳[4]，近則嗜沙苑蒺藜之蔣山傭[5]、啖窬古磨姑之祁公子也[6]。然而怨悱殘賊，作歌告哀，正可藉檟茶以苦予口矣。因盡受之，不復卻也。

【疏證】

〔1〕（清）全祖望《鮚埼亭集》卷三《十二雷茶竈賦·序》：「吾鄉十二雷之茶，其名曰區茶，又曰白茶，首見於景迂先生之詩，而深寧居士述之。然未嘗入貢也，元始貢之。王元恭曰：『以慈谿車厩嶴中三女山、資國寺旁所出稱絕品，岡山、開壽寺旁者次之，必以化安山中瀑泉蒸造審擇，陽羨、武夷未能過焉。』顧諸公但言區茶之精，而不知早見於陸氏《茶經》。按陸氏云：『浙東以越中為上，生餘姚瀑布泉嶺，曰仙茗。』蓋實即明州三女山之物，特以餘姚瀑布泉製之，遂誤指耳。但十二雷者甚難致，而近日山人亦無識者。嘉植沉淪，甚為可歎。予自京師歸，端居多暇，乃築一廔於是山之石門，題曰十二雷茶竈。將俟春日，親窮其奧窔而製之，因謀茶具甚備。《茶經》曰：『是茶有二種，大者殊異。』其即三女之種乎？予因乞靈於茶神以求其大者，先為賦之。」

〔2〕（唐）盧全《走筆謝孟諫議寄新茶》：「一碗喉吻潤，兩碗破孤悶。三碗搜枯腸，
　　唯有文字五千卷。四碗發輕汗，平生不平事。盡向毛孔散，五碗肌骨清。六碗
　　通仙靈，七碗吃不得也。唯覺兩腋習習清風生，蓬萊山，在何處？玉川子，乘
　　此清風欲歸去。」

〔3〕《楚辭・離騷》：「朝飲木蘭之墜露兮，夕餐秋菊之落英。」

〔4〕（晉）陶潛《飲酒二十首》其七：「秋菊有佳色，裛露掇其英。汎此忘憂物，遠
　　我遺世情。」

〔5〕（清）徐鼒《小腆紀傳》卷五十三《顧炎武傳》：「顧炎武字寧人，原名絳，或
　　自署曰蔣山傭，學者稱為亭林先生。」（清）顧炎武《亭林文集》卷四《與三
　　姪書》：「黃精松花，山中所產。沙苑蒺藜，止隔一水，終日服餌，便可不肉不
　　茗。」

〔6〕（清）李元度《國朝先正事略》卷四十六魏耕《祁奕喜先生事略》：「先生性好
　　奇，其東歸也，留一妾焉。披緇時，亦累東遊，東人或與談禪，受其法稱弟子。
　　嘗曰：寧古塔蘑菇天下第一，吾妾所居籬下出者，又為寧古塔第一，令人思之
　　不置。東人至今誦其風流。」（清）楊賓《柳邊紀略》卷三：「往吳漢槎還病且
　　死，謂予曰：『余寧古塔所居籬下產蘑菇，今思此作湯，何可得。』予時竊笑
　　之，以為蘑菇所在有，何寧古塔也。及予省觀東行，乃知寧古塔蘑菇為中土所
　　無，而漢槎舊居籬下所產，又寧古塔所無者。今此屋屬河南李聞遠，而蘑菇已
　　盡。數年來，數祁家馬槽下者為第一矣。祁家者，祁奕喜妾所居也。」

丁酉春【注三】與上海申報館書

　　毋矜鉅小幀之，毋詡遠近障之，毋怙崇卑蒙之。嵩岱至峻，寸指撝眸，
不見卷石。岑樓眺遐，一簾垂戶，不覩中唐〔1〕。蒼昊穹高，陰雲曖空，不
鑒下土。故國家之害，無碩於蔽理；國之要，無先於去蔽。蔽則隱，隱不昭
明；蔽則塞，塞不達行；蔽則欺，欺不用情。不昭、不達、不用情，而天下
能理者，振古無之。吾觀於安東饑民之庶繁，不能不太息痛恨於蔽之詒患
也。

　　玉樹所居，一渺小墟落耳。流民扶耄挈弱，操瓢來乞食者，日百數十人。
由一村推之鹽城一邑，由鹽城一邑推之江南朔數十州縣，其麗蓋不億矣。予
觀其人，率衣敝而垢，色容而焦，飽糠糟若豬豕，咀荄〔2〕根如粉羖〔3〕，既

【注三】丁酉即清光緒 23 年（1897）。

以一簞之饘，甘之若膾。詢其籍，籍海阜者十之三四，籍安東者十之五六。中有髦而秀者，引而詢之，則泣而言曰：「吾邑，漢淮浦縣也。古多畎澮，其穀宜稻。前明中葉以降，淮瀆朝宗之道奪於黃河，河屢潰決，溝洫悉淤。國朝順、康間，碩項湖亦淤為隰原，墾萊成賦，菽麥黍秫而外，民多種番薯為糧，故不畏旱乾而畏水溢。鄉賴一帆，民便兩河，宣洩淫潦，由海州之潮河入海。十數年來，上流淤淺，下游梗塞，萑葦密蒙，菱蒲彌望，海州人利而藪之。淮揚謝觀察垂愍痌瘝，屢〔4〕議抒濬，胸民抗阻，大吏以庫藏涸竭，亦未之諾也。潦無所宣，乃為大戾。淫霖數日，隰畛俱湮。仍饑洊饉，三載於茲，流徙而南。百戶百堁，間有留者，多入萑苻，劫掠殺越。道路荊棘，商販阻絕，穀益踴貴，有懷金玉、被綺羅而餒者矣。」予復詢流民何日歸里，彼言：「耕犢屠矣，犁鋤燔為薪矣，野無芃芃之麥〔5〕，歸何所賴。徒召催租吏引鐵索，加槁項，非計之得也。唯企足延項，冀朝廷哀我勞人，蠲賦振粟，發帑濬渠。雨不為厲，歸乃其蘇。否則長為異鄉乞活之人，欲依先人邱壟而不得矣。」其人語畢大慟，予聆之亦不禁淚涔涔下也。

夫以我聖皇明並日月，澤越江海，值有水旱風雹之災，無不恩膏滂沛，獨於安東及海、沭諸洲縣，未聞蠲振之詔者，疆吏未之請也。然江蘇大吏多眷懷民瘼，如疾痛之在厥躬，獨於安東諸處，未聞禦災捍患之策者，邑宰巧為蔽也。彼邑宰雖重利祿，詎無惻怛。掩荒儷穰，撫衷豈審？良以一邑高下不一，即稼事豐歉不鈞，欲概報無年，已失納賦之利，欲詳為區別，又憚履畝之劬，故報熟六七分，以便催科。縱他日大僚責問，彼曰下官原未嘗以上歲告也。然而流民之圖〔6〕未陳於大府，因之乞賑之疏未達於藁官，遂俾無告之黎流殣於它縣，如月之初，風雪栗列，其困踣於吾鹽之衢塗，饑殍於吾鹽之寺觀者，予所目覩已十數人，目所不覩曷可數計！小者蔽大，庳者蔽崇，其禍可勝道哉！

滬上報館如林，所以達幽隱而剔壅蔽也。戎夷之情偽，吏治之澄濁，民生之悲愉，年穀之富凶，無洪無瑣，載述載謠。獨於淮北諸州縣及安、阜之災，未聞剴切詳道，無亦諮訪有未博乎！伏求諸君子以不斐之言，錄諸報首，用告遐邇。滬上淑士甲天下，仁粟義漿布海內，近在同省，詎忘救援。知必有解橐鳩貲，施粟米，散耕牛，給穀種，濬淤河，以蘇此一邑之孑遺者。不然，淮北民風慓悍，素多不逞，吾恐中澤之鴻雁〔7〕，一變而為潢池之豹虎〔8〕也。山澤之臞，杞憂〔9〕填膺，無任急切待命之至。

【疏證】

〔1〕《文選》卷三張衡《東京賦》：「植華平於春圃，豐朱草於中唐。」李善《注》：「如淳《漢書·注》曰：『唐，庭也。』」

〔2〕《說文解字·荄》：「艸根也。」

〔3〕《爾雅·釋畜第十九》：「羊：牡，羒；牝，牂。夏羊：牡，羭；牝，羖。」

〔4〕《詩·周頌·桓》：「綏萬邦，婁豐年。」《漢書》卷五十八《公孫弘傳》：「時上方興功業，婁舉賢良。」顏師古《注》：「婁，古『屢』字。」

〔5〕《詩經·鄘風·載馳》：「我行其野，芃芃其麥。」

〔6〕（宋）李埴《宋十朝綱要》卷十上《神宗》：「甲戌監安上門，鄭俠上流民圖。上覽圖憂歎，出以示輔臣王安石，遂乞避位。」（宋）曾慥《類說》卷十七《畫流民圖》：「熙寧之末，東北大饑，百姓流移。選人鄭俠監安上門，畫流民圖，及疏言時政之失，俠坐流竄。中丞鄧綰、知諫院鄧潤甫言秘閣校理王安國，獎成其言，意在非毀其兄，坐是放歸田里而卒。天下奇才，世共歎惜。」鄭俠《論新法進流民圖》，載呂祖謙《皇朝文鑒》卷五十八。

〔7〕《詩經·小雅·鴻雁》：「鴻雁于飛，集于中澤。」

〔8〕《漢書》卷八十九《循吏傳·龔遂傳》：「遂對曰：『海瀕遐遠，不霑聖化，其民困於飢寒而吏不恤，故使陛下赤子盜弄陛下之兵於潢池中耳。』」（明）顧應祥《喜官軍狼山破賊》：「潢池莫道多豺虎，范老從來富甲兵。」

〔9〕《列子·天瑞第一》：「杞國有人憂天地崩墜，身亡所寄，廢寢食者。又有憂彼之所憂者，因往曉之，曰：『天，積氣耳，亡處亡氣。若屈伸呼吸，終日在天中行止，奈何憂崩墜乎？』其人曰：『天果積氣，日月星宿，不當墜耶？』曉之者曰：『日月星宿，亦積氣中之有光耀者；只使墜，亦不能有氣中傷。』其人曰：『奈地壞何？』曉者曰：『地積塊耳，充塞四虛，亡處亡塊。若躇步跐蹈，終日在地上行止，奈何憂其壞？』其人舍然大喜，曉之者亦舍然大喜。」

與左生榘書

自子言旋，我心靡懌。鈞憂析患，情分均宜。前月望後六日，自闈歸長建之東，臨邑建陽鎮，即寶祐四年登科錄陸忠烈公所居之長建鄉長建里也。予所喬居在其東。薛莒馬生亦蘇，詳詢令弟疾狀，渠言前數日舌強口噤，昨已謇謇而語，雖後溲未通，理無再劇。予聆而心喜。逾兩日，復來精舍，不復忡忡忾忾於中。至二十七日昧爽〔1〕，楊生入室言令弟已於二十五日不祿。聞言大慟，手栗不能

帛書。遙念足下素竺如手之愛，必深折翼之悲，婁〔2〕欲作書唁問，因循未果。今覽哀詞，婉篤淒摯，誦未終篇，涕淚交隕，與望溪志椒塗之壙〔3〕、文正哀溫甫之詞〔4〕可並傳也。憶昔歲在祝犂〔5〕，星在析木之津〔6〕，舍弟遘瘠之年，正藐躬逃債之日。罌粟詬錢，罄竭如滌。朝曦射門，晨炊未具。予性口語塞，不善干人，恒令弟扶疾出戶，貸粟比鄰，獲穮數升，喜溢於色。或遙視其額蹙眉皺，則知其假無所獲。相視於邑，愀然寡懽。自此慈親就食於渭陽〔7〕，舍弟臥疾於婦家，伯氏假館於海壖，僕亦橐筆於吾子之村，一室四散，如桓山之鳥分翔〔8〕。迨臘盡同歸度歲，而弟疾已不可療。至明年上巳之前一日，而弟竟溘逝矣。彼時摛詞寫痛，自怨自尤，得七絕七律各十。歷十七寒暑，舊槁散失。覽子新作，觸余舊哀。棣華〔9〕三枝，各為瀑雨颶風摧殘。其一匪大，不友焉克忘情。竊謂兄弟無故之樂，造物珍惜，侔於九鼎。綠章雖奏，不容輕覘。仰視蒼蒼，亦復何尤。況足下嚴慈雙健，定省有所，已分君子一樂之半〔10〕。較鄙人岵屺〔11〕俱頹，出入銜恤〔12〕，得天不為多乎！是亦可破涕為懽矣。二老逾艾〔13〕，詎宜過悼。喪明固西河之過〔14〕，鍾情亦濬沖之顛〔15〕，媚言強慰，子道宜然。天中而後，來院匪晚。予之旋反，當在端二端三。設楚卿、養齋返自江湄，皐月六日願與子會於兩生之廬，蒲酒一觴，可銷愁萬斛也。

【疏證】

〔1〕《尚書·太甲上》：「伊尹乃言曰：『先王昧爽丕顯，坐以待旦。』」孔安國《傳》：
「爽、顯皆明也，言先王昧明思大明其德，坐以待旦而行之。」

〔2〕見《丁酉春與上海申報館書》注。

〔3〕（清）方苞《望溪集》文集卷十七《弟椒塗墓誌銘》。

〔4〕（清）曾國藩《曾文正公詩文集》文集卷三《母弟溫甫哀詞》。

〔5〕祝犂，即著雍。《爾雅·釋天第八》：「在戊曰著雍。」

〔6〕《爾雅·釋天第八》：「析木謂之津，箕斗之間，漢津也。」

〔7〕《詩經·秦風·渭陽》：「我送舅氏，曰至渭陽。」

〔8〕《孔子家語·顏回第十八》：「孔子在衛，昧旦晨興，顏回侍側，聞哭者之聲甚哀。子曰：『回，汝知此何所哭乎？』對曰：『回以此哭聲非但為死者而已，又有生離別者也。』子曰：『何以知之？』對曰：『回聞桓山之鳥，生四子焉，羽翼既成，將分於四海，其母悲鳴而送之，哀聲有似於此，謂其往而不返也，回竊以音類知之。』孔子使人問哭者，果曰：『父死家貧，賣子以葬，與之長決。』」

子曰：『回也，善於識音矣。』」

〔9〕棣華，喻兄弟。《詩經·小雅·常棣》：「常棣之華，鄂不韡韡。凡今之人，莫
　　如兄弟。」《詩序》：「《常棣》，燕兄弟也。」

〔10〕《孟子·盡心上》：「孟子曰：『君子有三樂，而王天下不與存焉。父母俱存，
　　兄弟無故，一樂也。仰不愧於天，俯不怍於人，二樂也。得天下英才而教育
　　之，三樂也。君子有三樂，而王天下不與存焉。』」

〔11〕《詩經·魏風·陟岵》，毛《傳》：「孝子行役，思念父母也。國迫而數侵削，
　　役乎大國，父母兄弟離散，而作是詩也。」詩云：「陟彼岵兮，瞻望父兮。（下
　　略）陟彼屺兮，瞻望母兮。」

〔12〕《詩經·小雅·蓼莪》：「無父何怙？無母何恃？出則銜恤，入則靡至。」

〔13〕（漢）劉熙《釋名·釋長幼第十》：「五十曰艾。艾，治也，治事能斷割，芟刈
　　無所疑也。」

〔14〕見前《報劉楚蒒邑侯書》注。

〔15〕《世說新語·德行第一》：「王安豐遭艱，至性過人。裴令往弔之，曰：『若使
　　一慟果能傷人，濬沖必不免滅性之譏。』」又《傷逝第十七》：「王戎喪兒萬子，
　　山簡往省之，王悲不自勝。簡曰：『孩抱中物，何至於此？』王曰：『聖人忘
　　情，最下不及情；情之所鍾，正在我輩。』簡服其言，更為之慟。」

與左生榘書

新春有可悅之事四。閱邸報，知渦陽土寇蕩平，牛世修雖遁走豫省，而
劉姓已伏誅【注四】，不致蔓延，擾我郡邑〔1〕。可悅者一。接成君渙庭書，知鹽
邑海口糧禁未弛，此後糧價可減，淮南北菜色之民其有瘳乎！可悅者二。客
有自孟家莊來者，言孟姓於元旦昧爽，探釜下之灰，得稻十有二粒。農人占
年，此為最驗。秋稼之穰，無俟再卜。可悅者三。改歲十日，雨獲甘澍，膏潤
原麥，日至之熟可期。可悅者四。

唯吾皇聖躬未愈，正旦未能御殿受賀，一切筵宴停罷，此則草莽臣所大
不悅懌者耳。元旦晨興，不隨眾別作嘉言，唯口誦「一人有度」、「萬壽無疆」
二語，以當椒花頌〔2〕也。去年春王正月朔，日有食之，致有割棄海疆與張、

【注四】《與蕭蔡村明經書論渦陽事》附錄光緒二十五年二月丙戌（初八日）鄧華熙、
　　劉坤一裕長奏，稱：「惟首逆牛世修即牛汝秀在逃未獲，豐經懸立重賞飭拿，
　　於本年正月十四日在駱駝集擒獲，解交蒙城縣訊明，批飭正法。」據此，則
　　此信作於光緒二十五年春初。

康謀逆之事〔3〕。未知今歲國事何如。大要：朝不變法，工不任事，士不務學，民不親上，必無自強禦侮之道。唯願聖天子勿藥有喜〔4〕，一索得震〔5〕，下慰率土，上娛聖母，吾與子當市海錯〔6〕，酤村醪，速一二知交痛飲兩三日，為詩詞以志大悅，詎今日四事之比也。

【疏證】

〔1〕參《與蕭葵村明經書論渦陽事》注。

〔2〕《晉書》卷九十六《列傳傳》：「劉臻妻陳氏者，亦聰辯能屬文。嘗正旦獻《椒花頌》，其詞曰：『旋穹周回，三朝肇建。青陽散輝，澄景載煥。標美靈葩，爰採爰獻。聖容映之，永壽於萬。』又撰元日及冬至進見之儀，行於世。」

〔3〕《清史稿》卷四百七十三《張勳傳》：「世凱卒，各省有所謀，群集徐州，推勳主盟。勳於是提兵北上，叩謁宮門，遂復辟。」同卷《康有為傳》：「丁巳，張勳復辟，以有為為弼德院副院長。」

〔4〕《周易·无妄》：「九五：无妄之疾，勿藥有喜。」《象》曰：「无妄之藥，不可試也。」

〔5〕見前《與馬君為瑗書》（其二）注。

〔6〕《書·夏書·禹貢》：「厥貢鹽絺，海物惟錯」。（唐）韋應物《長安道》：「山珍海錯棄藩籬，烹犢炰羔如折葵。」

與李生樹滋書

曜靈〔1〕踾踘〔2〕，如驪馳隙〔3〕。端月〔4〕覿止〔5〕，忽焉素秋。同棲一邑，迥若異域。從我之睭，詎判聖狂。伻〔6〕齎翰至，愷悌邂逅。然引愆責躬之語，亦何鬱伊〔7〕惻恊〔8〕之甚也。樹聞文昌之宮星，日司命造化之神，名為黔雷〔9〕。彭殤〔10〕修短，彼實為政。鄭箋《小牟》，辰為六物〔11〕。星命吉凶，漢儒亦言。令弟不祿〔12〕，寧非數定？援呂自咎，誼雖敦而心則褊矣。夫智若芇蕘，預鑒未來〔13〕；術如曼倩，乃善逆覆〔14〕。苟非其人，疇能前知。大厲〔15〕突如〔16〕，非關嚴誨。鶺原舊痛〔17〕，歷久可諼。設以怫鬱〔18〕之情，致痛瘏之困〔19〕，上貽生鞠之憂〔20〕，下滋孔懷之慮〔21〕，律以孝友之道，無乃悖乎！

尚志書院之設，規仿南菁，而鄙人怐瞀〔22〕，仰儗元同先生〔23〕，若樸樕之比陰檈木〔24〕，丹良〔25〕之方耀燭龍〔26〕，忝坐皋比〔27〕，如蚊負山〔28〕。承乏〔29〕以來，旴夕惕厲〔30〕。婁啟琴堂〔31〕，請避賢路。茂宰〔32〕拳拳，未

許息肩〔33〕。然留滯此席，尤悔日滋，孟子所謂「久於齊，非我志也」〔34〕。方今治化衰斁，烝黎墊隘〔35〕，戎夷矜健，華威挫縮〔36〕，皆由百爾君子〔37〕昧量而後入之義。表聖〔38〕休美〔39〕，嗣音〔40〕久闃。師道不立，弊與臣同。管枯不花，腹虛無笥。仰交肉食〔41〕，俯餂修羊〔42〕。學厭誨倦〔43〕，進易退難。髦彥雖庶，教育奚自？桐子有命〔44〕，患害尤碩。知而故蹈，愚豈敢然。捲席讓能，予計決矣。足下虛懷請業，願為都講〔45〕；問字清酒〔46〕，豈不願酌。無如學慚溫知〔47〕，師愧人經〔48〕。懷孫卿隆情之誚〔49〕，懔逾淵水；惟揚子不模之譏〔50〕，悚若主臣。知我唯子，毋重予慫。金飆漸勁，薄寒砭肌，幸慎起居，不勝勞佇。

【疏證】

〔1〕《楚辭·天問》：「角宿未旦，曜靈安藏？」王逸《注》：「曜靈，日也。」

〔2〕《文選》卷十八馬融《長笛賦》：「踸踔攢仄，蜂聚蟻同。」李善《注》：「踸踔，迫蹙貌。」《莊子·外篇·盜跖第二十九》：「天與地無窮，人死者有時，操有時之具，而託於無窮之間，忽然無異騏驥之馳過隙也。」

〔3〕《史記》卷九十《魏豹傳》：「豹謝曰：『人生一世間，如白駒過隙耳。』」

〔4〕《史記》卷十六《秦楚之際月表》：「端月。」司馬貞《索隱》：「二世二年正月也。秦諱『正』，故云端月也。」

〔5〕《詩經·召南·草蟲》：「亦既覯止，我心則降。」毛《傳》：「止，辭也。覯，遇。」

〔6〕伻：使者、僕人。

〔7〕《後漢書卷五十二崔寔傳》：「是以王綱縱弛於上，智士鬱伊於下。」李賢《注》：「鬱伊，不申之貌。《楚辭》曰：『獨鬱伊而誰語也。』」

〔8〕《文選》卷十七王褒《洞簫賦》：「悲愴悗以惻恨兮，時恬淡以綏肆。」李善《注》：「惻恨，傷痛也。」

〔9〕《漢書》卷五十七下《司馬相如傳下》：「左玄冥而右黔雷兮。」顏師古《注》：「張揖曰：『黔雷，黔嬴也，天上造化神名也。楚辭曰：『召黔嬴而見之。』或曰水神也。』」

〔10〕《莊子·內篇·齊物論第二》：「莫壽乎殤子，而彭祖為夭。」《呂氏春秋》（四部叢刊景明刊本）第十九卷《離俗覽·為欲》：「其視為彭祖也與為殤子同。」高誘《注》：「彭祖，殷賢大夫也，蓋壽七百餘歲。九歲以下為下殤，七歲以下為無服殤。」

〔11〕《詩經・小雅・小牟》：「天之生我，我辰安在？」毛《傳》：「辰，時也。」鄭
《箋》云：「此言我生所值之辰，安所在乎？謂六物之吉凶。」

〔12〕《禮記・曲禮下》：「天子曰崩，諸侯曰薨，大夫曰卒，士曰不祿。」鄭玄
《注》：「不祿，不終其祿。」

〔13〕《南史》卷七十八《夷貊列傳上》：「頓遜之外大海洲中，又有毗騫國，去扶南
八千里。傳其王身長丈二，頭長三尺，自古不死，莫知其年。王神聖，國中
人善惡及將來事，王皆知之，是以無敢欺者。」

〔14〕《漢書》卷六十五《東方朔傳》：「朔之詼諧，逢占射覆，其事浮淺，行於眾
庶，童兒牧豎莫不炫耀。」

〔15〕《詩經・大雅・瞻卬》：「孔填不寧，降此大厲。」毛《傳》：「厲，惡也。」

〔16〕《周易・離》：「九四：突如其來如，焚如，死如，棄如。」孔穎達《疏》：「突
然而至，忽然而來。」

〔17〕《詩經・小雅・常棣》：「脊令在原，兄弟急難。」

〔18〕《漢書》卷五十一《鄒陽傳》：「如此則太后怫鬱泣血，無所發怒。」顏師古
《注》：「怫鬱，蘊積也。」

〔19〕《詩經・周南・卷耳》：「我馬瘏矣，我僕痡矣。」

〔20〕《詩經・小雅・蓼莪》：「父兮生我，母兮鞠我。」

〔21〕《詩經・小雅・常棣》：「死喪之威，兄弟孔懷。」

〔22〕怐愗，亦作「怐愁」。《楚辭・九辯》：「然潢洋而不遇兮，直怐愁而自苦。」
（宋）魏仲舉《五百家注昌黎文集》卷一《南山詩》：「茫如試矯首，堛塞生
怐愁。」注：「祝曰：『怐愁，愚也。』」

〔23〕章炳麟《太炎文錄》卷二《黃先生傳》：「黃先生名以周，字元同，浙江定海
人也。（下略）久之，提督江蘇學政黃體芳就南菁書院，延先生講主書院十五
年，江南諸高材皆出其門。」

〔24〕《山海經・海外北經》：「尋木長千里，在拘纓南，生河上西北。」左思《吳都
賦》：「由此而揆之，西蜀之於東吳，小大之相絕也，亦猶棘林、螢燿而與夫
尋木、龍燭也。」

〔25〕《大戴禮記・夏小正》：「丹鳥羞白鳥。丹鳥者，謂丹良也。白鳥者，謂蚊蚋
也。」晉・崔豹《古今注・魚蟲第五》：「螢火，一名耀夜，一名夜光，一名
宵燭，一名景天，一名熠燿，一名燐，一名丹良鳥。腐草化之，食蚊蚋。」

〔26〕《楚辭・天問》：「日安不到，燭龍何照？」王逸《注》：「言天之西北，有幽冥

無日之國，有龍銜燭而照之也。」《山海經·大荒北經》「西北海之外，赤水之北，有章尾山。有神，人面蛇身而赤，直目正乘，其瞑乃晦，其視乃明，不食不寢不息，風雨是謁。是燭九陰，是謂燭龍。」《淮南子·墜形訓第四》：「燭龍在雁門北，蔽於委羽之山，不見日，其神人面龍身而無足。」高誘《注》：「委羽，北方山名。一曰：龍銜燭以照太陰，蓋長千里。視為畫，瞑為夜，吹為冬，呼為夏。」

〔27〕（明）徐渭《古今振雅雲箋》卷九李光縉《企望》：「往往從江郎閣中望鼇頭，雲橫月出，則王君皋比在焉。」注：「皋比即講座也。張橫渠坐虎皮而講《易》。」

〔28〕《莊子·內篇·應帝王第七》：「其於治天下也，猶涉海鑿河而使蚊負山也。」又，《外篇·秋水第十七》：「且夫知不知是非之竟，而猶欲觀於莊子之言，是猶使蚊負山，商蚷馳河也，必不勝任矣。」

〔29〕《左傳·成公二年》：「敢告不敏，攝官承乏。」杜預《注》：「言欲以己不敏，攝承空乏。」

〔30〕《周易·乾》：「九三：君子終日乾乾，夕惕若，厲，无咎。」

〔31〕《呂氏春秋》卷二十一《開春論·察賢》：「宓子賤治單父，彈鳴琴，身不下堂而單父治。巫馬期以星出，以星入，日夜不居，以身親之，而單父亦治。巫馬期問其故於宓子。宓子曰：『我之謂任人，子之謂任力。任力者故勞，任人者故逸。』宓子則君子矣，逸四肢，全耳目，平心氣，而百官以治義矣，任其數而已矣。巫馬期則不然，弊生事精，勞手足，煩教詔，雖治猶未至也。」

〔32〕（明）彭大翼《山堂肆考》卷七十七《臣職·茂宰》：「謝玄暉詩：『茂宰深遐眷。』按：茂宰謂英茂之宰也。或云漢卓茂為密令有聲，故詩人用此以比宰邑者。」

〔33〕《左傳·襄公二年》：「鄭成公卒，子駟請息肩於晉。」杜預《注》：「欲辟楚役，以負擔喻。」

〔34〕見《孟子·公孫丑下》。

〔35〕《左傳·成公六年》：「郇、瑕氏土薄水淺，其惡易覯。易覯則民愁，民愁則墊隘，於是乎有沉溺重膇之疾。」杜預《注》：「墊隘，羸困也。」

〔36〕《文選》卷四十四陳琳《為袁紹檄豫州》：「故使鋒芒挫縮，厥圖不果。」

〔37〕《詩經·邶風·雄雉》：「百爾君子，不知德行。」

〔38〕《舊唐書》卷三十《音樂志三》：「又《享孔廟樂章》二首。《迎神》：通吳表

聖，問老探貞。三千弟子，五百賢人。」

〔39〕漢‧蔡邕《蔡中郎集》文集卷二《汝南周巨勝碑》：「乃相與建碑勒銘，以旌休美。」

〔40〕《詩經‧鄭風‧子衿》：「縱我不往，子寧不嗣音。」鄭玄《箋》：「嗣，續也。女曾不傳聲問我，以恩責其忘己。」朱熹《集傳》：「嗣音，繼續其聲聞也。」

〔41〕參《報呂君達材書》注。

〔42〕（唐）馮贄《雲仙雜記》卷三《束脩羊》：「倪若水藏書甚多，列架不足，疊牕安置，不見天日。子弟值日看書借書者，先投束脩羊。《唐餘錄》。」（明）李贄《初潭集‧兄弟上》：「窮則開門授徒，計束脩羊，獨善其身。」（清）錢謙益《和州魯氏先塋神道碑銘》：「公教授弟子，所得束脩羊，分給從子及甥，不名一錢。」

〔43〕《論語‧述而第七》：「子曰：『默而識之，學而不厭，誨人不倦，何有於我哉？』」

〔44〕揚雄《法言‧學行第一》：「學則正，否則邪，師哉，師哉，桐子之命也。」（晉）李軌《注》：「桐，洞也。桐子，洞然未有所知之時，制命於師也。再言之者，歎為人師，制人善惡之命，不可不明慎也。」

〔45〕《史記》卷三十七《丁鴻傳》：「鴻年十三，從桓榮受《歐陽尚書》。三年而明章句，善論難，為都講，遂篤志精銳，布衣荷擔，不遠千里。」

〔46〕《漢書》卷八十七下《揚雄傳下》：「雄以病免，復召為大夫。家素貧，耆酒，人希至其門。時有好事者載酒肴從遊學，而鉅鹿侯芭常從雄居，受其《太玄》、《法言》焉。」（宋）方岳《次韻章太博遷匠丞不入》其二：「問字無人載酒來，渴思老瓦洗晴埃。」（清）趙翼《稚存見題賤照》：「乞書幣湧李邕門，問字酒填揚子宅。」

〔47〕《論語‧為政第二》：「子曰：溫故而知新，可以為師矣。」

〔48〕（南朝齊）王儉《高帝哀策文》：「蠢爾荊漢，悖亂人經。」

〔49〕《荀子‧儒效篇第八》：「人無師法，則隆性矣；有師法，則隆積矣。」「隆性」，一作「隆情」；「隆積」，一作「隆性」。

〔50〕見前《與武進謝君鍾英書》（其一）注。

與姚生冠湖書

涂月〔1〕將酉，孺人靚瘝〔2〕。遐徵〔3〕流醫，南逾石樑。六日不旋，條

焉歲除。是日也，大塊噫氣〔4〕，洊興艮維〔5〕，如嬰如號，逮夕未已。灝波扣艫，特舟〔6〕擊滸。良夜無酒，寒氣激懷。硯滄生凌，衾敝若綌。一燈青熒，百感交錯。念子不覯，無可與語。呵筆伸紙，用攄予懷。

堯臒舜黴，獨憂所致。〔7〕一人雖瘠，萬邦不肥。可尤一也。高禖〔8〕歲禱，國本久虛。熊吉熊祥，六宮未夢〔9〕。可尤二也。謬騁才辯，橫造邪詖。害逾朱、翟〔10〕，毒勝緇黃〔11〕。世無嶧山〔12〕，疇為息詎。可尤三也。使魚捕鼠〔13〕，折蒿代楹〔14〕。屋谷飽安，無非仳薉〔15〕。晉偷魯忍〔16〕，豫燠蒙風〔17〕。可尤四也。國子博士，廣文先生〔18〕，金口木舌〔19〕，韜聲斂響。泮水〔20〕匿瑕，澤宮〔21〕包羞。藻芹不芳，君國奚賴。可尤五也。神馳日遊，馬策望火。萬族犇競，四維陵頹。大偽滔天，真風掃地。〔22〕讓水〔23〕涸竭，貪泉橫流。可尤六也。河伯不仁，畿赤〔24〕為壑。十載九潦〔25〕，三空〔26〕四盡〔27〕。潰塞秩晉，氓悲官偷。可尤七也。罷民暴客，外奸內宄。跧伏林莽，覬幸金革〔28〕。文聾武聧，養癰待潰。可尤八也。越雉罷貢，高羊停獻。金翅〔29〕淪海，銅柱〔30〕僕邊。骨饇巴虵〔31〕，肉投餒虎〔32〕。抱薪救燎〔33〕，愈撲愈炎。可尤九也。儀相弱魏，志睠強嬴。〔34〕蘇宦田齊，情篤幽鄭。〔35〕伯鯀方命〔36〕，欽駓違旨〔37〕。可尤十也。此鈞大戾，誰能撥反。老成不作，國步斯頻。百罹既集，眾寐無覺。我亦食毛〔38〕，而能勿恤？萊婦〔39〕疢痗〔40〕，雖怲〔41〕尚隘。書寓吾子，用發一喟。詞質不斐，幸無蚩鄙。爾居多暇，皎駒〔42〕來思。開徑跂予，心乎愛矣。

【疏證】

〔1〕《爾雅・釋天第八》:「十二月為涂。」

〔2〕《詩經・大雅・桑柔》:「多我覯痻，孔棘我圉。」鄭玄《箋》:「痻，病也。」

〔3〕遐徵：遠行，遠遊。《漢書》卷七十三《韋玄成傳》:「誰能忍媿，寄之我顏；誰將遐徵，從之夷蠻。」顏師古《注》:「言已恥辱之甚，無所自措，故曰誰有能忍媿者，以我顏寄之；誰欲遠行去者，當與相從，適於蠻夷，不能見朝廷之士也。」

〔4〕《莊子・齊物論第二》:「夫大塊噫氣，其名為風。」

〔5〕艮維，猶艮隅。指東北方。《後漢書》卷五十二《崔駰傳》:「遂翕翼以委命兮，受符守乎艮維。」李賢《注》:「艮，東北之位。」

〔6〕《漢書》卷九十一《貨殖傳》:「乃乘扁舟，浮江湖，變姓名，適齊為鴟夷子皮，之陶為朱公。」顏師古《注》:「孟康曰：『特舟也。』」

〔7〕《尸子》:「堯瘦,舜墨,禹脛不生毛,文王至日昃不暇飲食,故富有天下貴為天子矣。」《文子·自然篇》:「神農形瘁,堯瘦臞,舜黧黑,禹胼胝。」《淮南子·脩務訓第十九》:「蓋聞傳書曰:神農憔悴,堯瘦臞,舜黴黑,禹胼胝。由此觀之,則聖人之憂勞百姓甚矣。」

〔8〕見《與馬君為瑗書》注。

〔9〕見卷五《上祭酒王盆吾師書》注。

〔10〕《孟子·滕文公下》:「聖王不作,諸侯放恣,處士橫議。楊朱、墨翟之言盈天下。天下之言,不歸楊則歸墨。楊氏為我,是無君也。墨氏兼愛,是無父也。無父無君,是禽獸也。公明儀曰:『庖有肥肉,廄有肥馬,民有飢色,野有餓莩,此率獸而食人也。』楊、墨之道不息,孔子之道不著,是邪說誣民、充塞仁義也。仁義充塞,則率獸食人,人將相食。吾為此懼,閑先聖之道,距楊、墨、放淫辭,邪說者不得作。作於其心,害於其事;作於其事,害於其政。聖人復起,不易吾言矣。」

〔11〕緇黃,指僧道。僧人緇服,道士黃冠,故稱。

〔12〕見《與陶君鴻恩書》注。

〔13〕《易林·需之噬嗑》:「教羊牧兔,使魚捕鼠。任非其人,費日無功。」

〔14〕(唐)韓愈《雜詩》四首其三:「截橑為欂櫨,斲楹以為椽。束蒿以代之,小大不相權。雖無風雨災,得不覆且顛。解轡棄騏驥,塞驢鞭使前。崑崙高萬里,歲盡道苦遭。停車臥輪下,絕意於神仙。」

〔15〕《詩經·小雅·正月》:「佌佌彼有屋,蔌蔌方有穀。民今之無祿,天夭是椓。哿矣富人,哀此惸獨!」

〔16〕《晉書》卷二十七《五行志上》:「太康中,天下為《晉世寧》之舞,手接杯盤而反覆之,歌曰『晉世寧,舞杯盤』。識者曰:『夫樂生人心,所以觀事也。今接杯盤於手上而反覆之,至危之事也。杯盤者,酒食之器,而名曰《晉世寧》,言世之士苟偷於酒食之間,而知不及遠,晉世之寧猶杯盤之在手也。』」《左傳·昭公元年》:「叔孫歸,曾夭御季孫以勞之。且及日,中不出。曾夭謂曾阜曰:『旦及日中,吾知罪矣。魯以相忍為國也,忍其外,不忍其內,焉用之?』」

〔17〕《尚書·周書·洪範》:「八、庶徵:曰雨,曰暘,曰燠,曰寒,曰風,曰時。(下略)曰咎徵:曰狂,恒雨若;曰僭,恒暘若;曰豫,恒燠若。」

〔18〕《新唐書》卷二百二《文藝列傳中·鄭虔傳》:「鄭虔,鄭州滎陽人。天寶初,

為協律郎，集綴當世事，著書八十餘篇。有窺其稿者，上書告虔私撰國史，虔蒼黃焚之，坐謫十年。還京師，玄宗愛其才，欲置左右，以不事事，更為置廣文館，以虔為博士。虔聞命，不知廣文曹司何在，訴宰相，宰相曰：『上增國學，置廣文館，以居賢者，令後世言廣文博士自君始，不亦美乎？』虔乃就職。久之，雨壞廡舍，有司不復修完，寓治國子館，自是遂廢。」杜甫《醉時歌贈廣文館博士鄭虔》：「諸公袞袞登臺省，廣文先生官獨冷。甲第紛紛厭粱肉，廣文先生飯不足。」

〔19〕《法言‧學行卷第一》：「天之道不在仲尼乎？仲尼駕說者也，不在茲儒乎？如將復駕其所說，則莫若使諸儒金口而木舌。」李軌《注》：「金寶其口，木質其舌，傳言如此，則是仲尼常在矣。」

〔20〕《詩經‧魯頌‧泮水》：「思樂泮水，薄採其芹。（下略）思樂泮水，薄採其藻。」

〔21〕《禮記‧郊特牲第十一》：「卜之日，王立於澤，親聽誓命，受教諫之義也。」鄭玄《注》：「澤，澤宮也。所以擇賢之宮也。」

〔22〕陶淵明《感士不遇賦》：「自真風告逝，大偽斯興。」

〔23〕《南史》卷四十七《范柏年傳》：「柏年本梓潼人，土斷屬梁州華陽郡。初為州將，劉亮使出都諮事，見宋明帝。帝言次及廣州貪泉，因問柏年：『卿州復有此水不？』答曰：『梁州唯有文川、武鄉，廉泉、讓水。』又問：『卿宅在何處？』曰：『臣所居廉讓之間。』帝嗟其善答，因見知。」

〔24〕唐代京城所治之縣為赤縣，京之旁邑為畿縣，合稱「畿赤」。白居易《策林》三十一《大官乏人由不慎選小官也》：「臣伏見國家公卿將相之具，選於丞郎、給舍；丞郎、給舍之材，選於御史、遺補、郎官；御史、遺補、郎官之器，選於秘著校正、畿赤簿尉：雖未盡是，十常六七焉。然則畿赤之吏，不獨以府縣之用求之；秘著之官，不獨以校勘之用取之。其所責望者，乃丞郎之椎輪，公卿之濫觴也。則選用之際，宜得其人。臣竊見近日秘著校正，或以門地授，畿赤簿尉，唯以資序求。」

〔25〕《莊子‧外篇‧秋水第十七》：「禹之時，十年九潦。」

〔26〕《後漢書》卷六十六《陳蕃傳》：「夫安平之時，尚宜有節，況當今之世，有三空之戹哉！田野空，朝廷空，倉庫空，是謂三空。」

〔27〕《南史》卷五十五《魚弘傳》：「魚弘，襄陽人。身長八尺，白皙美姿容。累從征討，常為軍鋒。歷南譙、盱眙、竟陵太守。嘗謂人曰：『我為郡有四盡：水

中魚鱉盡，山中獐鹿盡，田中米穀盡，村里人庶盡。』」

〔28〕《禮記·中庸》：「衽金革，死而不厭。」孔穎達《疏》：「金革，謂軍戎器械也。」
朱熹《集注》：「金，戈兵之屬；革，甲冑之屬。」

〔29〕《陳書》卷二十《華皎傳》：「文帝以湘州出杉木舟，使皎營造大艦金翅等二百
餘艘，並諸水戰之具，欲以入漢及峽。」

〔30〕《後漢書》卷二十四《馬援傳》：「援將樓船大小二千餘艘，戰士二萬餘人，進
擊九真賊徵側餘黨都羊等，自無功至居風，斬獲五千餘人，嶠南悉平。」李
賢《注》：「《廣州記》曰：『援到交阯，立銅柱，為漢之極界也。』」

〔31〕《山海經傳·海內西經第十一》：「巴蛇食象，三歲而出其骨。君子服之，無心
腹之疾。」

〔32〕《史記》卷七十七《魏公子列傳》：「譬若以肉投餒虎。」

〔33〕《漢書》卷五十一《枚乘傳》：「欲湯之凔，一人炊之，百人揚之，無益也，不
如絕薪止火而已。不絕之於彼，而救之於此，譬猶抱薪而救火也。」

〔34〕《史記》卷七十《張儀列傳》：「東還而免相，相魏以為秦，欲令魏先事秦而諸
侯傚之。」

〔35〕《史記》卷六十九《蘇秦列傳》：「易王母，文侯夫人也，與蘇秦私通。燕王知
之，而事之加厚。蘇秦恐誅，乃說燕王曰：『臣居燕不能使燕重，而在齊則燕
必重。』燕王曰：『唯先生之所為。』於是蘇秦詳為得罪於燕而亡走齊，齊宣
王以為客卿。齊宣王卒，湣王即位，說湣王厚葬以明孝，高宮室大苑囿以明
得意，欲破敝齊而為燕。燕易王卒，燕噲立為王。其後齊大夫多與蘇秦爭寵
者，而使人刺蘇秦，不死，殊而走。齊王使人求賊，不得。蘇秦且死，乃謂
齊王曰：『臣即死，車裂臣以徇於市，曰『蘇秦為燕作亂於齊』，如此則臣之
賊必得矣。』於是如其言，而殺蘇秦者果自出，齊王因而誅之。燕聞之曰：
『甚矣，齊之為蘇生報仇也！』蘇秦既死，其事大泄。齊后聞之，乃恨怒燕。
燕甚恐。」

〔36〕《尚書·虞書·舜典》：「流共工於幽洲，放驩兜於崇山，竄三苗於三危，殛鯀
於羽山。四罪而天下咸服。」《尚書·虞書·堯典》：「帝曰：『吁，咈哉！方
命圮族。』」（宋）蔡沉《集傳》：「方命者，逆命而不行也。」

〔37〕《山海經·西山經》：「又西北四百二十里曰鍾山，其子曰鼓，此其狀如人面而
龍身。是與欽䲹殺葆江於崑崙之陽，帝乃戮之鍾山之東，曰崖。欽䲹化為大
鶚，其狀如鵰而黑文，白首赤喙而虎爪，其音如晨鵠，見則有大兵。鼓亦化

為鴒鳥，其狀如鷗，赤足而直喙，黃文而白首，其音如鵠，見即其邑大旱。」
陶淵明《讀山海經十三首》之十一：「巨猾肆威暴，欽駓違帝旨。」

〔38〕見前《報呂君達材書》。

〔39〕《列女傳》卷二《賢明傳·楚老萊妻》：「楚老萊子之妻也。萊子逃世，耕於蒙山之陽。葭牆蓬室，木床蓍席，衣縕食菽，墾山播種。人或言之楚王曰：『老萊，賢士也。』王欲聘以璧帛，恐不來，楚王駕至老萊之門，老萊方織畚，王曰：『寡人愚陋，獨守宗廟，願先生幸臨之。』老萊子曰：『僕山野之人，不足守政。』王復曰：『守國之孤，願變先生之志。』老萊子曰：『諾。』王去，其妻戴畚萊挾薪樵而來，曰：『何車跡之眾也？』老萊子曰：『楚王欲使吾守國之政。』妻曰：『許之乎？』曰：『然。』妻曰：『妾聞之：可食以酒肉者，可隨以鞭捶。可授以官祿者，可隨以鈇鉞。今先生食人酒肉，授人官祿，為人所制也。能免於患乎！妾不能為人所制，投其畚萊而去。』老萊子曰：『子還，吾為子更慮。』遂行不顧，至江南而止，曰：『鳥獸之解毛，可績而衣之。據其遺粒，足以食也。』老萊子乃隨其妻而居之。民從而家者一年成落，三年成聚。君子謂老萊妻果於從善。詩曰：『衡門之下，可以棲遲，泌之洋洋，可以療饑。』此之謂也。」

〔40〕《爾雅·釋詁第一》：「痛、瘏、虺頹、玄黃、劬勞、咎、顇、瘽、瘉、鰥、戮、瘼、癙、癏、癢、痕、疵、閔、逐、疚、痗、瘥、痱、癉、瘵、瘼、癠，病也。」

〔41〕《詩經·小雅·頍弁》：「未見君子，憂心忉忉。」

〔42〕《詩經·小雅·白駒》：「皎皎白駒，食我場苗。縶之維之，以永今朝。所謂伊人，於焉逍遙。皎皎白駒，食我場藿。縶之維之，以永今夕。所謂伊人，於焉嘉客。皎皎白駒，賁然來思。爾公爾侯，逸豫無期。慎爾優游，勉爾遁思。皎皎白駒，在彼空谷。生芻一束，其人如玉。毋金玉爾音，而有遐心。」

與阜寧劉敬敷書

人日〔1〕接誦惠書，慚感並作。懼執事不達鄙意，敢藉楮翰，以吐下懷。夫以虛左〔2〕久待，三閱寒暑，預儲書史，以從鄙好，捨置舊塾，新築別館。執事之篤請誠求，不獨人知之，亦天地鬼神所共知也。夫以遠卻吳江方明府之聘，近辭尚志書院講席，獨於執事忻然許諾。約信既定，遂辭扶風〔3〕諸母，俾早延他師，以誨子弟。弟之心神無二，亦人神所共知也。推執事所以不棄

之意，諒由謬採虛聲，欽崇溢分，非弟所可詳說。

至弟之篤於嚮慕，其故可得而詳焉。一曰地僻事簡。為學之道，寧靜為先。擇里而處，塵囂勿貴。執事所居，溝重洫復，民饒俗醇，盜不入村，夜不扃戶。桃源盤谷，幾無以過之。徙室相就，學誨自專。一歲之內可多讀數部經濟之書，一月之內可多作數篇經世之文，不遠愈於此間之草草乎！此其嚮慕者一也。

一曰費減用省。吾邑有貧秀富舉之諺，獨樹舉鄉試已逾十霜，未有一椽之棲與一錢之蓄也。先人所遺田數，謹同古之餘夫〔4〕，客歲且典質其十之一焉。深慮此後日用支出，逋負日增，假貸親朋，貶損氣節，故欲遷僻壤以省酬應，為保養廉恥之根源。此其嚮慕者二也。

一曰道同志合。弟雖窮而在下，恒思為利人濟物之事。惜為貧乏所制，心欲前而財力阻之。客冬於此間，集貲施榇，分舌耕之資，為眾倡導。今春仍未集事，而一馳書翰於執事之門，竟有朱提〔5〕五鎰之助。惠風高義，一郡無儔。如能此比鄰而處，自能見義勇為，擴充其慈祥惻隱之思。此其嚮慕者三也。

夫合觀既有三就之故，對觀亦必有三去之義，寧有決於就而不勇於去者。乃去者之情愈決，留者之情愈苦。長跽垂涕以請者，至於再至於三焉。拂拒其請，亦匪所難。然臨行亦必有縶我白駒之足〔6〕，鞏用黃牛之革〔7〕者。執事縱揚舲而來，何計可解纜而去。如曰昏夜潛行，則留者罔覺，士君子不為曖昧之行，況以師道之堂堂正正者哉！夫就君所以全吾信也，而此間將以不仁咎我；留此所以全吾仁也，而執事將以不信繩我。二者居一，無可遁免。然執事與扶風諸母，似亦有不讓之名也。讓，美德也。與寡母言之，如以水沃石，必不能入。執事溫惠謙慎，與物無競，今使與匪石匪席〔8〕者同一不可轉變，非所以揚讓水之波而廣其流，且使鄙人有負約棄信之名。或亦愛我者所不忍出也。孔子言「當仁不讓於師」〔9〕，何嘗言師之不可讓哉！所惜者，緇衣杕杜之誠〔10〕與擇里親仁之思〔11〕，二者皆歷久而不克遂，此則愛我者之慍與我無異者耳。然天下事，無一非造物主持。主賓之合，亦天實作之，有非人力所能強為者。念及此，而我與君之不平者，亦可以稍平矣。昔人有言，請俟異日，臨啟惶忸，書不盡言。

【疏證】
〔1〕（南朝梁）宗懍《荊楚歲時記》：「正月七日為人日。」

〔2〕《史記》卷七十七《魏公子列傳》：「公子於是乃置酒大會賓客。坐定，公子從車騎，虛左，自迎夷門侯生。侯生攝敝衣冠，直上載公子上坐，不讓，欲以觀公子。」

〔3〕《後漢書》卷二十五《魯恭傳》：「魯恭字仲康，扶風平陵人也。……郡數以禮請，謝不肯應，母強遣之，恭不得已而西，因留新豐教授。」

〔4〕《孟子·滕文公上》：「卿以下必有圭田，圭田五十畝。餘夫二十五畝。」趙岐《注》：「餘夫者，一家一人受田，其餘老小尚有餘力者，受二十五畝，半於圭田，謂之餘夫也。」

〔5〕《漢書》卷二十四下《食貨志下》：「朱提銀重八兩為一流，直一千五百八十。」顏師古《注》：「朱提，縣名，屬犍為，出善銀。」

〔6〕見前《與姚生冠湖書》注。

〔7〕《周易·革》：「初九：鞏用黃牛之革。」《象》曰：「鞏用黃牛，不可以有為也。」

〔8〕《詩經·邶風·柏舟》：「我心匪石，不可轉也。我心匪席，不可卷也。」

〔9〕見《論語·衛靈公第十五》。

〔10〕《詩經·鄭風·緇衣》：「緇衣之宜兮，敝予又改為兮。適子之館兮，還予授子之粲兮。緇衣之好兮，敝予又改造兮。適子之館兮，還予授子之粲兮。緇衣之蓆兮，敝予又改作兮。適子之館兮，還予授子之粲兮。」《詩經·小雅·杕杜》：「有杕之杜，有睆其實。王事靡盬，繼嗣我日。日月陽止，女心傷止，征夫遑止。有杕之杜，其葉萋萋。王事靡盬，我心傷悲。卉木萋止，女心悲止，征夫歸止。陟彼北山，言採其杞。王事靡盬，憂我父母。檀車幝幝，四牡痯痯，征夫不遠。匪載匪來，憂心孔疚。期逝不至，而多為恤。卜筮偕止，會言近止，征夫邇止。」南朝梁·江淹《雜體詩三十首》其七：「既傷蔓草別，方知杕杜情。」

〔11〕《論語·里仁第四》：「子曰：『里仁為美。擇不處仁，焉得知？』」

與常熟張退齋先生瑛書

音訊隔闊，忽忽五載。猥蒙不遺，遝眎尺素。援據《犧經》〔1〕，詞旨深邈。下走雖闇，久同此憂。敢傾吐所見，質諸大雅。

客歲薄遊京華，遇一美利堅人，接譚崇朝〔2〕。渠言歐羅巴人目中國為大朝鮮，而稱朝鮮為小中國。驟聆此語，恚形於色。座中有一粵東人，言彼豈惟

朝鮮我，異日且將波蘭我、印度我、越南我、緬甸我也。噫嘻！此非一人詛祝之言，凡有明識，皆若觀火〔3〕，特難為「彼昏不知，壹醉日富」〔4〕者言也。然彼雖目我朝鮮，我何必不可為日本。日本當德川氏衰替之際，遊士強藩把持朝政，攘夷尊王，眾說讙呶〔5〕，舉國水火，岌岌不可終日。迨明治改元，慶喜歸政，五條誓眾，咸與維新〔6〕。步武泰西，遂成強國。我皇英毅，不讓明治，惟宗室親藩如有棲川、嘉彰者少，閣部樞輔如三條實美、岩倉具視、伊藤博文、大久保利通者亦未聞焉，故吾華之不能自強，非一人之不可有為，而諸臣之不克稱職也。去年夏秋變法【注五】，雖若太驟，然乙未閏五月二十七日之諭〔7〕，已詳言修鐵路、鑄鈔幣、造機器、開礦產、折南漕、創郵政、立學堂、察荒田、汰冗員暨恤商惠工諸大政，變法早露端倪，匪權輿於戊戌之夏。一區區之康有為，固有不任其功過者矣。其時，皇太后雖仍訓政，而頤養深宮，皇躬雖微不豫，而勵精圖治，大革舊習，百度維新，孜孜求言，勤於舜禹。一則曰院部司員有條陳事件者，由各堂官代達；士民有上書言事者，赴督查院呈遞；毋得拘牽忌諱，稍有阻格。再則曰藩臬道府，凡有條陳，均令其自行專摺具奏；士民有欲上書言事者，即逕由道府隨時代奏，不得稍有抑格。詔書所至，英俊鼓舞，梟藻雀躍，謂太平可期。西人之旅居於華者，亦欣欣走相告語，謂支那自此興矣。愚若不佞，亦喜極涕洟，如第五倫之讀詔而贊聖焉〔8〕。其深慣狂詆以為不便者，唯俗士之高談時文，冗官之被裁失職者耳。若輩胸臆中唯有身家利害之見，惡覩國家大利大害之所在哉！當此之時，設有一二親信大臣，照奸於未發之先，預逐康、梁出京，則不至有震驚宮闕之事，力持於變定之後，為慈聖垂涕而道，則不至因噎廢食，一切復舊。如日本雖有德川犯闕之師、大鳥榎本之亂，究無損於維新之治，至今日而已綱舉目張矣。吾於新政之倏興忽替，不能不深咎於秉國鈞者之不得人也。康、梁漏罔，而四章京同寘重典，鄂撫曾鉌條奏時宜，亦坐亂法永廢〔9〕。此後誰敢以更制之說陳之黼座〔10〕者！窮而不變，何以通久〔11〕！鄰交雖廣，疇為吾與？唯覬幸天帝不醉，不忍掣鶉首以賜虎狼秦耳〔12〕。我生不辰，百罹交集。朝野趨利，尚寐無訛。鼎魚幕燕〔13〕，良可矜愍。願時惠簡翰，以解憂焉。

　　恚康、梁者，惡及於新政，此守舊之迂也。喜新政者，愛及於康、梁，此求新之戾也。先生獨謂康、梁不可不誅，新政必不可廢，與時彥之見異焉。其

【注五】指戊戌變法。變法從 1898 年 6 月 11 日開始實施。9 月 21 日慈禧太后發動戊戌政變，變法失敗。據此，可知此信寫於 1899 年。

－328－

名曰維新，實則復古。如開言路、課樹藝、興蠶事、採礦穴、設醫學、重工商、增學堂、裁冗官，何一非前代中國所已行乎？其參用西法者，僅十之一二耳，俗士不察，輒以用夷變夏詆之，抑何心無白日之甚也！客歲涂月，先生嘗與門弟子李樹滋輟輯諭旨之有關變法者，都為二卷，名曰《自強寶詔》。每一恭讀，輒欷歔流涕不能已也。受業左樑謹注。

【疏證】

〔1〕《犧經》即《周易》。

〔2〕《詩經·鄘風·蝃蝀》：「朝隮于西，崇朝而雨。」毛《傳》：「崇，終也。從旦至食時為終朝。」

〔3〕《尚書·盤庚上》：「予若觀火。」孔穎達《疏》：「言見之分明如見火也。」

〔4〕見《詩經·小雅·小宛》。

〔5〕《詩·小雅·賓之初筵》：「賓既醉止，載號載呶。」毛《傳》：「號呶，號呼讙呶也。」《五百家注昌黎文集》卷八《秋雨聯句》：「讙呶尋一聲。」魏仲舉注：「祝曰：『讙呶，喧號也。《詩》：載號載呶。』」

〔6〕《尚書·胤征》：「舊染污俗，咸與惟新。」孔安國《傳》：「言其餘人久染污俗，本無噁心，皆與更新，一無所問。」

〔7〕（清）朱壽朋《東華續錄（光緒朝）》光緒一百二十八：「（閏五月）丁卯諭軍機大臣等。自來求治之道，必當因時宜制。況當國事艱難，尤應上下一心，圖自強而弭禍患。朕宵旰憂勤，懲前毖後，惟以蠲除積習，力行實政為先。迭據中外臣工條陳時務，詳加披覽，採擇施行。如修鐵路，鑄鈔幣，造機器，開各礦，折南漕，減兵額，創郵政，練陸軍，整海軍，立學堂，大約以籌餉練兵為急務，以恤商惠工為本源。此應及時舉辦。至整頓釐金，嚴核關稅，稽察荒田，汰除冗員各節，但能破除情面，實力講求，必於國計民生兩有裨益。著各直省將軍、督撫，將以上各條，各就本省情況，與藩、臬兩司暨各地方官悉心妥籌，酌度辦法，限文到一月內分晰覆奏。當此創巨痛深之日，正我君臣臥薪嚐膽之時，各將軍、督撫受恩深重，具有天良，諒不至畏難苟安，空言塞責，原摺片均著鈔給閱看，將此由四百里各諭令知之。」

〔8〕《後漢書》卷四十一《第五倫傳》：「每讀詔書，常歎息曰：『此聖主也，一見決矣。』等輩笑之曰：『爾說將尚不下，安能動萬乘乎？』倫曰：『未遇知己，道不同故耳。』」

〔9〕（清）朱壽朋《東華續錄（光緒朝）》光緒一百五十一：「（光緒二十四年十二月

乙酉）論：前據湖北巡撫曾鉌奏請變通成例，當經降旨令該衙門議奏，以覘眾論。茲據翰林院侍講學士貽谷奏參大臣擅請變法、光祿寺少卿張仲炘奏參疆臣蕎言亂政各一摺，曾鉌原奏語多紕繆，於朝廷整頓庶務、力圖自強之本意大相刺謬，是為亂法，不得以變法藉口。曾鉌著革職，永不敘用，以為蕎言亂政者戒，原奏著毋庸置議。該部知道。」

〔10〕黼座：帝座。借指天子。

〔11〕《周易・繫辭下》：「易窮則變，變則通，通則久。」

〔12〕《漢書》卷二十八下《地理志下》：「自井十度至柳三度，謂之鶉首之次，秦之分也。」

〔13〕《文選》卷四十三南朝梁・丘希範《與陳伯之書》：「而將軍魚遊於沸鼎之中，燕巢於飛幕之上，不亦惑乎！」李善《注》：「袁崧《後漢書》：『朱穆上疏曰：養魚沸鼎之中，棲鳥烈火之上，用之不時，必也燋爛。』《左氏傳》曰：『吳季札曰：天子之在此也，猶鷰巢於幕之上。』」

與高鑒之上舍論《爾雅》「林、烝，君也」義

足下博學強識，不自滿假〔1〕，殷殷以《雅》義下詢，樹雖耷陋，敢不貢厥所知。古者，君有二義。《易・繫辭》曰：「天尊地卑，君臣定矣。」君之尊對臣言也，此「天、帝」詁「君」之義也。孟子曰〔2〕：「民為貴，社稷次之，君為輕。」君之輕對民言也，此「林、烝」詁「君」之義也。「林、烝」訓「眾」，又得訓「君」者，君者眾所立，必有眾而後有君。趙威後所謂「苟無民，何有君」〔3〕也。《周書・諡法解》：「從之成群曰君」，《太子晉解》：「侯能成群曰君。」《韓詩外傳》、《白虎通》、《廣雅・釋言》皆訓「君」為「群」，群者眾也。《易乾鑿度》、《書大傳》、《呂氏春秋》、《白虎通》、《說文》皆云「王者，天下所歸往」，天下亦眾詞也。觀於君王之皆從眾得義，又何疑「林、烝」之為眾亦為君乎？

何以言君為眾所立也？古者舜、禹、啟之立，皆朝覲訟獄謳歌者為之。《周禮》：「小司寇掌外朝之政，以致萬民而詢焉。」三曰「詢立君」，此民眾之立天子也。《史記・吳世家》云：「荊蠻立為吳大伯。」《左氏春秋傳・僖十五①年》，晉將立圉，「朝國人而以君命賞」〔4〕，此民眾之立諸侯也。又有因民眾而廢者。炎帝時，夙沙之民自攻其君而來歸〔5〕。周厲王時，萬民不忍，居王於彘〔6〕。此事在後世為大悖逆，而神農氏不以為非也，周、召共伯和不以

為亂民而討之也。蓋古者貴不列於五福〔7〕，人君不敢自尊，臣民視君雖尊而實親，故文王受命，伊尹、周公之攝政，後世震為非常之舉，古聖視之，略不為異。自秦始皇廢封建，稱皇帝，以民為黔首而愚之，自是民賤而君獨尊。炎漢以來，相沿不改。雖有令辟，而唐虞三代之盛不可復矣。

　　《爾雅》訓「君」之字十，冠「林、烝」於「天、帝、皇、王」之上，此即《周易》上地下天為《泰》之象，而與孟子「民貴君輕」之義適符。此義不明，高郵王氏伯申遂謂「林、烝」不可訓「君」，而讀「君」為「群」〔8〕。玉樹所著《爾雅釋例》已辨之詳矣。無怪足下疑其非是。然古今之治，各有制度，儒者不可據今以疑古，謂眾之義無與於君；亦不可援古以繩今，謂君之權宜分於眾也。

　　人君太尊，則下情無由上達。壅蔽否隔，百弊蠚起。古者吐蕃之強，由於議事自下。今者泰西之治，亦由君民共主。中國學校未盛，民智未開，議院礙難遽立，民權更未可言，然古義亦不可輕詆，此文可與《明夷待訪錄·君道篇》參觀。愚弟高鏡蓉謹識。

【校記】

　　①『五』，原作「三」，據《左傳》改，見注。

【疏證】

　　〔1〕《尚書·大禹謨》：「克勤於邦，克儉於家，不自滿假，惟汝賢。」孔安國《傳》：「滿謂盈實。假，大也。言禹惡衣薄食，卑其宮室，而盡力為民，執心謙沖，不自盈大。」孔穎達《疏》：「言己無所不知，是為自滿。言己無所不能，是為自大。禹實不自滿大，故為賢也。」

　　〔2〕見《孟子·盡心下》。

　　〔3〕見《戰國策·齊策》。

　　〔4〕《左傳·僖公十五年》：「晉侯使郤乞告瑕呂飴甥，且召之。子金教之言曰：『朝國人而以君命賞，且告之曰：孤雖歸，辱社稷矣。其卜貳圉也。』」

　　〔5〕《呂氏春秋·離俗覽·用民》：「夙沙之民，自攻其君，而歸神農。」

　　〔6〕《史記》卷四《周本紀》：「於是國莫敢出言，三年，乃相與畔，襲厲王。厲王出奔於彘。厲王太子靜匿召公之家，國人聞之，乃圍之。召公曰：『昔吾驟諫王，王不從，以及此難也。今殺王太子，王其以我為讎而懟怒乎？夫事君者，險而不讎懟，怨而不怒，況事王乎！』乃以其子代王太子，太子竟得脫召公、

周公二相行政，號曰『共和』。共和十四年，厲王死於彘。太子靜長於召公家，二相乃共立之為王，是為宣王。宣王即位，二相輔之，脩政，法文、武、成、康之遺風，諸侯復宗周。」

〔7〕《尚書‧周書‧洪範》：「五福：一曰壽，二曰富，三曰康寧，四曰攸好德，五曰考終命。」

〔8〕《經義述聞》第二十六《林烝天帝皇王后辟公侯君也》。

與伯氏〔1〕章甫書

王考虔夫、諱恪。本生祖。華亭諱榮。兩府君，居鄉多厚德，乞人至門，無弗與者，亦其一端。考妣彌留時，諄諄以此為囑，弟謹識之弗敢忘。但與富室同村而居，又當皇邑往來之衝，乞人踵門者日以數百計，欲概與之則不足，欲不與之則不忍。勢處兩難，因思徙僻壤以避之。夫鈞此乞人也，其中亦自有區別。窮民蓋十之六七，惰民蓋十之二三。窮民所以多者，官府失養所致。惰民所以眾者，官府失教所致。故觀於閭里乞人之多寡，而知國家政治之得失也。夫三代盛時，天下未嘗有乞人，《周禮》一書可考而知也。自井田①溝洫之制廢，而民多失養；家塾黨庠之法壞，而民多失教。雖以漢文帝、唐太宗之治區夏，不能使海內無窮民、無惰民也。以中國之官，行中國之法，必不能遍教中國之民。若用西人治國之法，以教養中國四百兆人民而有餘矣。天生兆民，必不欲有一夫之失養失教。意者，天將使西人官華土，以治華民，以救中國數千年之困敝乎！昔秦用由余，漢相金日磾，唐用黑齒常之、契苾何力，俄皇彼得羅任普、法、英、奧之人，以為將相，取材異國，自古有之。今者，日相伊藤博文入覲，願佐佑皇上行新法。此說守舊者所不樂聞。弟聞之，甚為中國之乞人喜也。吾兄以為何如？

【校記】

①「田」，原作「由」，誤。

【疏證】

〔1〕伯氏：長兄。《詩經‧小雅‧何人斯》：「伯氏吹壎，仲氏吹篪。」鄭《箋》：「伯仲喻兄弟也。」《五百家注昌黎文集》卷一《復志賦》：「常歲行之未復兮，從伯氏以南遷。」魏仲舉《注》：「孫曰：『伯氏，兄稱。《詩》：伯氏吹壎，仲氏吹篪。』」《後樂堂文鈔》卷九《亡弟肜甫壙銘》：「先君子子三人：伯章甫，次玉樹，次玉壙，字肜甫。」

書示姪宗實

予少時頗為克伐怨欲〔1〕所累，近乃得一至簡至捷之法，不待十分用力，而四累除矣。克伐生於有餘。論學行則將勝己者比，則知我之不如人者多矣，克伐何有焉！怨欲生於不足。論境遇則將不若己者比，則知我之勝於人者多矣，怨欲何有焉！汝欲除四累，當以此為法。

【疏證】

〔1〕《論語·憲問第十四》：「憲問恥。子曰：『邦有道，穀；邦無道，穀，恥也。』『克、伐、怨、欲不行焉，可以為仁矣？』子曰：『可以為難矣，仁則吾不知也。』」

書示姪宗諶

《曲禮》云：「寡婦之子非有見焉，弗與為友。」鄭《注》以為避嫌，予謂不然。寡雖無夫，而其子可與為友，則年齒已長。律以升堂拜母之義，似無可避之嫌也。如云避嫌弗與為友，則授徒者將亦避嫌，弗與為師，則孤子無由成立；相攸者將亦避嫌，弗與為婚，則孤子且以鰥終。無乃與先王敬寡恤孤之義有未洽乎！然則《禮經》之意若何？曰：先王以此著於《禮經》者，以激厲天下之為孤子者也。賢者弗與己為友，則己不可無所表見，不敢自暴自棄。又以激厲天下之為寡母者也。賢者弗與己子為友，則己子不可無所表見，不敢有愛無勞。此《禮經》之深意也。汝生三月而孤〔1〕，今年已二十有一矣【注六】。其可見者安在？雖欲友當時賢豪長者，不可得也。願急電勉於學，無自暇逸焉。

【疏證】

〔1〕《後樂堂文鈔》卷九《亡弟彤甫壙銘》：「先君子子三人：伯章甫，次玉樹，次玉壙，字彤甫。予生後伯氏七齡而師焉，彤甫稚予二齡而友焉，故彤甫與予尤相悅愛。」陳玉澍生於清咸豐癸丑（1853），則知陳玉壙生於乙卯（1855）。《亡弟彤甫壙銘》又稱：「己卯窮月之杪，予返自館舍，彤甫扶疾。……至明年之三月二日，彤甫竟歿矣，年僅二十有六歲耳。」己卯乃清光緒五年（1879），則陳玉壙死於1880年。又稱：「子宗諶生時，距父沒堇三閱月耳。」知陳宗諶生於1880年年初。

【注六】據注陳宗諶生於1880年年初，可知此信寫於1901年。

覆劉生啟晴【注七】書

庚伯足下來書，謂集中之文，頗露岐異。變法更制，或非或韙，宜有芟薙，俾出一塗。說近似而實未然。文無定語，政貴因時。前以變法為可緩者，患尚紓也。後以變法為宜急者，禍已迫也。鄭司農注《禮記》時，引《詩》皆用三家說，後得大毛公《詩傳》，更從毛說。然《記注》已行，亦不改定。東萊《左傳說》自駁其《博議》者數條，紫陽亦有所謂晚年論定者，竝存之，未為戾也。

【注七】《鹽城文史資料選輯》第 9 輯季德美《先父季龍圖生平事略》載：
早在晚清政府提出廢科舉立學校，鹽城知縣陳樹涵首改泰山寺為縣學堂以後，
先父即於 1897 年（光緒 23 年）在鹽城義井街尚志書院舊址創辦了養正女塾
（後改名模範女子小學），首開地方女子教育之先河。後又和留日同學馬為瓏、
劉啟晴等創立鹽城學會，舉陶鴻慶為會長。

卷　七

請毀奄黨毛一鷺碑文啟 上學政王益吾師

　　昔明政不綱，奄寺用事，熹廟瞶眊〔1〕，委鬼〔2〕獷狼，殺戮忠良，覬覦神器〔3〕，毒流薄海，禍延奕世，元氣脧削，明社以墟。雖當時已磔其屍，而後世猶懷厥憤，祁門張瑗所以奏請剗其墓、僕其碑也〔4〕。彼魏忠賢者，本閹狢〔5〕之質，秉陰邪之姿，叨竊非據〔6〕，恣睢〔7〕固宜。使非彪虎之徒，似蟻附羶，如蠅集臭，抱薪以助其燎，掘泥而揚其波，亦未必毒燄薰天，狂爛沸地。乃知鬼蜮嘯凶，鷹犬搏噬，罪實同於賣國，惡乃浮於元兇。

　　生昔遊學暨陽，見學署堂壁有閹黨毛一鷺碑記，不禁憤填胸臆，欲藉擊建福之雷〔8〕砰斯頑石。綜覈一鷺為人，早掇巍科，歷膺膴仕〔9〕，以士林而諂附權璫，麗逆案而名在戌籍，普惠之生祠可建，虎邱之山石貽羞〔10〕。於呂純如之讚周忠介則不知其妄〔11〕，於楊維斗之救周忠介則暗無一詞〔12〕，迨義民聚哭而鼓譟，旗尉倉皇而犇逃，一鷺則匿厠全軀，飛章告變，借倡亂而磔五人於市，復上書以安忠賢之心。是其甘心附逆，罔知廉恥，較之呼九千歲、列四十孫者，殆無以異。即以涖吳而論，既撫民而得罪於民，豈校士而有功於士，未可以提學之故，遂留其論譔之文。夫猛虎文采彪炳，益張厥威；鴆鳥羽毛紫綠，不掩其毒。苟有文而無行，當以人而廢言。縱非詖辭〔13〕，亦為疥壁〔14〕。當時罹璫禍者，如李忠毅、繆文貞，皆產暨陽，至今綽楔〔15〕巍峩，行人瞻仰。是邦素號忠義，何地可容垢污。且媚閹而榮者之惡不討，即忤閹而死者之憤不伸，繆、李兩賢行且銜悲泉下。急宜鏟削遺文，舁投烈炬，書其罪以榜通衢，為之記以垂來世。彰癉之義以明，犇競之風可挽，此亦正士習、

-335-

作士氣之一端也。生素懷忠義，疾惡若仇，臨啟無任急切之至。

　　王盆吾師曰：此一鷺所為題名碑記也，毀之則題名諸人闕而不備，即又不便補作。且一鷺之黨附逆閹，罪惡彰著，眾所共知。其文字之存留與否，無足深論。果係他人作記，為一鷺稱頌功德，毀之宜也。如此題名記文，似不得以王振功德碑為比。留此快論，存之大集，亦足伸忠義之氣，而褫奸之魄，未始非有裨世道之一端耳！

【疏證】

〔1〕（宋）史炤《資治通鑑釋文》卷二十五：「眊瞶。上莫報切，目少精也。下五怪切，聾也。」

〔2〕見《後樂堂詩存》之《詠史》（滿地茄花委鬼雄）注。

〔3〕《六臣注文選》卷六卷三張衡《東京賦》：「故宗緒中圮，巨猾閒釁，竊弄神器。」綜曰：「神器，帝位也。」卷六左思《魏都賦》：「劉宗委馭，異其神器。」濟曰：「神器，帝位。」卷四十七袁宏《三國名臣序贊》：「董卓之亂，神器遷偪。」向曰：「神器，帝位也。」卷五十二班彪《王命論》：「不知神器有命，不可以智力求。」向曰：「神器，帝位也。」又《王命論》：「距逐鹿之瞽說，審神器之有授。」翰曰：「神器，帝位也。」

〔4〕（清）王士禎《居易錄》卷三十四：「巡視西城監察御史張瑗疏請毀明逆閹魏忠賢西山墓及華表碑碣，得俞旨。該城御史即督令僕毀，輿論快之。」（清）趙翼《簷曝雜記》卷六：「康熙辛巳，御史張瑗疏請毀明逆閹魏忠賢西山墓及華表碑碣，得旨速行。」（清）張九鉞《紫峴山人全集》文集卷十《書澧州志後》：「如康熙年間，允御史張瑗之請，鏟平魏閹忠賢之假墓，僕其碑，而後快於人心也。」《清史稿》卷七《聖祖本紀二》：「戊申，御史張瑗請毀前明內監魏忠賢墓，從之。」（清）周壽昌《思益堂日札》卷四《奏毀王振祠碑》：「乾隆七年壬戌正月庚寅，御史沈廷芳奏崇文門內智化寺明英宗為逆閹王振立祠，李賢撰碑，稱其豐功大節，諛閹亂道。觀者髮指，乞敕有司毀像僕碑，並將英宗諭祭碑移瘞他所。得旨如所請。行人止知康熙朝御史張瑗奏毀魏奄墓事，以載在漁洋筆記也。」

〔5〕《詩經·大雅·召旻》：「蟊賊內訌，昏椓靡共。」鄭《箋》：「昏、椓皆奄人也。昏，其官名也；椓，椓毀陰者也。」

〔6〕《周易·繫辭下》：「非所據而據焉，身必危。」

〔7〕《荀子·非十二子篇第六》：「縱情性，安恣睢，禽獸行。」楊倞《註》：「恣睢，

矜放之貌。言任情性所為而不知禮義，則與禽獸無異，故曰禽獸行。」

〔8〕（宋）釋惠洪《冷齋夜話》卷二《雷轟薦福碑》：「范文正公鎮鄱陽，有書生獻詩甚工，文公禮之。書生自言：『天下之至寒餓者，無在某右。』時盛習歐陽率更字，薦福寺碑墨本直千錢。文正為具紙墨，打千本，使售於京師。紙墨已具，一夕，雷擊碎其碑。故時人為之語曰：『有客打碑來薦福，無人騎鶴上揚州。』東坡作《窮措大詩》曰：『一夕雷轟薦福碑。』」

〔9〕《詩經·小雅·節南山》：「瑣瑣姻亞，則無膴仕。」毛《傳》：「膴，厚也。」鄭《箋》：「瑣瑣昏姻妻黨之小人，無厚任用之，置之大位，重其祿也。」

〔10〕（清）褚人穫《堅瓠集》八集卷四《魏忠賢祠》：「毛一鷺建魏忠賢祠於虎丘，賜名普惠。後有旨拆毀，有一人當先入，劈碎魏忠賢首，持之而欲去，眾阻之。其人曰：『吾生不能啖其肉，寢其皮，今將沉香首細細劈開，燃向周蓼洲諸忠臣面前，庶快人心。』數語亦飾說得好，恐其實不過為此一段沉香可愛耳。逆祠基，今五人之墓是。」

〔11〕《明史》卷二百四十五《周順昌傳》：「周順昌，字景文，吳縣人。萬曆四十一年進士。授福州推官。捕治稅監高寀爪牙，不少貸。寀激民變，劫辱巡撫袁一驥，質其二子，並質副使呂純如。或議以順昌代，順昌不可，純如以此銜順昌。……順昌為人剛方貞介，疾惡如仇。巡撫周起元忤魏忠賢削籍，順昌為文送之，指斥無所諱。魏大中被逮，道吳門，順昌出錢，與同臥起者三日，許以女聘大中孫。旗尉屢趣行，順昌瞋目曰：『若不知世間有不畏死男子耶？歸語忠賢，我故吏部郎周順昌也。』因戟手呼忠賢名，罵不絕口。旗尉歸，以告忠賢。御史倪文煥者，忠賢義子也，誣劾同官夏之令，致之死。順昌嘗語人，他日倪御史當償夏御史命。文煥大恚，遂承忠賢指，劾順昌與罪人婚，且誣以贓賄，忠賢即矯旨削奪。先所忤副使呂純如，順昌同郡人，以京卿家居，挾前恨，數譖於織造中官李實及巡撫毛一鷺。已，實追論周起元，遂誣順昌請囑，有所乾沒，與起元等並逮。」

〔12〕《明史》卷二百四十五《周順昌傳》：「順昌好為德於鄉，有冤抑及郡中大利害，輒為所司陳說，以故士民德順昌甚。及聞逮者至，眾咸憤怒，號冤者塞道。至開讀日，不期而集者數萬人，咸執香為周吏部乞命。諸生文震亨、楊廷樞、王節、劉羽翰等前謁一鷺及巡按御史徐吉，請以民情上聞。」又，卷二百六十七《徐汧傳》：「徐汧，字九一，長洲人。生未期而孤。稍長砥行，有時名，與同里楊廷樞相友善。廷樞，復社諸生所稱維斗先生者也。天啟五

年，魏大中被逮過蘇州，汧貸金資其行。周順昌被逮，緹騎橫索錢，汧與廷樞斂財經理之。當是時，汧、廷樞名聞天下。」

〔13〕《孟子·公孫丑上》：「詖辭知其所蔽，淫辭知其所陷，邪辭知其所離，遁辭知其所窮。

〔14〕（唐）段成式《酉陽雜俎》前集卷十二《語資》：「大曆末，禪師玄覽住荊州陟岵寺，道高有風韻，人不可得而親，張璪嘗畫古松於齋壁，符載讚之，衛象詩之，亦一時三絕。覽悉加堊焉。人問其故，曰：『無事疥吾壁也。』」

〔15〕《新五代史》卷三十四《一行傳·李自倫傳》：「其量地之宜，高其外門，門安綽楔，左右建臺，高一丈二尺，廣狹方正稱焉，坋以白而赤其四角，使不孝不義者見之，可以悛心而易行焉。」

【附錄】

（明）張溥《七錄齋詩文合集》文集存稿卷三《五人墓碑記》

五人者，蓋當蓼洲周公之被逮，激於義而死焉者也。至於今，郡之賢士大夫請於當道，即除魏閹廢祠之址以葬之；且立石於其墓之門，以旌其所為。嗚呼，亦盛矣哉！

夫五人之死，去今之墓而葬焉，其為時止十有一月耳。夫十有一月之中，凡富貴之子，慷慨得志之徒，其疾病而死，死而湮沒不足道者，亦已眾矣；況草野之無聞者歟？獨五人之皦皦，何也？

予猶記周公之被逮，在丙寅三月之望。吾社之行為士先者，為之聲義，斂貲財以送其行，哭聲震動天地。緹騎按劍而前，問：「誰為哀者？」眾不能堪，抶而僕之。是時以大中丞撫吳者為魏之私人毛一鷺，公之逮所由使也；吳之民方痛心焉，於是乘其厲聲以呵，則噪而相逐。中丞匿於溷藩以免。既而以吳民之亂請於朝，按誅五人，曰顏佩韋、楊念如、馬傑、沈揚、周文元，即今之儽然在墓者也。

然五人之當刑也，意氣揚揚，呼中丞之名而詈之，談笑以死。斷頭置城上，顏色不少變。有賢士大夫發五十金，買五人之頭而函之，卒與屍合。故今之墓中全乎為五人也。

嗟乎！大閹之亂，縉紳而能不易其志者，四海之大，有幾人歟？而五人生於編伍之間，素不聞詩書之訓，激昂大義，蹈死不顧，亦曷故哉？且矯詔紛出，鉤黨之捕遍於天下，卒以吾郡之發憤一擊，不敢復有株治；大閹亦逡

巡畏義，非常之謀難於猝發，待聖人之出而投繯道路，不可謂非五人之力也。

由是觀之，則今之高爵顯位，一旦抵罪，或脫身以逃，不能容於遠近，而又有剪髮杜門，佯狂不知所之者，其辱人賤行，視五人之死，輕重固何如哉？是以蓼洲周公忠義暴於朝廷，贈諡褒美，顯榮於身後；而五人亦得以加其土封，列其姓名於大堤之上，凡四方之士無不有過而拜且泣者，斯固百世之遇也。不然，令五人者保其首領，以老於戶牖之下，則盡其天年，人皆得以隸使之，安能屈豪傑之流，扼腕墓道，發其志士之悲哉？故余與同社諸君子，哀斯墓之徒有其石也，而為之記，亦以明死生之大，匹夫之有重於社稷也。

賢士大夫者，冏卿因之吳公，太史文起文公、孟長姚公也。

（清）潘衍桐《兩浙輶軒續錄》卷三梁文浩《五人墓》

明之末季頹紀綱，茄花委鬼妖焰張。奄寺擅權古亦有，如斯兇殘過漢唐。熹宗幼年禪帝位，竟以太阿授婦寺。五彪五虎奄義兒，崔呈秀與魏廣微。羣奸得志逞威福，東林君子離誅戮。朝中喋血猶不快，恣意　求到崖谷。大中已死楊左亡，誰其繼者周順昌。家居謂可免禍患，緹騎忽爾追金閶。五人仗義顏與周，憤激拳碎鼠輩頭。餘黨逃竄多免死，一時快事稱蘇州。中涓逆黨毛一鷺，藏匿藩溷如伏兔。飛章星夜達北平，煌煌聖旨出帝京。浮雲蔽日日不見，誣以倡亂誰能爭。五人慷　就義死，不似奄兒甘忍恥。紛紛鷹犬亦何補，姓氏徒然點青史。五人俠烈千古聞，高風恰與要離羣。秋深葉落淒涼月，誰薦香蘩拜古墳。

海溢乞賑啟

嗚呼甚哉！毘黧之不仁也！何讐於吾邑瀕海之民，而殺之以為快乎！憶昔歲在辛巳六月二十二日，風潮驟湧，溺斃無算。歷十數寒暑，瘡痍猶未復也。連年鹹潮逆灌，飢饉洊臻，食不充腸，衣不蔽體，槁項黃馘，面鵠形鳩。竈境糧稅，向不蠲除。飢寒交迫，敲撲不免。年屆八九月間，逃往江南就食者，不絕於路。歲無凶樂，同此顛連。海若有知，當亦可以矜恤之矣。不意今年六月十三日卯刻，颶風大作，海水沸騰，如萬馬從空而下，瞬息至前。雖有潮墩，奔避不及。縱有舟楫，救援不能。頃刻之間，村落男婦無小無大，盡入洪濤滷水之中。灌口入腸，腹膨如鼓，死者不可以數計。有一家十數人無一人存者，有一村十數家僅存一二人者，有一家十數人以繩自相聯貫聽其隨波逐流而沒者，有自縛於扉以求生而仍不獲生者。蓋海嘯殺人，甚於河決，以

河水淡而海水鹹也。雖然死者已矣，吾曹雖欲救之而不能矣。棺殮而外，別無可以盡心之處。所難堪者，此未死者耳。體被醃漬，困憊已極，匍匐至家，而骨肉不可見矣，親朋鮮有存矣，室廬畜產及所有什物不知何往矣。心悽腸斷，泣不成聲，欲為薄粥以療渴饑，而求糧不得，求薪不得，求水不得，求火不得。平日所鑿陂塘以備飲汲者，至是盡為鹹水所據，求升斗淡水以澡其身而不可得。赤日炎炎，薰灼如火，求一椽之樓、一株之蔭而不可得，則唯有暴露風日之下，僵臥頹壁之間，奄奄待盡，一任天之或生或殺而已矣。兵燹之餘，無此慘苦。望援之切，迫於饑年。凡有惻隱，孰無哀矜。同處一邑，豈忘拯救。但自龘龍港北岸至新洋港南岸，又自新洋港北岸至射陽湖海口南岸，南北約八十里，同為鹽境。待賑者約數千人，同為鹽民。既須散米以延其命，復須築室以庇其身，須資既多，羅掘非易。當被災之次日，同人聞知，急撥局欵，兼解己囊，購米購餅，購棺購席，兼載水以往，而南洋岸好義之士已有聞信而先往者。短衣草履，沿途勘視，每口給米數升、水一器，使煮以療饑。復予席兩張，使支以蔽日。僅及新洋港南北兩岸。距兩岸在十數里外者，未能遍及。事隔數日，其已經散給者，當已馨竭無餘；其未及賑濟者，更恐死亡不免。雖救人而不能生人，我輩之力可謂盡乎？我輩之心能遽安乎？此集腋之舉所以迫於救火，而告急之書不能不遍投於朋儕也。夫同處天地覆載之內，同為父母愛養之身，彼何罪何辜而罹此厄，我何功何德而獲所安。以我幸安，不救彼厄，是彼之身未死而吾之心先死，是彼之身因溺而死而吾之心不溺而已死也。且驟罹浩劫，同逐鯨波，尚有孑遺，不葬魚腹，此蒼蒼者固已欲生之而不忍盡殺之矣。使不繼之以粟，聽其喚癸呼庚；不庇之以廬，聽其雨淋日曝；則不以水死者將以饑死、以疾死，是天所欲生者而吾不欲生之，天所不忍殺者而吾竟忍殺之也。嗚乎！海若之殺人也以水，人之殺人也以心。海水之殺人也可以隨風而轉，人心之殺人也亦可聞風而愧。一念刻之心不難殺人，一念慈祥之心亦不難生人。我殺人者，天亦殺我，兼殃我之子孫。我生人者，天亦生我，兼佑我之子孫。然則非我殺人也，乃我之自殺其子孫也；非我生人也，乃我之自生其子孫也。違天不祥，行道有福，在自審所處而已。《論語》：「子路問：『聞斯行諸？』」《集解》引包咸，謂為「賑窮救乏之事」。《晉書‧天文志》：「陰德陽德二星主周急振無」。知儒者勵躬行，與上天眷有德，未有先於此者。敬告同人，早捐錢粟，自盡心力，兼勸親朋。捐日用不急之費，以留有餘。所省已多，所濟甚大。施當其厄，無逾於斯。如任事諸人侵

匿一粒一錢，霆擊火燔，殃流後世。

《毛詩異文箋》敘①

漢興，言《詩》者四家，自齊、魯、韓亡，諸儒言《詩》一以《毛詩》為宗。孔穎達言《毛詩》字與三家異者動以百數，今觀王伯厚《詩考》所載詳矣，而猶未備。顧三家字與毛異，毛亦與毛異。《關雎》曰「君子好逑」，《兔罝》曰「公侯好仇」，「仇」即「逑」也。《式微》曰「胡為乎泥中」，《泉水》曰「飲餞于禰」，「禰」即「泥」也。一卷之中，字不同矣。《谷風》曰「比予于毒」，曰「伊余來墍②塈」，「余」即「予」也。《君子偕老》曰「玼兮玼兮」，曰「瑳兮瑳兮」，「瑳」即「玼」也。一篇之中，字不同矣。《伐檀》之首章曰「寘之河之干兮，河水清且漣猗」，「猗」即「兮」也。《行葦》之三章曰「四鍭既鈞，舍矢既均」，「鈞」即「均」也。一章之中，字不同矣。《凱風》曰「睍睆黃鳥」，「睍睆」即「睍睆」也。《碩人》曰「碩人其頎」，「其頎」即「頎頎」也。《公劉》曰「於時廬旅」，「廬旅」即「廬廬」也。一句之中，字不同矣。況全詩三百篇，其訓同文異者，何可勝道。其中有今文古文之分，正字假字之別，或後人竄改，雜以訛俗，亦不免焉。

先君博覽羣籍，尤深於《詩》。祭酒王盆吾師為先君譔墓誌銘，畧云：君諱蔚林，字松巖，縣學生。性沉默，寡語笑，於書無不窺，尤深於《詩》。嘗謂毛、鄭舊說善矣，然《詩》義廣博，宜以吾思通之。墨守一師，不務明經旨，病與牆面等。故其為《詩》，沉潛本經，博稽眾論。其有不合，反覆求之古文、段③藉以定其指歸。所箸《詩說》二卷，如釋「思須與漕」，以「須」為「湏」誤字，湏是沫古文，沫、漕皆衛地；「既種既戒」，據陸氏《釋文·春秋左氏傳》「種種」徐本作「董董」，以證「種」、「董」通用，「種戒」訓如《左傳》之「董戒」；其精思絕詣皆此類。《淮安府志》：陳蔚林，諸生。有至性，事本生父母暨嗣父母皆盡孝養。推所得貲財予從昆季，而以敝衣蔬食自處。拯邮窮乏不少吝。處友生閒，以敦行立節為規，而後文藝。嘗病嚴氏《經義叢鈔》所載王述曾《毛詩異字考》疏脫譾陋，所舉僅百之一二，思作《續考》以補其闕。昊天不弔，齎志以歿。玉樹束髮受書，即聞《詩》訓，命塗多舛，弱冠孤露，橐筆四方，奔走衣食，繼述未皇，夙夜疚心。會瑞安黃漱蘭侍郎督學江南，以經術提倡，多士望風振訊④。負笈暨陽，鑽研詁訓，粗窺門徑⑤。考證異同，區別雅俗。不敢望文虛造而戾古義，亦不敢墨守成訓而趍會通。扃戶⑥二載，成書十有五卷，放趙氏坦《春秋異文箋》、俞氏樾《禮記異文箋》之例，命之曰《毛詩異文箋》。丙戌冬、丁亥夏錄稿兩⑦呈學政王

益吾師，稱其引證該洽，唯以體裁未善⑧為嫌。遵守矩矱，更定條例，刪剔繁蕪，僅存十卷。易稿數四，書乃告成。心思之所弗逮，缺漏當亦不免，嗣有弋獲，訂為續編，糾謬砭誤，是所凱⑨於當世之博雅君子。光緒丁亥季冬月朔。

【校記】

① 「敘」，《南菁書院叢書》本《毛詩異文箋》（下簡稱「南菁本」）作「自敘」。

② 「墍」，南菁本作「塈」。《詩經‧邶風‧谷風》亦作「塈」。

③ 「段」，南菁本作「叚」。王先謙《虛受堂文集》卷十《鹽城縣學生陳君墓誌銘》亦作「叚」。

④ 「訊」，南菁本作「迅」。

⑤ 南菁本此處另有「不揆樗昧，思成先人未竟之志。博訪通人，旁稽載籍」。

⑥ 「扃戶」，南菁本作「裒輯」。

⑦ 「錄稿兩」，南菁本作「兩次錄稿」。

⑧ 「未善」，南菁本作「雜糅」。

⑨ 「凱」，南菁本作「望」。

《爾雅釋例》序①

《爾雅》者，孔子之所作也。古者，天子立大學，樂正崇四術，立四教，順先王《詩》、《書》、《禮》、《樂》以造士。孔子生春秋之季，既不得行先王之道，退而老於西河②之上，以《詩》、《書》、《禮》、《樂》教弟子，蓋三千焉。故《論語》曰：「子所雅言，《詩》、《書》、執禮，皆雅言也。」〔1〕不言樂者，方氏《論語偶記》所謂「樂在詩禮中」〔2〕也。今觀《爾雅》一書所釋，《詩》為多而《書》次之，豆籩瓦登之器冠於《釋器》之前③，祭祀講武之禮繫於《釋天》之後，而《釋樂》有專篇。《詩》、《書》、《禮》、《樂》，此夫子之文章可得而聞者，故以雅言明之，而《爾雅》亦釋之。若《易象》、《春秋》，則夫子之言性與天道不可得而聞者，夫子雅言不之及，《爾雅》亦不之釋焉。《爾雅》所釋，即夫子所雅言。夫子所雅言者，即夫子所以為教。夫子所以為教者，即樂正所以為教也。揚子雲云：「典莫正於爾雅。」〔3〕張晏注《漢書》曰：「爾，近也。雅，正也。」《釋名‧釋典藝》亦曰：「爾，昵也。昵，近也。雅，義也。義，正也。」《論語》之「雅言」，孔安國、鄭康成皆訓「雅」為「正」，故劉台拱《論語駢枝》、焦循《論語補疏》、宋翔鳳《論語發微》皆謂雅言為即《爾雅》，而《大戴禮》、《孔子三朝記》載孔子告哀公曰：「《爾雅》以觀於古，可

以辨言。」古即《釋詁》之詁，言即雅言之言。而爾之為義曰近，此又朱子所謂「《詩》以理性情，《書》以道政事，《禮》以謹節文」，皆切於日用之實者也。雅之為義曰正，即《學記》所謂「大學之教必有正業」，朱子所謂「《易》掌於大卜，《春秋》掌於史官，學者兼通之非正業」〔4〕，唯習《詩》、《書》、《禮》、《樂》為正業也。然則雅言者，以為正業而言之。《爾雅》者，於學人最為切近之正業也。

魏張揖《上廣雅表》稱「周公著《爾雅》一篇」，今俗所傳三篇，或言仲尼所增，或言子夏所益。揚子《方言》、《鄭志》答張逸謂成於孔子之門人。郭璞言「《爾雅》興於中古」，其意亦主周公。陸德明《經典釋文敘錄》以《釋詁》一篇屬之周公。今考「謔浪笑傲」為衛莊之詩，「黃髮兒齒」為魯僖之頌，而《釋詁》並稱之，未見其成於周公。《春秋元命苞④》言「子夏問夫子：『作《春秋》不以初哉首基為始何』」，正以《爾雅》為夫子所作，故卜氏以為疑。此與《論語》「雅言」，皆孔子作《爾雅》之明⑤證也。《漢書・藝文志》六藝居首，以《易》、《書》、《詩》、《禮》、《樂》、《春秋》、《論語》、《孝經》為次，而《爾雅》三篇二十卷與《五經雜議》十八篇並列於《孝經》十一家⑥五十九篇之中，不與《史籀》、《倉⑦頡》、《凡將》、《急就》列於小學十家四十五篇之內。其次於《五經雜議》之後者，《爾雅》所釋非⑧一經，與《雜議》同也。其列於《孝經》者，孔子曰「弟子入則孝，出則弟，行有餘力，則以學文」，文即樂正所教之《詩》、《書》、《禮》、《樂》，而《爾雅》為《詩》、《書》、《禮》、《樂》之鈐鍵，與《孝經》皆入學之初所宜誦肄。《爾雅》之列於《孝經》也，猶之《弟子職》之列於《孝經》也。漢人已躋《爾雅》於經，而千百載後，猶有謂《爾雅》自為一書，不附經義者，何其妄也！

近儒於諸經多有釋其例者，而於《爾雅》獨未之及。近儒注釋《爾雅》者，有邵晉涵、郝⑨懿行、嚴元照、翟顥⑩、臧庸、錢坫、錢繹、王引之、俞樾諸家，於其例由⑪未之及。夫不明於經文在上之例，則不知幾汽⑫、萑葦⑬、鶉鷯之為誤倒矣。不明於經文在下之例，則不知「幬」謂之「帳」、「閍」謂之「門」之為誤倒矣。不明於文同訓異之例，則不知「諲」之訓「敬」當作「禋」，「琛」之訓「寶」當作「探」矣。不明於文異訓同之例，則不知「宜」之訓「事」當作「官」，「禧」之訓「告」當作「祰」矣。不明於相反為訓之例，則「康」之為「苛」不可通，因有執「抗荷」為說者矣〔5〕。不明於同字為訓之例，則「鹺」之訓「嗟」不可通，《釋詁》:「嗟、謰，鹺也」，當作「鹺、謰，嗟也。」

《《書·堯典〉正義》、《文選·歎逝賦》注，兩引「誻，噡也」，是「噡」字在下之證。因有讀「誻誻」為句者矣〔6〕。不明於名同文異之例，則不知「其莖茄」之「茄」即「其葉蕸」之「蕸」，「唐棣移」之「唐」即「常棣棣」之「常」矣。不明於文同義異之例，則不知「竊脂」之「竊」非「竊玄⑭」「竊藍」之「竊」矣，「未成毫」之「成」非「未成羊」「未成雞」之「成」矣。不明於名同義異之例，則不知「宛邱」非「邱上有邱」之「宛邱」矣。不明於名異義同之例，則不知「如陼」之「陼邱」即「澤中有邱」之「都邱」矣。不明於一字重讀之例，則「鶺欺老鳶鶍」之「老」、「駣蹄跰善升𪚰」之「蹄」為不可通矣。不明於因此及彼之例，則《釋天》之釋「祭名」「講武」「旌旗」、《釋魚》之釋龜、貝、蠑螈、虺、蛇為不可通矣。不明於郭氏改經之例，則不知「汝為瀆」之「瀆」，眾家作「涓」，郭改「瀆」，轉為「涓」之誤矣。不明於《釋文》改郭之例，則不知「陽予也」之「陽」，郭本作「陽」，《釋文》作「錫」，妄謂「陽有賜音」〔7〕矣。玉樹受經於定海黃元同先生，竊聞其緒論，知釋《爾雅》之不可無例⑮，猶之釋諸經之不可無例也。於《毛詩異文箋》既就之後，即⑯從事斯經，不憚倫勘幹流。其義例之所存，或為他書所同，或由後人致誤，捨之則無以迄於明備，亦兼釋焉。權與於箸雍困敦之陽月，求酋於上章攝提格之辜⑰月，艾歷二載，成《爾雅釋例》五卷。於犍為文學孫李樊郭之注、陸氏之音、邢氏之《疏》暨邵氏《正義》、郝氏《義疏》、嚴氏《匡名》、翟氏《補郭》、臧氏《漢注》、錢氏《古義⑱釋地四篇注》、王氏《述聞》、俞氏《平議》之說皆有所律遹，亦皆有所匡皇⑲。至錢氏《疏證》，則未之構也⑳。自維腹笥康虛，識解庫淺㉑，紛繆漏略，膺亦不免。海內梗較之士，有攻臺之短者乎！此則錫畀甚篤㉒，而為予所愷康而愉懌者也。惕庵陳玉樹自序㉓。

【校記】

①「序」，《爾雅釋例》（《續修四庫全書》第 188 冊，民國十年鉛印本）、《國故》（1919 年第 1 期）作「敘」。

②「西河」，《爾雅釋例》、《國故》作「洙泗」。

③「前」，《爾雅釋例》、《國故》作「先」。

④「苞」，《爾雅釋例》、《國故》作「包」。

⑤「明」，《爾雅釋例》、《國故》作「塙」。

⑥ 原作「五十一」，《爾雅釋例》、《國故》無「五」。《漢書·藝文志》云：「凡《孝經》十一家，五十九篇。」據刪。

⑦「倉」，《爾雅釋例》、《國故》作「蒼」，《漢書・藝文志》同。

⑧「非」，《爾雅釋例》、《國故》作「匪」。

⑨ 原作「邵」，《爾雅釋例》、《國故》作「郙」，據改。

⑩「顥」，《爾雅釋例》、《國故》作「灝」。

⑪「由」，《爾雅釋例》、《國故》作「皆」。

⑫「幾汽」，《爾雅釋例》、《國故》作「譏汽」，是。《爾雅・釋詁第一》：「譏，汽也。」

⑬ 此處《爾雅釋例》、《國故》有「鮂鱒」。《爾雅・釋魚第十六》：「鮂，鱒。」

⑭ 原作「元」，《爾雅釋例》、《國故》作「玄」，《爾雅・釋鳥第十七》同，據改。

⑮ 此句《爾雅釋例》、《國故》作「玉澍測知釋《爾雅》之不可無例」。

⑯ 此處《爾雅釋例》、《國故》有「齟沒」。

⑰「㝾」，《爾雅釋例》、《國故》作「玄」。

⑱「義」，《爾雅釋例》、《國故》作「注」。

⑲「匡皇」，《爾雅釋例》、《國故》作「皇匡」。

⑳「則未之構也」，《爾雅釋例》、《國故》作「未之覯。其有敀部與否，未可知也」。

㉑「庳淺」，《爾雅釋例》、《國故》作「俴俴」。

㉒「篤」，《爾雅釋例》、《國故》作「竺」。

㉓「序」，《爾雅釋例》、《國故》作「敘」。

【疏證】

〔1〕見《論語・述而第七》。

〔2〕（清）方觀旭《論語偶記・子所雅言詩書執禮》：「孔《注》：雅言，正言也。夫《詩》、《書》、《禮》、《樂》皆先王之典法，今子所雅言不及樂，何也？蓋樂在《詩》、《禮》中矣。季札觀樂，為歌十五國風，樂在《詩》也。宗伯之屬，典樂之官凡二十，樂在《禮》也。鄉飲酒及燕禮並升歌《鹿鳴》、《四牡》、《皇皇者華》，笙《南陔》、《白華》、《華黍》；間歌《魚麗》，笙《由庚》；歌《南有嘉魚》，笙《崇丘》；歌《南山有臺》，笙《由儀》，合樂《周南》、《關雎》、《葛覃》、《卷耳》；《召南》、《鵲巢》、《采蘩》、《采蘋》。鄉射禮奏《騶虞》閒若一，大射禮歌《鹿鳴》三終，燕禮、大射並管《新宮》、《周南》、《召南》，燕禮謂之鄉樂，《周禮・磬師》謂之燕樂，此更樂與《詩》、《禮》之不可分者也。是子言《詩》、《禮》而樂已在其中也。其不及《易》、《春秋》，何也？《學記》曰：『大學之教也，時教有正業。』朱子謂：『古者唯習《詩》、《書》、《禮》、

《樂》，如《易》則掌於大卜，《春秋》則掌於史官；學者兼通之不是正業。」
又攷《孔子世家》，孔子以《詩》、《書》、《禮》、《樂》教弟子蓋三千焉。此遵
樂正四術之常法，至及門高業，弟子方授以《易》、《春秋》，故身通六藝者僅
七十二人，則《易象》、《春秋》，孔子不輕以教人，若外此雜說更所不語矣。」

〔3〕《華陽國志》卷第十上《先賢士女揔贊》。

〔4〕見《朱子語類》卷三十四《子所雅言章》。

〔5〕（清）俞樾《群經平議》卷三十四：「樾謹按：『康苟』當作『抗荷』，皆同音叚借字也。」

〔6〕俞樾《群經平議》卷三十四：「當以『嗟』字為句，『詍也』三字為句。」

〔7〕（清）盧文弨《龍城劄記》卷一《陽有賜音》：「《爾雅釋詁》：『臺朕賚卜畀陽予也。』今本郭《注》云：『賚卜畀皆賜與也，與猶予也。』陸氏《釋文》：『陽音賜，又如字。本或作賜。』近時本兩『賜』字皆作『賜』。夫陽、賜同一音，即是如字。且陽苟讀『如字』，則上『音賜』二字亦贅。此由後人疑『陽』與『賜』音不相近而妄改之耳。今幸宋本不誤，可正之。因知郭《注》必本是『賚卜畀賜，皆與也』，故下即承云『與猶予也』。以『陽』為『賜』，以『予』為『與』，皆即用漢人易字之法。如郭氏注《穆天子傳》，以『諫』為『閒』，同是一例。此注下又云：『因通其名，始引《魯詩》陽如之何。巴濮之人，自呼阿陽。』此則從『如字』讀。夫『予』字已見上條。陸雲：『予、余竝羊如反。』此則音羊汝反，然則此條《正義》實訓為『取與』之『與』，通其名，亦可為予我之予。讀者但見引《魯詩》以下便止，知『如字』一讀，言與賜同音，義則懵然。夫『與』字非奧僻，何必連『賜』字成文而義始顯？且君子曰賜，小人曰與，二字亦微有別，觀下不兼承賜與言，則賜本不在皆字下明甚。噫！古人之書為後人憑臆肆改者多矣，孰從而一一正之乎？」

《卜子年譜》敍①

天地有牖民之心而不能言，聖人代之言。六經者，聖人之言，實天地之心也。無六經，則聖人之言不可見，即天地之心亦無由見矣。天地之愛護六經也，與愛聖人同。有能抱守遺經於湮晦之餘者，天必貺施神明之壽，以綿衍聖人之緒於不墜。故伏生、轅固生皆秦時人，至漢文、景時，年九十餘而尚存；賓公為魏文侯時，人至漢孝文時，年百八十歲而尚存；卜子為定、哀時人，至魏文侯時，年百有餘歲而尚存。無他，存伏生以存《書》也，存轅固生

以存《詩》也，存寶公以存《樂》也，存卜子以存群經也。此亦可見天地之心矣。當孔子「歸與」發歎，還轅闕里，與群弟子論次《詩》、《書》，修起禮樂。及門之士，身通六藝者，七十有二人。其時儒術號稱至盛。未幾，兩楹夢奠，素王告殂。其有散遊諸侯，訓聚徒眾，如曾子居武城，子張居陳，子貢居齊，澹臺滅明居楚，並相繼淪逝，不可復作。下逮戰國之世，六籍益替，九流並興，至聖微言不絕如縷。獨賴卜氏以期頤上壽，而又值好古賢君，傳佈經學，為海內大師，俾東山之緒復振於西河，其功固不在鄒嶧下也。今試即其功詳言之。

《爾疋》子夏所足，張稚讓言之。《論語》子夏所譔，鄭康成言之。《論語崇爵讖》亦云子夏等六十四人共譔仲尼微言，惠氏棟謂即《論語》也。於《易》有《傳》，於《詩》有《序》，於《禮》有《喪服傳》，有《夏小正傳》，有《易本命篇》，於樂則論今樂古樂之別，暢發其旨於魏文侯，於《書》亦有發明章句之功，見於後漢徐防所言。於《詩》則授高行子。或云以詩授曾申，由是而李克，而孟仲子，而根牟子，而孫卿子，至漢遂有大毛公、小毛公之學。《春秋》則授公羊氏，至漢遂有胡毋生、董仲舒之學。《春秋》又授穀梁氏，至漢遂有江公、蔡千秋之學。吾嘗謂無曾子則無宋儒之道學，無卜子則無漢儒之經學。宋儒之言道學者，必由子思、孟子而溯源於曾子。漢儒之言經學者，必由荀、毛、公、穀而溯源於卜子。是孔子為宋學、漢學之始祖，而曾子、卜子為宋學、漢學之大宗也。又嘗謂群經之置博士，不始於漢而始於魯。魯有博士，《史記·循吏傳》：「公儀休為魯博士，以高第為魯相。」繆公之為也，孔子之功也。為博士置弟子，不始於漢而始於魏。魏有博士，《漢書·賈山傳》：「祖父袪為故魏博士弟子。」師古曰：「六國魏也。」文侯之為也，卜子之教也。

昔胡仔譔《孔子編年》，江氏永作《孔子年表》，馬氏驌②《繹史》有《先聖年譜》，夏氏洪基、鄭氏環、蔡氏炘孔皆有《孔子年譜》，而於卜子未有譜其年者。蒙嘗引以為憾，歲在重光單閼，爰有《卜子年譜》之編。或謂卜子少孔子四十四歲，雖見《家語》及《史記·仲尼弟子列傳》，而《公羊》、《穀梁春秋》謂孔子生於魯襄公二十一年，《史記》謂孔子生於魯襄公二十二年，主《公》、《穀》則孔子於定公元年四十四歲，子夏當生於定公二年；主《史記》則孔子於定公二年四十四歲，子夏當生於定公三年。孔子生年先不可定，子夏生年曷由定乎？予謂公、穀雖受經子夏，其時皆口授，未著竹帛，至漢始各有傳。於襄二十一年《經》記「庚子孔子生」，此非魯史之舊，亦非孔子所自書，特

漢儒傳經者增益以尊至聖，為《左氏春秋》所無。而《史記·魯世家》、《孔子世家》及《十二諸侯年表》云孔子生於襄公二十二年，實有所本。金哀宗時有孔元措者，上承其先孔宗翰所撰《家譜》、孔傳所作《祖庭雜記》之舊，增益纂輯，成《祖庭廣記》，內引《世本》有云：「魯襄公二十二年冬十月庚子，孔子生。」攷《世本》與《國語》並成於左邱明，說見《漢書·司馬遷傳·贊》。《史記》記孔子之生於襄二十二年，據《左氏》、《世本》記孔子之卒於哀公十六年夏四月己丑，則據《左氏》之續經也。夫群言淆亂，必折衷於聖人。主《公》、《穀》與《史記》者雖各數十家，而《大清一統志》從《史記》，《欽定歷代記事年表》亦然，而《欽定春秋傳說彙纂》折衷朱子，兼採夏氏洪基之說，斥宋濂，力主《公》、《穀》之非可以息群喙而衷一是。今遵用《史記》，以定孔子生年，即孔子生年以定子夏生年，不亦可乎！所惜者，其卒年未能考耳。然據《史記·魏世家》，文侯二十五年「受子夏經藝」，其時子夏年已百有八歲，上距孔子卒歲已八十年矣。一老懲遺六籍弗墜，謂非天之重愛斯文也乎！今編《卜子年譜》始於周敬王十三年，即魯定公三年，終於周安王二年，即魏文侯二十五年。以年為經，以事為體，纂輯彌月，成書兩卷。唯家鮮卷軸，居久離索，或漏或舛，均不免焉。嗚呼！《坤》純陰而有龍戰，《剝》五陰而有碩果。今雖太蒙勢勃，神州威斂，邪詖淫遁之說，奇衺譎觚之徒，飈起雲合，將拔我漢、宋兩家之幟，然亦必有如卜子、竇公、伏生、轅固生其人，以抱守遺經為尼山之鄧林者，雖窮巷蓬廬，門徒三五，亦可作隱泉石室觀矣。西河有靈，當有聞予言而破涕為笑者也。是為序。

【校記】

① 敘，《卜子年譜》作「自敘」。

②「驌」，原作「繡」，誤。

《重修鹽城縣志》後序

鹽城古無志，我太祖高皇帝起兵克圖倫城之歲，為知縣楊瑞雲俶創鹽志之年，時明神宗萬曆癸未也。逮國朝康熙癸亥，靖海侯施琅平臺灣之歲踵修之，而未成書。至乾隆壬戌知縣程國棟，丁卯知縣黃垣，先後修之，越六歲而成書者再。自乾隆十二年後，邑志廢缺弗修者百三十餘年。

逮癸巳春，鎮海劉公以庶常出宰，茲土下車，未浹旬汲汲議志事。具書致幣於蒙，屬以纂修。自維末學膚受，懍如芒背，弗敢承。而邑之二三君子，

援維桑必恭之誼相敦助，且願各殫所長，以襄厥事。惟速少室高價之謗〔1〕，
懍弗敢辭。爰取昔之摭自正史、稗官、《通典》、《通鑒》、《通考》、地志、官
書、吏牘、故家譜牒、先正詩文集者，分類條次，以補郡邑舊志之遺，而是正
其訛。故書未載，則新冊是採；人物廣益，則輿誦是憑。為綱十，為目五十有
三，為卷十有七。甲午秋倭陷平壤之月，授諸梓人。乙未春，倭艦至朐東，鹽
民一夕數驚，操削者有戒心，將遁矣。既以張旆東出，青徽釋警，而刊刻如
初。至倭踞臺北之月，而剞劂告成。侯覆命予為之序，以綴於後。

　予謂今宇內亦多故矣，泰西諸夷，挾其富強淫巧，航海數萬里，東來互
市，踞沿海要疆，以為窟宅，各懷蹈瑕擇利之思，此二十四史所未有也。吾鹽
自同治戊辰陳侯蔭培牒開海禁，燕齊海商越遼海數千里，麕集於鹽。鹽之玉
粒精糈，遠餉燕齊遼瀋，又由番舶轉運，遠及俄之琿春、韓之仁川，富庶虛
聲，蜚馳海表，此楊、程諸志所未有也。雖商埠增海關之稅，與鹽邑建喻義之
所匪無利益，然振古未有有利而罔害者。利之瑣者，害或碩焉；利之碩者，害
更洪焉。在國家亦深慮養虎貽害，而徙戎實難，匿瑕含垢，蓋非得已。若鹽之
慢藏誨盜，而亦云勢未可輟者，何以解於著雍執徐以前也。今夫鹽雖彈丸邑，
亦瀕海用武地矣。宋高宗建炎間，韓世忠由鹽城取海道，赴平江而克苗、劉。
紹興初，徐文由明州取海道，據鹽城而通劉豫。理宗紹定中，李全大治舠艦於
射陂，謀習海道窺幾甸，亦踞鹽城以為根本。有明嘉靖之世，倭寇跳樑，兩躪
鹽境，一時元戎宿將如唐順之、李遂、劉顯、曹克新之倫，奔命於范堤姚蕩
間，而殲之廟灣耳。自是而後，鹽民不攖寇難者三百餘歲。歲在庚辰，以俄夷
謀入寇而鹽邑設備。歲在甲申、乙酉，以法夷寇粵閩而鹽邑訓師。歲在甲午、
乙未，以倭夷寇瀋遼而鹽邑遵海築壘相距。十數寒暑而鯨波沸湧者三，幸以
款議罷戰，鹽民康樂安平，得免於鋒鏑危亡之慘。蚩蚩者何德堪此？皆我聖
皇篤祐之所庇耳。然昔宋人嘗降志和金，金亮卒渝盟，傾國入寇，然則金繒
億萬，載書一紙，未可恃為悠遠之乂安也。

　夫以未可深恃之時，成數百年發缺不修之事，不可謂非天幸，而猶俯仰
低徊，扼腕於今昔成書之異世，是思出其位，位卑而高其言殆，殆亦侯與二
三君子所不取乎？後之官是土者，何以按輿圖而知險要，扃門戶以固海防；
生是土者，何以師往哲而戀忠孝，修人事而弭天炎；是書蓋兢兢致意於斯。
詞雖讕，或可資考鏡焉。然棗梨之藏易朽，宇宙之變無窮，今而後或閱數十
年而洊修乎？抑閱百數十年而不修乎？後之人將亦有感於余言。

【疏證】

〔1〕（唐）韓愈《寄盧仝》：「少室山人索價高，兩以諫官徵不起。」《新唐書》卷一百一十八《李渤傳》：「李渤，字濬之，魏橫野將軍、申國公發之裔。父鈞，殿中侍御史，以不能養母廢於世。渤恥之，不肯仕，刻志於學，與仲兄涉偕隱廬山。嘗以列禦寇拒粟，其妻怒，是無婦也；樂羊子捨金，妻讓之，是無夫也。乃摭古聯德高蹈者，以楚接輿、老萊子、黔婁先生、於陵子、王孺仲、梁鴻六人，圖像贊其行，因以自儆。久之，更徙少室。元和初，戶部侍郎李巽、諫議大夫韋況交章薦之，詔以右拾遺召。於是河南少尹杜兼遣吏持詔、幣即山敦促，渤上書謝：『昔屠羊說有言：『位三旌，祿萬鍾，知貴於屠羊，然不可使吾君妄施。』彼賤賈也，猶能忘己愛君。臣雖欲盜榮以濟所欲，得無愧屠羊乎？』不拜。洛陽令韓愈遺書曰：『有詔河南敦喻拾遺公，朝廷士引頸東望，若景星、鳳鳥始見，爭先睹之為快。方今天子仁聖，大小之事皆出宰相，樂善言如不得聞，自即大位，凡所出而施者無不得宜。勤儉之聲，寬大之政，幽閨婦女、草野小子飽聞而厭道之。愈不通於古，請問先生，茲非太平世歟？加又有非人力而至者，年穀屢熟，符貺委至。干紀之奸不戰而拘累，強梁之凶銷鑠縮栗，迎風而委伏。其有一事未就正，視若不成人。四海所環，無一夫甲而兵者。若此時也，遺公不疾起與天下士樂而享之，斯無時矣。昔孔子知不可為而為之不已，跡接於諸侯之國。今可為之時，自藏深山，牢關而固拒，即與仁義者異守矣。想遺公冠帶就車，惠然肯來，舒所畜積，以補綴盛德之闕，利加於時，名垂將來。踊躍懷企，頃刻以冀。又切聞朝廷議，必起遺公，使者往若不許，即河南必繼以行。拾遺徵若不至，更加高秩。如是辭少就多，傷於廉而害於義，遺公必不為也。善人進其類，皆有望於公。公不為起，是使天子不盡得良臣，君子不盡得顯位，人庶不盡被惠利，其害不為細。必審察而諦思之，務使合於孔子之道乃善。』渤心善其言，始出家東都，每朝廷有闕政，輒附章列上。」

《鹽城縣志·學校》書後

語云：學校興而人材盛。今之所謂學校者何如？今之所謂人材者又何如也？三歲兩試，躋於庠者，每郡邑各數十人。繇是層累而上之，匪不彬彬稱盛。然上以名求，下以例應，求其敦尚節義以澹功利之私，講貫經濟以備緩急之使，蓋戞戞乎其難哉！覩瓶冰而知天下之寒，即一邑可知宇內之事矣。

吾聞西人之治其國也，無人無事無地匪學，無學匪專匪精，雖不足語於三代
塾庠之治，而所以甄育人材，強富兵國以捍外侮者，雖漢、唐盛時亦莫之逮
焉。墨守者顧夷而鄙之，卒亦莫能撗，而外之且受其侮，而憚之甚也。一旦聖
天子覩世變日劇，慨然思有以振興之，求若贊皇、江陵者而陟之極輔，綜覈
名實，盡滌曩習，參用中西之制，慎簡學序之官，鹽雖濱海蕞爾邑，亦必有明
體達用而為國楨榦者乎！此青衿之詩所謂「悠悠我思」者矣。

《鹽城縣志・風俗》總論

嗚呼！古今風俗移易之故，氣運人事二者兼之。或閱數百年而大變，或
閱百數十年而不同，其歷千百年不改者，無有也。考新、舊《唐書》載大曆
中，李承為淮南道黜陟使，奏置常豐堰於楚州，以禦海潮漑，屯田瘠鹵，收常
十倍。〔1〕它歲觀於此，知當時鹽民尚以耕樓為重。至樂史生於宋初，則云：
「縣人以魚鹽為業，略不耕種。」〔2〕蓋由唐至宋，而俗一變矣。然其時，利
擅巨海，能致富饒。牢盆之利，未為客民所奪。至《康熙府志》則云：「民憚
遠涉，百物取給於外，即有興販者，自稻秫麥菽、園蔬水鮮之外無聞焉，若鹽
場之利，則皆為晉、徽有力者負之而趨。」蓋由宋至國初，而俗又一變矣。又
《明史・河渠志》載崇禎間「黃淮奔注，興鹽為壑，少壯轉徙江、儀、通、泰
間」。孫榘《被纕集》則謂鹽邑流民多逃往山陽，皆無渡江而南之說。蓋路近
而邦族易復，塗遠則鄉閭難歸，其時猶有安土重遷之思。今則每遇水旱，窮
佃隱民競棄田廬，攜婦孺過江乞食，絡繹於塗。江南經寇亂，田疇榛蕪，招徠
墾治，去者或留而不歸，而本境之田益荒。如《光緒府志》所言，有大可慨
者。蓋由明季至今日，而俗又一變矣。此皆閱數百年而大變者也。

又楊《志》云：「正統間，成侍郎均宦成歸里，不輿不蓋。」而《康熙府
志》引《天啟府志》云：「童稚輒乘肩輿，行不讓長，靡靡頹風，漸不可挽。」
又云：「弘①、正間，民尚殷庶，敦厖儉質，有從先進之風。嘉、隆以來，凋
瘵日甚，俗漸澆漓，儇黠者復從而鼓煽之。郡邑之間，浸以多故，詞訟倜張，
此倡彼和，月異歲舛，囂凌已極。」此閱百數十年而不同也。

其最可異者，程《志》成於乾隆辛卯，云：「酒醪篡組，稍事華侈。」《府
志》修於乾隆戊辰，則云：「酒漿篡組，踵事增華。」程《志》云：「喪事，細
民用浮屠，士夫或不染其俗。」《乾隆府志》云：「延浮屠作佛事，名曰追薦」，
則統士民言之。程《志》云：「婚禮必親迎。」《府志》則云：「婿不親迎，倩

人代往。」閱六七年，而風俗奢縱有加。此宜歸咎於人事，而氣運不為之任過者也。

往者無論矣。統論今之風俗，有較善於昔者，有較甚於昔者。《康熙府志》言：「居亢不知鑿灌之利，近潦不解排障之方」。今則甌窶咸濬溝瀆，污邪久築堤防，兼撈取河泥糞田，田益沃而河益深，耆老言此五十年前所未有。又程《志》言：「惑於風水，殯不輕發。發殯之家，弔客駢擁。一日之內，坐食者幾百人，供應頗煩，物力不繼，故營葬亦難，有淹至十年不葬者。」近人雖亦惑於堪輿家言，講求風水，而守禮之家，或遵古人三月之制，未聞有淹葬至十年者，又程《志》云：「慶壽多造門投刺，不盡登堂。」今則以不登堂為大不敬，而投刺者稀。此為善於昔矣。唯士女競華飾，被服麗都；婚嫁殯喪，歲時伏臘多臆浮費；醵醵務求相勝，中人之家亦習為豪舉，珍錯羅山海，庖人擇技精，城倡鄉隨，前呼後許。稍不如是，則相率訾議。其陋較《乾隆府志》所謂「踵事增華」者，抑又甚焉。四郎蚩氓，負氣好爭，一歲之中，入城數四；識一豪猾胥役，即誇於人，以為榮幸；緣毫末之釁，而釀邱山之爭，以鬩訟破其家者，比比皆是。較之程《志》所謂「睚眥逞忿」者，抑又甚焉。夫民生在勤，耕織竝重，鹽邑則男勤女窳，不任紡績，寸縑尺布，皆購於市；即縫紉所資，亦必至臨用時，始撚綿為線，以手而不以器，准其所用而止；弗勤則匱，凍餒隨之，乃或不能自持，淪於污賤。較之《康熙府志》所謂「女不蠶織，俯仰無資」者，抑又甚焉。此皆人事之失，非關氣運之衰。

是以儉而祛其奢，誨以讓而化其爭，導以勤而砭其惰，凡士君子生長是土，皆與有責焉。《康熙府志》云：「由數鄉紳謙謹之倡，而俗漸淳古。」今讀書談道之士，不少於古，詎不足為民倡乎？然楊《志》云：「鹽民輕生樂鬥，一言不相能，輒自經死。」楊令禁抑之，民間始無經死者。又崇禎間，教諭郝忠烈公教士以忠孝大義，迨鼎革之際，鹽邑諸生多起兵殉難，此則官是土者之轉移風俗，捷於紳士之明徵矣。

【校記】

　①「弘」，原作「宏」，係避諱。

【疏證】

　〔1〕李承傳見《舊唐書》卷一百一十五、《新唐書》卷一百四十三。

　〔2〕見樂史《太平寰宇記》卷一百二十四《淮南道二・楚州》。

《鹽城縣志·逸民傳》書後

　　吾讀舊志，至《教諭郝景春傳》言其教士以忠孝大義，躬為表率，而歎明季吾邑諸生忠義彪炳，有自來也。嗟乎！諸生雖未籍於廷，而既受冠服，表異齊氓，君臣之義已定，名教之防是賴。不幸身遭國變，宗社邱墟，尚戀子衿，不忍捐棄，下隨壺漿簞食之民，輕於去就而無愧恥，其與累累若若迎降道左者，似亦未有以異也。如吾鹽青領之士，其殆雞鳴風雨之君子乎！當麥秀黍油，河山變易，慷慨自裁者，為李幹才，為樂大章。起兵而死者，為司石磬，為孫光烈。其生死不可考者，為厲豫。雖不起兵，不死難，而亦不櫜筆就試，掛冠遁世以沒其齒者，為王翼武，為宋蘇，為司應谷，為邵德舜，為姜長榮，為陳景星，為郭魯礍，為宋呂，為徐明德。此九人者，皆蟬蛻鴻冥，皭然不滓，守所南瘞井之史，續皋羽西臺之哭，可與宋射陵、孫東海、王嚴諸人並傳。其視瞿岑溪、王宜黃等之策名新朝，卓著聲績，不啻如冷秋江之視張九徵也。

　　疑當日諸生抗節者，尚不止此十數人，惜鄉之纂修邑志者，不知本朝如天之量，多所忌諱，擯而不錄。其已錄者，或囁嚅不盡其辭，俾齎序殷頑，幽光與劫滅俱滅，憑弔忠義者有遺①憾焉。今取其見於野史俾官、先正詩文集及故家譜牒者，詳加考訂，為之立傳，以補程、沈紀載之遺②，見吾鹽當時之士，皆能以節義大防自任，不徒以雕蟲幣悅自矜。今越二百數十年，猶想見黍離版蕩之際，瀕海彈丸邑，大有疾風勁草在，令人有執鞭忻慕之思也。論者謂為有明三百年養士之報，信斯言也。率土宜皆然矣，何以他邑莫能逮焉？然則郝忠烈倡導轉移之功，亦何可沒哉！嗚呼！一泓泮水，民風澄濁之源；數尺宮牆，士品宗庫之基。自本舌金口，啾無聲音，風教既微，倫理湮晦，僻在太濛，乃得以臣，庶媚茲之同，陵吾震旦，而滔滔之世變不可言矣。

【校記】

　　①「遺」，原作「遣」。

　　②「遺」，原作「遣」。

《鹽城蕭氏宗譜》敘

　　天子之宗室不可聚，聚則國勢弱。士民之宗族不可散，散則情誼乖。古者天子散佈其宗室，以為國藩翰也，則有封建；士民聚處其宗族，俾情誼相

維繫也，則有宗法。自宗法廢而宗譜始興，譜之聚其族也，雖不逮三代之宗法，而尊宗祖以明本源之有自，圖世系以次昭穆之相承，志生歿以核戶口之登耗，錄塋域以防他姓之侵軼，而又詳錄祖訓徽言於端，俾子弟得瞭然於仁義尊親之說，使之外內有別，長幼親疏有序，有無豐約相周，語言過失相恕，吉凶患難相拯助，伏臘冠婚飲食相慰勞，則雖不立大宗小宗之法，而《周官》之所謂「五曰宗，以族得民」者，猶可師其意而獲其效也。

吾鹽蕭氏聚族之落曰蕭家岸，東距縣治四十五里。其先於元季由江徙鹽，逾五百餘歲，蕃衍近千室，為邑甲族。道咸間，有蕭際唐先生，至性邁等倫，昆弟四人，白首翁翁，熟有一門四皓之稱。生平撫宗人有恩，而閑之有方，鎔之有範，故宗人無哲愚疏戚，罔相閱訟，亦罔與他姓訟者。其哲嗣葵村明經，胚胎前光，德義益懋，雖未籍於廷，而有江湖魏撅之思。旃蒙協洽之歲，與宗人纂修宗譜。至倭據臺北之月，而剞劂將成，爰馳翰索序於予。

予讀之，喟然歎曰：明經之為此舉，所以收聚其族者至矣盡矣，殆猶有古宗法之遺意焉，然明經優恤國是者也。負曝而煥者思貢於君，窺鑑而慚者知王之蔽，明經將無因家之宗譜而有懷於國之宗室乎？國之宗室，與士民殊異，可散而不可聚也。漢七國之變，由尾大不宗周制故耳。而長沙之後有世祖，中山之冑有昭烈，獨非封建之明效乎？晉八王之亂，由惠帝不慧，失其銜勒故耳。而五馬脫於洛中，一龍化於江左，此非散處之延祚乎？唐玄①宗以臨淄王起兵得天下，遂猜忌宗室諸王，不命之國，聚於一宮。祿山、朱泚兩陷京師，宗人無噍類。宋亦鳩其宗人於汴，青城之變，舉族北轅，獨賴康王在外，宗祀不墜者，百有餘年。前代宗室萃散之得失，昭然若龜鑑矣。我朝之封襲親王郡王者，皆食俸京師，萃居輦轂之下，無一民尺土之司。宗姓雖繁，而藩翰未建，磐石帝基，其謂之何？明經而維及此，將亟遣冢君屏北。孝廉仗策京師，條陳烏府，請聖天子廣選於金楨玉幹之中，擇其忠賢才諝，遍布巖疆劇郡，以張國勢而慴戎心，綿聖朝億萬年不拔丕基。匪獨天子動容稱善，即三祖七宗在天之靈，亦式憑而昭鑒之矣。此議行耶，將記其事於金縢玉牒，國之幸也；議不行耶，則存其說於宗祠家乘，亦家之光也。孝廉器宏而識遠，以予言為然邪？而予先建是碩議，弁於君家譜端，以為息壤。

【校記】

①「玄」，原作「元」，係避諱。

《卞氏宗譜》敘

　　予讀卞氏譜諜，而不禁慨然有感也。卞氏世居鹽城之便倉，為晉尚書令卞壼之後。壼遭蘇峻之亂，與二子眕、肸同死難，賜諡忠貞。鍾山之陽，其廟存焉。其裔有諱元亨者，元末為邑王張士誠將。士誠亡，元亨歸隱於鹽邑之大岡。明太祖徵之，不出，作詩明志，有「恐使田橫客笑人」之句。明祖聞之怒，戍之遼左，則元亨可謂忠貞。元亨既謫戍，姬妾盡散，正室綰髮獨居，掩閣不出，則元亨之婦可謂忠貞。元亨嘗手植牡丹於庭，臨行酹以酒，曰：「待我南還花再開。」自是花王，不復吐豔。一歲，花開甚盛，而元亨適自戍所赦回。越百餘年，花為齮使奪去，柯葉頓萎。卞氏取其枯枝，插地復活，蕃衍如初。《郡縣志》及《茶餘客話》皆載其事。則卞氏之牡丹可謂忠貞。

　　予嘗慨夫中西貧富相懸，華夷疆弱之殊絕，豈盡學校疏密、工藝巧拙所致？其宦於朝、籍於野者，實有忠佞貞邪兩途，如緇素之不可合焉。使中國臣庶盡若卞氏牡丹，則眾志鞏於金城，國勢安於泰嶽①。狼豕雖封，豚犬豢之可也。其敢襲奪我膠澳，強借我威海，橫噬我旅順、大連，貪索我九龍、廣州灣，日蹙百里，一如大雅所言也哉？門生卞上舍同慶，卞氏之英英桀桀者，每與予言及此事，輒喟憒憤歔唏久之。今敘卞氏譜，竊願生以忠義誨化其宗，而無忝為忠貞之苗裔也。至於遷徙分合之源流，簪纓科第之貴盛，創述纂輯之先後，諸序已言之，予不復詳。詳其大意，為華之食毛踐土者敦焉。

【校記】

　　①「嶽」，原作「獄」。

【附錄】

（清）阮葵生《茶餘客話》卷二十一

　　丙子游鹽瀆，見卞氏園中枯枝牡丹高出墻，花開數百朵。卞進士樂云：相傳是宋時物，六百餘年，不能詳所自。予按《澠水燕談》載海陵西溪鹽場，呂文靖公嘗官於此，手植牡丹一本，有詩刻石。後范文正亦嘗臨蒞，題一絕句。人以二公詩筆貴重，護以層闌，歲久茂盛，每歲花開可百朵，為海濱奇觀。宋時鹽場皆在今之下河，鹽邑范公堤皆文正時所築。卞氏之花云是宋物，或即二公所遺，未可知也。海陵即今之泰州，東西數百里皆是。卞元亨於元末時從張士誠，屢諫不聽，歸隱海濱。明太祖平吳後，屢徵不出。作詩有「恐使田橫客笑人」之句，明祖怒，遣戍遼陽。將行，以灑酹牡丹，曰：「待我南

歸花再開。」自是花果不復開。妾某氏棲息園中，朝夕對花祝云：「主人有歸信，當再著花。」如是十年，花忽大放，元亨果遇赦放歸。復作詩云：「牡丹曾是手親栽，十度春風九不開。多少繁華零落盡，一枝猶待主人來。」蓋予其妾之守貞也。後有一齺使奪之去，移植揚州署中，花竟萎棄之。卞氏宛轉取其枯枝歸植園中，久之竟生，遂以枯枝名。每歲花開，紅紫各色。或秋冬著花，有紅有白，以此卜休咎云。《獨醒雜志》：「一則維揚后土廟有花，潔白而香，號為瓊花。宣和間，起花石綱，因此入御苑，逾年不花。乃杖之，遣還其地，花開如故。」此與卞氏牡丹事絕相類，而近在三百里內，崛強猶昔。人物不異，古今一致。

季仰伊訓蒙正規

予讀臨桂家文恭公《養蒙遺規》，未嘗不三復而嗟歎也。夫家塾有童蒙而後學序有士子，學序有士子而後國家有人材，國家有人材而後中外有政治，故養蒙之得喪，迺士習之隆窊、人材之盛衰、政治之理亂所由階也，顧不重哉？昔周之盛也，小子有造。暨成人，咸為譽髦之士。逮其衰也，小子蹻蹻，醞成呰謼誇毗之習，下民卒癉念呷，而國亦蹶，難不可救矣。殷先王以三風十愆訓誡蒙，士有以也。《論語》言學之後，繼以孝悌；言仁之後，繼以省身；言道國之後，繼以教弟子。未有不孝悌而可與共學者，未有不省身而可以為仁者，未有不教弟子而可以治國者。《周易》乾、坤之後，繼以屯、蒙。屯利建侯，蒙取養正，其大旨可與《魯論》互證也。日本，東瀛一島國耳。國中小學多至二萬數千區，官民子女年及六歲者皆入焉。而其學以倫理為最先，與古制蓋有合者。今華人之教子弟，於孔子所謂孝悌謹信之行，謂非利達富貴之所自出，視之曾不若兔園之冊，多忽藐不講，此非家之慶也，而亦豈國之祜哉！

吾邑季仰伊顧三，與予同受知於江夏彭味之侍郎，補博士之弟子。其時宴集於郡城之蘭若，共六十有四人，唯君齒最長，貌最肅，言最訥。予顧而憚焉敬焉，事在同治壬申①之夏，距今二十有二載矣。此廿餘年間，未與君一邂逅，而君之女夫李生爕陽從予遊。予就詢君近狀，生以杜門箸書對。問以所箸何書，生亦不能言也。歲在閼逢敦牂春二月，君忽寄所輯《訓蒙正規》索序於予。觀其書，分別門類，纂集五經四子書，間以先正格言，與《養蒙遺規》之廣搜儒先語錄不同。然其心亦榕門先生之心，為不可沒也。方今天下，亦

多故矣。倭奴虎踞於東藩，蒲察鷹瞵於北鄙，致我皇上旰食宵衣，不皇寧處。而中外百爾君子，多昏墨不事事，於國事則偷旦夕苟且之安，於家事則懷百年無盡之慮。或據銅山金穴之富，仍切槁項黃馘之患。予每有聞見，輒欲為賈生之慟哭、杜牧之罪言而不能自抑。而說者謂此不足駭異，彼孳孳為利之心，為士時已有然矣。庸詎知彼髫齔時，固未有賢父兄以養其蒙也？《易》曰：「蒙以養正」。孟子曰：「中也養不中，才也養不才。」夫不中不才，即為不正，以不正之蒙為不正之士，一旦身兼軍國民社之重，求其忘家忘私，是猶濡墨而欲其不緇，必不可得也。君集為此編其，亦有慨於此也乎！付知剞劂，雖不逮文恭之書傳世行遠，而邑中謹敕之士，必有手此編為子弟解說者，是亦正人心、培風俗之一助矣。爰敘其首以歸之。

【校記】
　①「申」，原作「甲」。

《家子珣登鶯遊山詩》書後

　　海自膠州、諸城、日照曲折而南，至荻水口入江蘇界，為贛榆縣境。贛之島嶼，鶯遊為巨。其山直秦山之南，雲臺之北，兩峰對峙，海舶出入其中如闔，誠淮海之東戶，江南之北門也。

　　丁酉暢月之望，宗人子珣以詩集見示，內有《壬申春登鶯遊山》詩一篇，有「人來虎豹叢中健」之句，予甚異焉。壬申為毅皇御極之十有一年，其時海宇寧謐，鯨波不揚。海外朝鮮、流求、越南諸國，皆梯航効職貢。曾幾何時，諸藩改屬強敵，馴致遼左溥馳羅剎之軌，威海高建倭奴之旌。今者，德意志兵艦又據我膠東之青島矣。鶯遊北距青島，僅半日程，竊慮此後為虎豹窟宅。而君之詩，預於二十六年前，為之讖也。軍國時勢既變，詩人情懷頓殊。元龍湖海之氣，同甫開拓之胸，視夫鄉者登鶯遊時，能無異乎？君聆此語，鬱伊不懌，急握予手，上東城樓，翹望滄海，臨風歌嘯，以排劉琨之慘。

李審言《疴生文存》敘

　　歲在祝雍淹茂之高月，天子憤友邦脅奪權利，分割疆要，慨然思改絃更張，以作才俊，樹邦威。詔鄉會試及生童歲科試，嚮用四書文者，一律改試策論。一時新學小生、老師宿儒，皇皇無所措手足。或狂吠醜詆，方諸燔書坑術士。興化李君詳獨忻忻然，走而語予曰：「吾華自此熙矣。」居無何，康、

張謀作不靖，轂下震悚，皇太后慮新政或駭民聽，悉復舊規，制試士仍崇右八股。時彥咸陽陽而喜，李君又與予契契而歡，京京而憂也。或問予曰：「君與審言優人之喜，喜人之憂，豈自恃敭為古文詞，而以雕蟲霧縠視時文乎？」予曰：「時文之弊，綸言已詳。僕與李君深懼其為斫國之鈇，而非以己所肄者異於眾也。且李君之文藻信古矣，予之文又安能古哉？」

君為石麓相國苗裔，家世臧經籍甚富，君故得博貫四部，旁逮四裔重譯之書。貧病雖迫，而不替強識，發為藻采，古懿隱秀，不屑為場屋干祿之文。又善承慈顏，祗奉邱嫂，學行醇備，有鄉先正汪容甫先生之風。而屏絕矜傲，昭示溫惠，與容甫之頌狐父、弔黃祖者殊焉。屠維淵獻之如月，君寓其所箸儷文，囑為敍語。當是時也，英圭黎之使索我瀕江，扶桑之旅壘我廟島，大秦之師踞我三門，一二蕞爾邦亦狡焉思啟。夜觀晝察，百憂紛錯，何心抽思騁辭以應來命？然予有不能遏於言者。《文心雕龍》之論麗辭也，曰：「浮假者無功。」浮假者，忠信之賊。吾華所由不競，近日學子為文與官府治事，大抵以浮假相尚云耳。凡文皆可偽為，唯駢偶之篇不可撏拙，才力稍絀，疵弱立見，如場師農父之治畦，尺地弗溉弗糞，蔬穀之瘠呈焉，所謂「誠於中必形於外」也。君以河間實事之學，摛揚、馬崇盛之辭，骨採壯而情韻不匱，一洗駢枝跂踔與左驂右駕之病，此豈浮假者所能為乎？設臺階袞職諸公能以君之為文者為國，必有不齒虛偽若武鄉侯，綜覈名實如張江陵，以丕變溥天率土之風者。人人甲忠冑信，豈惟弭瓜分豆剖之患，雖使二黃人守日可也。此義不曜，禍變迫而蒙岡益甚，寧非以浮假之文，取浮假之士，為浮假之官階大厲乎？此予與君之憂戚所為眾異也。然則君之文，蓋幾於道矣。

贈成惠元序

年齡之修短，有不繫乎身之競弱者矣。玉樹體至孱孱也，昔弱冠時，嘗有咯血之疾，日僕僕於醫者之門，遐及數百里外。包藥之紙，恒盈篋簏。茹蘧藕蓮的薏之屬，歲啖數十觔而無補於血氣之衰。家人皆恟恟為予憂之，予亦未嘗不自憂也。今予年近四十矣，迴憶十數年間，有體強而年稚，不幸而下世者。而予席祖考之餘慶，幸為造物所赦宥，尚得苟全性命於人間世，如曹交之長於食粟，此豈當日所及料哉！

成君惠元，少時膂力過人，投石超距，挽強命中，試輒冠其儕輩。同治庚午舉於鄉。辛未入都，中途覯喘嗽之疾。自是或一歲一作，或一歲數作。每

疾作，則不知有生人之樂。疾退，則自視如再造之身。壬午、癸未、甲申三載，予授徒君家。每入寢室問疾，見君俯伏床第，不能仰眠。唫呎之聲，艱苦之狀，視予當日，抑又甚焉。唯時君憂甚，予亦竊竊為君憂也。歲在庚寅，君行年五十。黨人之為君懌愉者，率稱觴晉祝，君亦喜溢於色，治其酒醴肴核，與眾賓酬醋於堂。攬鏡照形，已非復昔日枯槁憔悴之色。當予館君家時，君豈復料有今日也哉？

夫人之一身猶天下也。當咸豐之世，海宇鼎沸，群盜如毛，太倉無一歲之蓄，各軍有庚癸之呼。而蠢爾夷酋，復鴟張狼顧於海疆，天下岌岌，如人身之負重屙，朝不慮夕。而我文宗顯皇帝及穆宗毅皇帝勵精圖治，甄簡賢傑，而當世二三巨公亦皆有恪恭震慄之心，遂能轉移風氣，芟薙大難，措天下於泰山之安，至今海內猶蒙篤祜。論者謂微粵寇之亂，無以振士大夫不揚之氣，而除其憲泄皋訾之風，天下事將有不可知者。然則疾也者，猶之敵國外患，亦未可盡去者也。夫天下雖治，未嘗無隱伏之憂；人身雖疆，亦必有未發之疾。恃其疆而弗之備，殫耳目心思之力，以從所好，縱聲色口腹之欲以自殘賊，一旦猝發，求如羸弱者之延年而不可得。君雖疾而不至於危者，論者謂能養其心以淡嗜欲，存其心以召天休，與國家撥亂之道潛符冥合。今而後復上體今天子安不危危之意，以自保其身，雖耆老耄耊之壽可坐而致，此則予之為君祝，而亦予之所以自儆者也。

贈許生序

吾於皖南得一士焉，曰太平劉生元準；於皖北得一士焉，曰泗州許生國修。兩生皆明允篤誠，言煦而色溫，其性情同也。俱生於箸雍執徐之歲，其年齡同也。劉生從予遊，喜研《太平寰宇記》、《方輿紀要》及性理諸書。許生從予遊，亦昕夕從事於方輿之書，兼喜朱子《近思錄》。其學術嗜好又同也。曩劉生辭歸，予嘗為詩歐贈之。丙申之壯月，許生以試事返淮，右門弟子以清酒餞行，予不敏，竊附於古人贈言之義，乃為序以告之曰：

昔康、雍間，望溪方氏以古文樹幟桐城，纘其緒者，海峰、姜塢、惜抱。海峰弟子為澹泉、濱麓，姜塢曾孫為石甫，惜抱高弟為孟塗、植之，植之之門為存莊諸先生，皆皖產，同以桐城派，為宇內譚古文者所宗。而其時如東原、慎修、雙池諸先生，又以聲音訓詁之學，歸然為海內鉅儒，幾駕高郵王氏、金壇段氏而上之。至道、咸間，世道衰微，正學湮晦，而霍山吳竹如少司寇暨桐

城方存之大令、石埭楊樸庵、陳虎臣、楊仲乾諸先生，獨昌明絕學於干戈鼎沸之秋，為湘鄉曾文正公畏友。夫以皖省廑神州一隅之地，而其理學、經學、古文之學乃為十八行省彥髦師法，雖曰山川地氣使然，亦由諸君子克自振拔，不囿於廑淺故也。今者皖人為首輔，華威日挫，夷氛日惡，敗壞疆事者，乃更有葉、衛、丁、龔之倫，皖人乃為世大詬病，皖水與皖公山稍減色矣。眷懷國事者，慨然思以宣城梅氏之學為今日富強之務。吾謂數雖六藝之一，不能加乎禮樂射御之上；遊藝亦學者之一事，不能駕乎志道、據德之先。捨其方寸不求，而日弄徑一分長六寸之籌，於國事未必有裨。而人情且日趨薄惡，未知其所終極也。生抱古人忠信之質，其推極知識，博綜語錄，先以自淑身心，而毋遽奔命於眾好之場也乎？竹如先生《拙修集》可購一部，日置几案，與梅氏書並觀也。予不覿劉生，四閱畢橘矣。惜不能為皖南之遊，訪劉生於黃嶽之麓。來歲木犀花發時，生如於白下薜苫劉生，願以此言為贈。

顧悔庵之母七十壽敘

我生今才歷十有七閏耳，而仰閱軍國之事，俛察鄉邑之俗，挈今視昔，較然有岸谷原隰之殊者，固已眾矣。憶昔羈貫未弁時，潢池肅靖，戎夷綏賓，海內號稱中興。其時吾邑歲飪物阜，家給人愉，戚好歲時存問，富窶有無相通共，匪直父老敦謹自守。閭閻賢母，其肄勤崇儉、菲食而豐施者，所知不乏人焉。曾不一世，世道凌遲，國步既頻，里閈氣象亦變。昔之賢母，大半凋謝。後來之正位乎內者，率多㜝嶙澆薄，無復鄉者之母儀矣。覩庭柯隕葉而識天下之秋，視几硯生凌而知四海之冽，此豈一鄉一邑之故哉！

玉樹學行廑薄，未獲納交於當世賢豪長者，獨與同邑顧君悔庵、劉君韻樵、姚君繡鬸、馬君慕蓬為竺古之交。四君或多聞，或直、諒，而其母與吾母皆賢母也。而悔庵隨尊人僑居南沙，越三十年，距吾家廑七里而贏。予弱冠負羸疾，每即醫南沙，恒信宿悔庵之簃。每至，必升堂肅拜其母陳孺人，孺人視予如子姓，而先慈唐孺人亦時往來其室廬，與陳孺人情愛孔篤，以故知孺人之懿行孔詳。其大端在謹事君姑，侍疾淹久不憚，中宵炳香，跽禱天神者彌月，而其肄勤崇儉，菲食豐施，與吾母氏齊德者，亦翹翹拔出塵滓，宜膺介福而受繁祉者也。今吾母棄養，已九閱阨塗[1]，而劉君母程、姚君母王、馬君母薛亦宰樹大可作楹，獨陳孺人眉壽而燕譽。歲在彊梧作噩相月之六日，為七十生辰，悔庵深惟曹輩皆悼茇蒿，而己獨有安仁板輿之奉，謀所以酬壽

觴和慈顏者，而徵文於予。

予謂邦有聖母則邦競，家有賢母則家肥。崇庳博隘雖殊，而其道一也。昔毅皇御宇之始，中有蔡、霍不咸之親，外有徐、盧、方、張之寇，天下殆哉，岌岌不可終日。賴兩宮皇太后垂簾而理內，擢倭文端、文文忠以居臺鼎，外倚曾、左諸巨公以督畺圉，干城霧合，賢俊雲起，幾方駕高皇、文皇肇造之初，用能獮薙蛾賊，戢柔天驕，措區夏於山嶽之安。我曹獲嘔嘔喻喻，歷三十餘年，燕寢而饘食者，固毅皇怙冒所致，而我孝貞文皇后之洪覆，尤令人感喟而垂涕，愈久而不諼也。悔庵英聲俊譽，不翼而翔；問字之車，自遠而屆，豈盡植行勄學所致？其沾被慈幬積善之慶者甚碩，亦未可一日蔑矣。予不習為酬應贛諛之文，而今昔悁詭之感，世道窊下之恫，有不能已經於言者，爰承命，勉成此文為壽。浸假寒暑十易，壽母益偕，華威遒暢。玉樹盡釋杞人次室之憂，當躋堂捧觴，大嚼豪飲，高歌《閟宮》之八章以侑酒。

【疏證】

〔1〕《爾雅·釋天第八》：「正月為陬，……十二月為涂。」

卷　八

法蘭西據越南記

　　越南，古越裳地，亦曰南交。唐虞以宅羲叔，成王時來貢白雉。秦屬桂林、象郡。漢置交趾、九真、日南三郡。晉以後皆隸交州。五代時為曲承美所據。宋封丁部領為郡王，始別自為國。歷宋、元、明三朝，更李、陳、黎、莫四姓，皆事中國為藩臣。國朝乾隆間，安南臣阮惠逐其王黎維祁而自立，改名光平，傳子光纘。黎氏甥阮福映據農耐起兵，滅光纘，遣使來貢，詔封越南國王。自是虔修職貢，數十年來未之或改。歐羅巴洲有法蘭西國，即《明史》之佛郎機也。行天主教於越南，越人毀其堂，殺其人。法夷怒，屢攻越，越兵數敗。咸豐戊午，法據越之西貢。同治甲戌，法人於越南各大埠遍設領事。時中國以新疆未平，未遑南顧。光緒壬午，法人由西貢分兵四出，攻取順化河岸礮臺。癸未春，攻越益急，迫脅其王立約十三條。越南王遣其臣阮述、范慎遹來告難，朝廷以法人通商久，思感以恩信，未興問罪之師，命丁憂大學士李鴻章與法使議保護越南之策。法人慮中國阻其進取，其酋脫里固遽駕大艦至天津，聲言越南非我屬國，且云調大隊兵船先犯廣東。皇太后知法人叵測，命兵部尚書彭公玉麟為欽差大臣，赴廣東督師備禦，閩、浙、江蘇、山東、直隸各督撫整頓水師以待。先是有劉義者，一名永福，字淵亭，廣西博白人也。賈於越南，殺賊有功，屯墾荒地，方七百餘里，越王裂土封之，號雄威大將軍義良男三宣提督，屯北寧，越人謂之黑旂兵。同治間，嘗擊斬法酋安鄴。至是，法人將並越南，慮黑旂伺其後攻之，深入中伏，全軍覆沒，提督李威利授首。法之良也既敗沒，法人大震，中國知永福才可用，助以糧械軍火，法人屢

攻永福，皆為所敗。其酉迷祿、夏文相繼罷去，勢益挫，欲攻而餉不繼，欲罷而勢不能。然中國名雖助越，實無必戰心。法人攻宣泰桑臺，我兵皆不戰退，浹旬而兩地失，北寧勢益孤。當此之時，諸軍屯關外，久不見敵軍，心漸惰。提督黃桂蘭、候補道趙沃等，皆非將才。巡撫徐延旭頗勤慎，然暗於知人，且動輒請命於朝，多牽制。甲申春二月，法人攻扶良礮臺，總兵陳得貴、副將黨敏宣不戰退，桂蘭等相繼潰。北寧不守，延旭逮問論斬，代以湖南巡撫潘鼎新。得貴等斬於軍前，桂蘭、沃等皆遣戍。同時，雲南巡撫唐炯亦以河內海防失守，革職逮問，代以黔撫張凱嵩。鼎新既受命視師，與布政使王德榜屯諒山，招集潰兵，勢復振劉永福，屯保勝以為之援。法人屢以利啗永福，永福斬其使，誓不與法人共戴天，傳檄聲其罪，有云：饑剝法夷之膚，渴飲法夷之血。詞意激壯，海內誦之。當是時，永福忠勇之名聞天下。夏四月，法有內難，遣其臣福祿諾來議和，全權大臣李鴻章與立和約五條，許越南歸法人保護，且言中國兵之在越南者，於三月後盡行撤還。彭公玉麟上疏，言五可戰、五不可和，言甚切。至比奏入，而合議已定。法人不及至期，於閏五月初三日突以兵犯諒山。巡撫潘鼎新遣人諭之不退，徑以開花礮攻我軍，諸將大怒，擊敗之觀音橋，俘斬千餘人。法人忿甚，謂我敗盟啟釁，其酉孤拔、利斯卑士率兵輪泊閩、浙各洋，聲言北犯津沽，為要挾哃嚇計，索償兵費英金五百萬鎊。中朝未忍遽戰，於閏五月二十二日詔關外諸軍盡撤入關。六月，命兩江總督威毅伯曾公國荃為全權大臣，副以內閣學士陳寶琛，至上海與法使巴德諾脫議和。法使持前議益堅，全權大臣不可，僅許五十萬兩。事聞，奉旨申飭，議遂罷，曾公返江寧。侍讀學士許景澄奉命出使德、義、奧、和諸國時，同在滬上，知和議不可成，亦去。當天津和約之將成也，朝廷知夷虜狡詐不可信，詔沿海各大臣益飭邊備，勿以和為可恃。命山西巡撫張之洞總督兩廣，副都御使張佩綸為福建會辦大臣，加前直隸提督劉銘傳巡撫銜，督辦臺灣軍務。各購造軍械，招募兵勇為戰備。及法夷敗盟，東下勢洶洶，中國以有備，故弗之懼也。上海和議既罷，有美國人請於其國之總統領，遣大臣來華調停，使中法言歸於好，朝廷許之。法酉孤拔不待美使，突以兵入福州海口，窺伺馬尾鎮之船廠。又遣其副利斯卑士犯臺北之基隆山，為巡撫劉銘傳所敗。中朝仍未忍遽戰。七月初一日，法人遞戰書於揚武管駕張誠，誠達之船政大臣何如璋，如璋秘不發。初二日，各國官商乘船去，眾知必戰，請設備，張佩綸叱之出。洋教習法人邁達以告學童魏瀚，瀚畏佩綸之暴，不敢白。初三日平

明，法兵艦升火起椗，約未刻開戰，佩綸始怖，遣使請以詰朝相見。比登敵舟，礮已發，我軍為所乘。唯福星輪船管駕陳英力戰，餘皆不及施礮。輪船毀者九艘，商船及各艇船皆燼，士卒死者二千餘人。佩綸、如璋甫聞礮聲，即遁走，值大雷雨，跣而奔途，僕親兵曳之行，抵鼓山麓，復走彭田鄉，所至輒為鄉人所逐。初四日，法人以大礮攻陸軍，我軍統領黃超群等亦燃礮擊之，殺傷略相當。初五日，法船駛赴下游，閩安、長門礮臺皆為所毀，閩中大震。水師幾不能成軍，法軍亦焚一輪，壞一輪，沉一魚雷船。孤拔為我輪船中出洋學生張某發礮擊死，秘之，至明年四月和議成始發喪。澎湖謂以疾死。或曰殪孤拔者容姓，非張姓也。其人不言賞，賞亦不及。居無何，遂遁去，故世莫知其詳云。敗書聞，皇太后、皇上赫然震怒，詔沿海各督撫、提鎮一見法船，即行攻擊。命雲貴總督岑毓英、廣西巡撫潘鼎新由陸路出師，劉永福以提督記名簡放，賞戴花翎，率所部進攻。有以和議進者，交刑部治罪。至是，款議始絕，人人有敵愾心。朝廷追咎馬江之敗，褫總督何璟、巡撫張兆棟職，張佩綸及何如璋相繼謫戍軍臺。命大學士二等恪靖侯左公宗棠為欽差大臣，總督楊昌濬、將軍穆圖善為幫辦大臣，辦理福建軍務，閩中邊防復固。法人知福州不可犯，以全力圖臺灣。八月，基隆復陷，臺灣道劉璈激厲將士，固守臺南各口。其攻臺北、淡水、滬尾各口者，疊為福建陸路提督孫開華、登州鎮總兵章高元所敗。法人不得已，乃封禁海口，以困全臺。湖北提督程文炳帶鐵甲船十數艘，奉詔援臺。至廈門，不能東渡。當此之時，官軍分兩路入越南。滇軍陸路出白馬關，水路下蓮花灘，連克河內十數郡縣，軍聲大振。廣西軍出鎮南關，廣西提督蘇元春、總兵陳嘉等皆梟將，而潘鼎新不善調護諸將，主客不和，軍民嗟怨，號令不行。十有二月，法人悉眾來犯，谷松、諒山相繼失陷。乙酉春正月，法軍入鎮南關，桂軍統領高州鎮總兵一等子楊玉科戰沒，諸軍大潰，惟蘇元春、陳嘉所部尚完。廣西大震，南寧、鎮安、太平諸郡皆戒嚴。鼎新尋革職，按察使李公秉衡權巡撫，戢逃潰，撫創夷，迎楊武愍之喪，慟哭而厚殯之，諸軍感憤，勢復振。當諒山之未陷也，彭公玉麟逆知鼎新將僨事，奏遣前廣西提督馮子材率廣軍、右江鎮總兵王孝祺率淮軍赴越會剿，先後抵龍州，聞警急馳。抵南關，而諒山已失。兩人議同守關門，鼎新尼之，令其回防東路。及南關告警，復檄兩軍西援。比馳回，而法人已焚關而退，於關外十里之文淵州築礮臺以守。我軍於關內十里之關前隘，跨東西兩領築長牆以守，馮子材獨以所部萃軍當之，王孝祺勤軍屯馮軍後為犄角。其北則蘇

元春毅軍、陳嘉鎮南軍屯幕府，又北則總兵蔣宗漢廣武軍、提督方友升親軍屯憑祥。關之西則鄂軍統領魏綱屯艾瓦，防芄封。關之東則布政使王德榜定邊軍①屯油隘，專備抄截，兼防入關後路。諸軍布置既定，越人密報法將襲芄封，蘇元春及魏綱移屯其地，馮子材分軍屯扣波以邀之。法人攻營，為馮軍所敗。二月，法人聲言將大舉來犯，馮子材謀先發制之，與王孝祺夜襲賊營，鏖戰良久，破其二壘，我軍傷亡多，乃還。初七日，法提督尼格里也大起諒山之眾，來犯我軍，法兵在前，阿非利加黑兵次之，西貢洋匪次之，教匪又次之，直撲長牆，槍礮雨下。東嶺五壘，賊攻踞其三。王孝祺率師抄賊後仰攻，賊稍卻。蘇元春援軍復至，諸軍合戰竟日，入夜始收隊。初八日平明，復大戰，馮子材、蘇元春居中，王孝祺當右，陳嘉、蔣宗漢當左，下令凡有退者皆斬。馮子材、王孝祺手刃退卒數十人，我軍死戰，不復退。賊勢益猛，馮子材短衣草履，率其子相榮、相華，持矛大呼而出。軍士見之，皆感奮。關中客民遊勇皆來助戰，呼聲動天地。馮軍之分屯扣波者，亦由關外西路而來，夾攻其背。王孝祺部將潘瀛裸體大呼，衝入賊陣，西路賊大敗。萃於東，陳嘉爭東嶺所失三壘，蔣宗漢繼之，各負創不退。會王孝祺自西路率師至，抄賊後，與嘉等合擊之。日晡，將三壘奪回。而是二日，王德榜油隘之軍亦大破援賊，部將張春發、蕭龍德手刃法酋法兵甚眾。駝馬所負量糧械，半為我軍奪獲。餘皆返走，不得入關。法軍缺軍火，炮聲頓息，土兵路熟先逃，真法兵斷後，為我軍俘殺殆盡。尼格里也受重創遁，諸軍乘勝追之，生獲及陣斃其三劃、四劃、五劃兵頭甚眾。先後攻克文淵、諒山、谷松暨長慶府，獲金銀糧械無算。是役也，為軍興以來第一大捷，而馮子材之功為多。子材前已奉命幫辦軍務，至是詔加太子少保銜，賞輕車都尉世職。諸將賞賚有差。法軍既大敗，國人洶懼，咎主戰者，逐其外部大臣裴禮，將執殺之。裴禮知中朝尚未知越軍勝負，亟電稅務司，屬其走謁醇邸請和，以不索兵費、越南歸其保護為言。稅務司如其言，時醇邸方優越事，喜和議自彼發也，悉允其請，不半日而議定。逮明日，而馮軍大捷音至，慈聖大悔，欲持其議不下，以醇邸已與畫押，重違其意，北洋大臣李鴻章亦力主和議，遂許其行成，詔諸軍退入關。遣左都御史錫珍、鴻臚寺卿鄧承修等至津沽，與法使會議。而是時，法遊軍攻鎮海者屢，為參將吳傑所挫。滇軍在越者，提督王永安、何秀林、總兵丁槐、朱洪章等，亦疊敗法人於宣光、洮江等處；主事唐景崧由牧馬進窺太原，馮子材刻期進攻北寧，部將馮紹珠、麥鳳標攻郎甲，莫善喜由欽州襲廣安。越民苦法暴虐，

簞食壺漿迎王師。越遺臣多聚保山谷，受馮軍旗幟，請為鄉導，海陽、河內、太原等處義兵蜂起，所在響應。北寧總督黃廷經，立忠義五團營，共二萬餘人，自備糧械求助戰。法酋大懼，謀棄北寧遁去。而班師之詔忽至，諸將大驚。前湖南提督一等子鮑超時亦奉命督師，在越麾下將士拔刀斫石，流涕請戰。提督劉永福憤惋尤甚，請以所部獨進，總督岑毓英諭以大義，脅以危言，乃聽命。師既退，所復地仍為法有。越臣民之舉義旗者，多為法人所戮。其得免者，惟興化巡撫阮光碧、山西布政司阮文甲所部，入居三猛而已。夏四月，和議成立，和約十九條，越南聽法保護，法商許至滇、粵內地貿易，中國於界上設關收稅。秋七月，命內閣學士周德潤至雲南、鴻臚寺卿鄧承修至廣西勘中越邊界。越南地二十二萬英方里，人民二千一百萬口，盡以界之。唐虞以來，中國數千年屬地，至是竟為法夷所據。

論曰：我聖祖仁皇帝嘗謂中國馭夷，無如一大創之之法。嗚呼！此古今不易之定論也。自倭奴狂猘，薦食流虬，俘我藩王，降為氓隸，中山苗裔不祀，忽諸申胥之苦雖痛，秦伯之師不出，夷人自是益懷輕我之心。前虎弗拒，後狼繼進，迎恩旨亭既墮於那壩，仰德之臺復毀於日南，是可忍也，孰不可忍！奈當軸大臣首鼠兩端，和戰之議久而不決，機昧先發，師遂輿尸。我皇上天威赫怒，殺伐用張，諸元戎不與戴天，喋血苦戰，大捷南關，斬馘無算。彼精銳殲於外，臣民訌於內，號哭之聲沸於巴黎，勢不能復，為困獸之鬥。而我矯矯虎臣，乘疾風掃葉之勢、有黃龍痛飲之思，奪北寧，拔順化，在指顧間耳。得此大創，非惟法夷膽落，凡異類旅居於華者，皆將懾我聲威，不敢輕萌異志，海疆庶有豸乎？計不出此，亟許行成，馬援之柱未立，張輔之師先班，朱鳶之地淪亡，白雉之貢遂絕。是猶肉投餒虎，而求其不復咥人，必不可得，且恐耽耽而視者之環而起也。彼由高平府之麗江順流而下，粵之左江、右江、灕江一葦可航；由者賴、普梅二河溯流而上，可以直達廣南；由開化、三盆二河溯流而上，可以略取沿邊各土司，而達於臨安、元江、大理、鎮沅、普洱、順寧諸府。又況緣邊數千里，徑路紛岐，防不勝防，邊備稍疏，即虞侵軼，滇、粵自是無寧宇也。今者元勳宿將遍列岩疆，師武臣力足振華威。一旦老成凋喪，存者髀肉亦生，求如今日之能為大創，何可得哉？一日縱敵，數世之患，記載至此，不能不太息痛恨於謀國之不臧也！

【校記】
①「軍」，原作「車」。彭玉麟《會奏廣軍援桂獲勝及遵旨撤兵摺》：「王德榜定邊軍

屯油隘，專備抄截，兼防人關旁路，在關外東三十里」，據改。

先君癸丑靖亂記

先君諱蔚林，字松岩，縣學生。學行具載郡縣志，暨長沙王祭酒師所譔墓誌，而癸丑靖亂事約弗詳。癸丑者，文宗顯皇帝即位之三歲也。時粵賊陷江寧，破鎮江，下揚州、淮、徐，繹騷鹽城，民一夕數驚。宗人有女為縣小吏婦，自城歸里，人趨問之，女詭言賊至劉莊矣，楊知縣攜印夜遁矣。眾大恐，有泣者。女父常齡素桀黠，好亂大言，曰：「汝曹懦哉？此汝曹求富貴之時也。奚泣為？」眾問故，常齡曰：「吾聞洪、楊有帝王之度，所至不戮。降附若聚，眾往迎，萬戶侯可立致也。」眾疑未決，適村學究薛某自外至，眾告以謀。薛某曰：「此最上策也。君等起事，我當為軍師。」計遂決。號召丁壯，得三百餘人。壁於捍海堰西之某村，而薛某、常齡為之魁，聚芻糧，制旗械，劫商旅，籍殷富，戕梁設榷，水陸阻絕。

時先君方授徒阜寧之東鄙，距家百餘里。揭竿已五日，猶弗知。比聞知，則賊已擊敗上岡，巡檢盧某、知縣楊維藩率營兵將至矣。急乘小車歸，夜入賊巢，諭以利害，言甚切至。眾方礪兵刃，謀拒戰，聞言氣沮，漸有逃者，薛某不能禁。比昧爽，而壁壘空矣。官兵至，不見賊，乃縱火燔廬舍。刊章名捕，株連蔓引，駢繫旄倪，將讞以邀賞。先君集貲賄犒，盡脫其俘，請止捕首惡，餘赦勿治。逃者皆歸，兩渠相繼道死。由是鄉人皆曉然於禍福順逆之理，安耕鑿，無異志，且相率團練，謀殺賊以自衛矣。

玉樹生於是年三月二十三日，距亂定廑數日耳。邑之父老恒相謂曰：「陳君有功德於鄉，後嗣當有興者。」惜玉樹蹇劣，數試春官不第。年逾四十無聞，不能光昭先德，以慰黃壚。書此，不覺流涕之覆面也。

重栞欽定勝朝殉節諸臣錄恭記代

臣聞：臣無死志，郢乃不守。國有興斃，魯未可望。演納肝於滎澤，齊援渤興；蠋絕脰於樹枝，莒王載立。朱鉏同車偕獲，則吳有戒心；甯武闉城蹈刃，則闒讜退還。知政命遂志，可曼宗社之祚；國殤鬼雄，足寒寇戎之膽。欲拯世變，當淪臣心。莫肯致君以身，焉能敵王所愾也乎？

我高宗純皇帝《欽定勝朝殉節諸臣錄》一書，所以激厲簪冕，楷柱彝倫者也。舊有二本。一曰殿本，刊於乾隆之柔兆涒灘；一為浙本，刻於嘉慶之強圉芒落。百閱阰荼，中更兵燹，流傳蕫蕫，知者落落。詢之書賈，鮮能舉名。

雖叢書之鏤，今匪不眾，然課經藝者隆尚訓故之作，矜時務者流佈疇人之言，唯是編未賡棗梨，知時彥誋言氣節久矣。

歲在鶉首，星搖狗國，遼瀋糜碎，津渝繹騷。堯獨憂而顏臒，文昃食而罔暇。當食思將而莫獲，遣使張旝以行成。渝平定要，四月維夏，小愒難恃，百優填膺。爰撢是錄，畀諸梓人。剞劂甫斁，巽同謹校。分承其事者，則揀選知縣臣陳玉樹、候選訓導臣陶鴻恩也。臣聞宣聖諭成人，不外見利見危兩端；《曲禮》重廉恥，必懸苟得苟免為禁。文羞愛錢，武恥惜死，而不可以底太平者，古無是也。浸假矯癖宏愚，疾疢胥同；呂姥蕭娘，巾幗忍受。在官徵渠伊之錢，在軍棄於思之甲。畜秦準之佳馬，仍檀公之上策。草間求活，習並媮生。縱饒兵糧，徒藉寇盜。雖更令甲，奚繇富強。如其甫膺一命於朝，奮厲九死之節，劉視菹醢而若薺，文甘訂鑊而如飴。乘車掛肉，易雄靡有二心；夾版鋸頭，孫揆不畏獨眼。沈尹之首可剄，何愛子常之驌？是修之頸可經，皇恤胡廣之豕？捨命弗渝，安問鏐鐐；臨大不奪，是可託寄。宋相司馬而契丹知懼，漢任汲黯而淮南寢謀。則聖皇陶甄萬世之書，即今日涖治群醜之要。凡在百爾，宜置一編。遹先帝之彝訓，士氣廞熙；鞏臣道之綱維，戎心脅閱。瀛海波晏，方隅砥平。斯則蟣虱之臣孑蜺而望者也。

劉明府建尚志書院記〔註1〕

劉明府名崇照，字楚薌，鎮海人。呂庶常出宰鹽瀆，潔己敏政，糾暴撫瘝，紹範捍海，歲穰民愉。既養興教，爰掔資庀材，創精舍二十楹，蓄書數千卷。遴高材生十有二人，藏修其閒，歲給餐錢四十緡，俾勤肄經史，暨掌故、輿地、經濟之學。謂玉樹曰：「孟子目居仁由義為尚志。斯書院也，街曰義井襟其前，里曰居仁控其右，宜目尚志名。」復採玉樹言，崇祀官於鹽者，畢烈愍拱辰、何公文郁、郝忠烈景春、劉武烈同纓；產於鹽者，王節愍百度、酆節愍報國、司邦基石磐、李篤生幹材、樂君雅大章等於堂廡，曰：「此皆曩之成仁取義者也，志夐乎尚已，宜俎豆之楷多士焉。」玉樹以仳薪餼修羊。

明府既去職，援古義力避講席，爰晉諸生而告之曰：古者軍中徽幟謂之志，《史記》「沛公使周昌職志」是也。射夫立鵠謂之志書，《盤庚》云「若射

〔註1〕（清）徐嘉《味靜齋文存》卷二有《尚志書院示諸生說》、《復示諸生說》，可參。（《清代詩文集彙編》第728冊，上海古籍出版社2010年版，第428～430頁）

之有志」是也。矢鏃謂之志，《爾雅①·釋器》「骨鏃不翦羽謂之志」是也。其在大徐本《說文》，志從心屮。屮亦聲，故朱子云：「心之所之謂之志。」幟得目志名者，幟，標也；志，行之標也。鵠得目志名者，鵠，的也；志，身之的也。鏃得目志名者，鏃貴銳入，戒旁出；志亦貴銳入，戒旁出也。《學記》曰：「官先事，士先志。」學不立志，猶軍無幟，射無鵠，矢無鏃，汎汎然如絮如萍，隨風漂轉，罔有定。終其身，靡靡無植立之一日，知其人下達靡屆，究矣。夫學者疇不有志，然大抵誤意念為志意者發諸一時，念者注諸一事，志者要諸終身，故意可移，念可忘，志不可奪。其在虞翻《易注》曰「坎為志」，坎，水也，水萬折而必東，不可移之西。志之不可奪猶是矣。然或立志而為外物奪者，何也？其所託者卑也。今有一物於此，寘諸平地，雖髫稚得而奪之。移寘諸高屋之脊、峰嶺之巔，雖難奪猶有能奪之者。若懸諸雲霄之上，雖以惡來之力，慶忌之勇，良、平之謀，欲仰奪之，亦萬萬不可獲矣。王子安所謂「青雲之志」，即《易》所謂「高尚其志」，《論語》所謂「不可奪志」，詎後世巍科崇爵之謂哉？今之學者，淺則制藝，深則經史，守故者窺漢宋之戶，喜新者探算譯之奧要，皆懸科名祿位以為標的，名位俞進，廉恥俞退；名位俞顯，倫理俞晦；致政教俞懷，人心風俗俞污，則謂夷戎之侵軼、姦軌之殷繁、財賦之貧弱、疆宇之危脆，皆學者之志，速之可矣。張蒿庵曰：「學者一日之志，天下治亂之源」〔1〕，可不慎哉！學者誠感憤世俗，抗希在昔，欲躋其志於雲霄之上，先降其志於溝壑之中。志甘溝壑，則能不愛錢，不惜死，而措天下於太平之域。孟子所謂「居仁由義，大人之事備」者，舉不外是。此明府尚志命名之義也夫。今明府雖目縷斐去位，仍留貲充院長膏火，復寄五百緡振活瀕海溝瘠，其眷眷我士民若此。孔子曰：「讒諂之民，有比黨而攻之者，身可危也，而志不可奪。」雖危起居，竟信其志，猶將不忘百姓之病也，明府有焉。諸生躬被飲食教誨之慎，順陽思劉之歌，與潁人借寇之計，吳甿挽鄧之思，誠有不能一日蔑諸懷者。然諸生患不目聖賢之志為志，無患繼明府者不以明府之志為志也。

　　諸生既退，予亦束裝。爰述巔末，書訓辭而為之記以勉，附於古人贈言之義。

【校記】

　　①「雅」，原作「雖」，誤。

【疏證】

〔1〕張爾岐《辨志》：「學者一日之志，天下治亂之原，生人憂樂之本矣。」

集雅園記代〔1〕

南清河居淮海湖運之交，為禹貢揚徐分界之地，南走吳會，北達京師，國家治曰文武大吏，屹然為東南重鎮，而又有重臣星使往徠絡繹，伺候迎送，日不暇給，蕞爾一縣，劇侔省會。故官其土者，率刓精敝神於周旋磐折之途，多匆遽勞頓之容，少夷曠閒適之致，觴詠遊讌，終歲罕聞。非其才力短絀，要亦地勢使然也。

余曰上章攝提之歲，奉命觀察茲土。甫一載，遷調會城。迨昭陽大荒落之阪月，復蒞是邦。植霖澍弗降，二麥焦萎，蝮蜪蠕蠕，所在蠢動，穀價騰踴，萌黎大筈，所轄十七州縣皆曰恒暘告，而海潮矜鹹，溢湧畎澮，尤為鹽阜、興化等縣剝膚之痛，岌岌不可終日。余念夫重光、元黓兩歲，禾稼弗登，饑民扶老挈幼，逃往江南丐食者，踵接於道。設仍饑洊饉，元元何堪！日思所曰救菑捍患，曰紓吾民而殫吾職。而簿書酬接，曾不少減；浮文妨要，勞勩彌甚。幕中三五方雅之士，憫余庸庸憧憧，無復官會城時之暇豫，僉謂宜為小園，曰遊心息神，節宣勞逸。予謂山林園圃，乃幽人逸士之娛樂，而退休者所以逍遙歲莫，非在官所宜言，而亦非此時此地所可言也。然孔子有言：「清明在躬，志氣如神」；柳子厚有言，「氣煩則慮亂，視雍則神滯」；古名臣賢大夫率多不廢遊觀，豈坐論散誕，廢乃官守？抑以開圈其清明，疏滌其煩雍，使志寧而識遠，理遠而事集也。然則園之俶作，其未可已乎？迺於署西偏，經營規畫，濬渠一泓，時花木數十本，屋宇亦稍稍葺繕。構造未彌月，天降甘雨優渥，蝗滅無遺種。委員赴鹽城築堰捍潮者，伻來告竣，而吾園亦成。爰偕賓友，宴會其中，殤詠累日，取宋人雅集之名，而倒之以集雅署其門而為之名焉。而觀者顧謂規制未宏，視金陵、姑蘇諸名園有泰岱培樓之分，此說然矣，而未盡是也。

憶昔同治初，寇賊未殄，海內方多事。予從新寧劉武慎公治軍書，犇走於燕、齊、楚、豫之郊，所過名山大邑，往往有顯者園墅。賊至爭攘為官舍，兵至則捨去之它，酬曰一炬，敗棟頹垣、廢墟焦土，掩抑於荒煙灌莽間，行者見而心惻。矧園之主人及其子孫，於盛衰興替之際，感喟歔欷為何如耶？今天下雖久無烽燧之警，而莠民踵伏，伺釁於內；俄夷鴟張，虎視於外。水旱

風雹，歲歲告災。庫帑虛乏，計臣束手。聖天子恪恭祗懼於上，土木憚興，蠲振屢下。修建一園曰頤養聖母，逾數載不克告成，此內外臣工所宜心疚。予小臣，待罪茲土，縱不念昔日兵燹之慘，近日酬應之擾，官舍轉徙之速，亦當上體鑾座恭儉之懿，斫華飾曰就樸素，安不足曰留有餘。園之湫隘，非所恤也。

抑又聞之，昔荀卿云「正而有美德者謂之雅」，周續之云「物由我正謂之雅」，劉熙《釋名》曰「言王政事謂之雅」。古之所謂大雅，內之有曰正其德，外之有曰正其政，非若今人之所謂雅，僅流連詩酒，吟弄風月而已。吾願集於吾之園者，不曰余為不敏，敷陳古義曰相敦，俾吾無隕越於此繁劇之區也，是則吾以集雅名園之意也夫。

【疏證】

〔1〕「上章攝提」，庚寅。「昭陽大荒落」，癸巳。俟考《民國續纂清河縣志》。

懲洋鎮施棺局記

懲洋鎮西距阜寧縣治七十里，東距射陽湖入海處百有餘里，歲苦海水浸溢為菑，閭閻辛苦墊隘，形鳩面鵠者十數載於茲矣。光緒癸巳春，鹽邑多士激於興化薛君銘思之言，走謁淮揚謝觀察，請貲萬緡，築堰於石礇、天妃各海口，以瀦河淡而禦海鹹。於是高、寶、興、泰諸州之水，不獲趨新洋港，皆假道射陽湖，以朝宗于海。瀕湖之民，大獲灌溉之利。曩之斥滷，今多稻粱，比戶漸騰豐樂氣象。維時，鎮之人士相聚而言曰：「天之惠愛吾曹甚矣。吾曹弗黽勉自力於善，大懼無以仰承天庥，奈何？」維時，議者數十人，皆歡忻鼓舞，各捐貲十緡，購材木，召工匠，斫為棺櫝，貯之局，以待里中之貧無以殮者。其有不及十緡亦納焉。

局既創，遂馳書來鹽，屬予為文記其事。予嘗謂有餘而以濟人，千金萬鍾，揮手輒盡，而略無驕恡容態，此天下之至樂也。然目擊夫里黨竆人，生無以養，歿無以葬，其妻子被髮號踴於吾前，求一薄棺以殮，吾雖有以應厥求，吾之中情固已愴矣。此天下之至不樂也。而惡知此至不樂之事，仍有至樂者寓其中乎？溯自元黃剖判以來，唯三代以前，殺運未盛。自秦、漢至於今日，此二千四百年間，或歷二百餘年而殺運一興，或歷百餘年而殺運一興，或不及百年而殺運一興。其逾三百年而不興殺運者，蔑有焉。夫水火、飢饉、疫癘，無一非彼蒼之甌刀，而猶若身首未分，罰不蔽罪，於是復以蠻夷寇盜

佐之，使夫蚩蚩者塗膏郊野，流血川原，殘肢臠體與瓦礫榛荊相雜粗，而不聞有哀弔殣瘵之人。設諸君子不幸身際其世，雖家有叢山茂林，材木不可勝用，亦將苟全性命，奔逃伏匿，而不敢出，寧能制千萬棺槨，入豺虎叢中以施，澤及枯骨之惠也哉？然則諸君子生值宇內清晏，優游於金甌玉鐲之中，幸免於血瀑魂風之警，目擊夫貧而死者，無一非正命考終之福，而吾之哀厥死者，又無慚於周急濟困之仁，此足以彌造物之憾，而行吾心之安矣。其愉樂為何如也耶！然念及此，而吾曹懼滋甚矣。當咸、同間，宇內鼎沸，群盜如蝟毛，十八行省之民死於粵匪、撚匪、回匪者，如恒河沙數。而自運河以東、海岸以西、射陽湖以南、揚子江以北，此數百里間，獨為群賊之所未至。溯自嘉靖己未倭寇蹂躪後，不罹鋒鏑之禍者，已三百餘年矣。今者文酣武嬉，網解紐弛，民踔伏於島內，夷虎視於外，小休小安，難可深恃。設不幸有寇盜之警，縱不足為害邦國，而此瀕海數百里間，未必復為造物所矜宥也。其可憂懼為何如耶！然人事修則天災可弭，人心誠則天意可回，一介之士志切悲憫，亦皆有轉移氣運之權，不必其印磊落、組流離也。

夫薛君特興化一諸生耳，僑寓於鹽，無尺寸之柄，而能以危言苦口激勵鹽之三五措大，請命築堰，以遏大海潮汐之來，而救瀕海元元之命，於以知劫海狂瀾之亦可以人力障也。諸君子誠由施棺一事擴而充之，無時無事不以濟人利物為念，所以挽拒劫運、續迓天和者，胥於是乎在此，吾所以作記之意也夫。

俯仰今古，欣慨交錯。題纖文鴻，時彥所罕。近日里人讀此文者，亦捐資創立施棺局，此以言感人之明效也。受業馬軾謹注。

阜寧人公立淮揚道謝公德政碑記

鹽城舊志載前明大學士葉向高贈鹽城陳令序，言其治射陽、石䃟二閘，使水無橫溢，且資以為利。射陽閘於他書無考。當雍正、乾隆間，朝廷屢遣重臣興修淮揚水利，淮南各場閘座以次修建，獨未議及廟灣之射陽，論者以為遺憾。不知建閘以捍禦海水，凡海水西侵，無河水以御之也。鹽邑之石䃟閘及天妃、正越二閘，誠能以時杜塞，則高、寶、興、泰州縣之水不獲趨新洋港，勢必犇匯射陽湖，以朝宗于海。湖納眾流，則勢益壯盛，以扺拒海水而沛乎有餘，安用閘為？自鹽邑閘圮，不可扃閉，鹽民病而阜亦相隨屬矣。

當咸、同間，海潮恒數歲一灌洳澮。逮光緒戊子以迄壬辰，鹽阜之民無

歲不患苦鹹潮。沃衍廢為斥鹵，重穋污為蒿萊，課稅化為逋負，人民瘠為鳩鵠，桔槔斧為爨薪，魚鼈蝦鰌之所泳遊為馬銜海童之所馳驟。以透迤五百里之射陽湖，幾無升斗瀳水以飲犢作糜，而灌溉罔論矣。殘喘元元胥疾首痛心，仰天而號曰：「蒼蒼者竟不復生吾人乎？」而觀察謝公適以編修監司淮揚，下車未旬月，即旁詢部民疾苦，而知天吳鼓濤為鹽阜大戾，慨然曰：「吾奉天子命，觀察是邦，其忍秦越視吾民而不援手乎？」數以修閘之利幹制府，制府屬之價人，價人以庫藏罄懸再議而再罷，而築堰代閘之議於是興焉。然以盈庭聚訟，亦未能遽決也。迨癸巳春，有小旱，海水復大至，民惶惶如值寇盜。玉樹急犇告於公，公急檄堰盯泛千總許恒昌、鹽城縣知縣劉崇照，率三五人士庀材鳩工，築堰於石礎、天妃、三口。當此之時，潮汐怒漲，波濤險猛，財用匱絀，役夫悍不用命，臯臬訛訛之徒爭鼓喙而議其旁，謂功必不成，成亦旋潰，至以蕭粱淮堰目之。公排拂浮說，主持堅屹，日馳書翰，勞來瘝人，眾益迅奮，黽勉從事，兩越月而三堰底成。河海判流，侔於勞燕。淡鹹截界，嚴於夏夷。上游汩汩之水，鄉繇鹽邑朝谷王者，至是皆辭鹽，假道於阜。射湖兩厓數百里，久輟耰鉏之氓，驛覶瀨流，若竇暴富。爭導清漪，溥蒔香秔。白露既瀼，黃雲無垠。甌窶窪邪，篝車盈溢。闕逢敦牂之歲，更碩於昭陽芒落之年。

維時，阜之士庶萃而言曰：「遊漢廣者，不忘嶓冢。飲江水者，還懷岷陽。吾曹以墊隘之餘，獲康年之眖，我公痾痾之德，其可菱乎？」以玉樹會與此役，爰馳書抵鹽，屬譔記垂之永永。玉樹嘗謂自簿以上，若州、若縣、若廳，皆治民之官；自督撫以下，若司、若道、若府，皆治官之官。治官之官謂民事無與於己，治民之官日單竭精力以分應，治官之官幾無餘暇以勞民事，而民事巨者又動必請命於治官之官，而治官之官又不能俯體民艱，悉諾其請而無違咈，於是民事惰、民生蹙矣。公以治官之官事治民之官之事，如逮捕訟師、擒斬劇盜，阜人飽其德舊矣。今復築一邑之堰，為兩邑之利，廣斥膏沃，瀉滷稻粱，不使李式、常豐、希文捍海專美於前，此德政之峻且遠者，不可無記，以諗後之人、後之官是土者。慎毋蠱於諓諓之言，輕議啟堰，使汝南飯豆羹芋之謠，重興於射陂、黃浦間也。公名元福，字子受，廣西桂林人也。

阜邑流民記

阜寧西南稍沃衍，東北斥而磽，少澮川潴洩之備，旱潦皆病，雖中歲不

免苦饑。每歲來牟既播，輒墐戶去井裏，乞活吾邑，或散佈通、泰間，南至蘇、湖。大率秋季而出，春仲而反，歲以為恒。獨光緒丁酉春，歸者復出，居者亦行，父老謂三十年來所未有也。

當是時也，天漏霖淫，陰多晴希，濕雲暖空，旬不見旭，斗將指辰，冽如杪冬，畦蔬不苗，隴麥沉水，薪米騰踊，糯米一石值錢五千有奇。十室九罄，突無炊煙。瀕海俗悍，伏莽蜂起，攻奪富室，狙擊行旅，衢路梗塞，商販阻絕。民俞饑而穀俞昂，民既無所得食，提挈耄穉，流冗遠道，入鹽境者踵趾相錯。叢祠佛宇，至不能容，皆衣敝履穿，面黎喙鐵，枯槁蕉萃無人色。丐食不得，僵踣於路，遇淫雨則蹀躞泥淖中，如豕負塗。榮根豆蔓棄擲戶外，不可淪者，流民掇而生啖之，以為至美。一日，予過湖村，見流民數十人，憊不能前。一老父握錢入酒家買糟數升，稚子掬而吞之，老父怒批其頰，謂：「留待陰雨，和水而食。今日天晴可乞食，汝安得飽此？」予見之，不覺涕下。手無斧柯，永歎而已。淮陽道臨桂謝公元福，仁人也，聞而愍之，檄阜寧令籌貲振濟，令言四境之內無饑民也。

論曰：古今備荒之法，無逾朱子社倉。然非其人，則亦弊耳。昔歲在戊寅，固使吳公元炳撫江蘇。鑒於晉、豫已事，檄寧、蘇七十有二屬各建倉，備無年。時阜邑倉亦繕矣，錢斂於野，穀貯於邑。正賦之外，畝徵錢十，歷六七年未罷也。然而縣無茂宰，傅捨視官，任豪猾侵蠹，莫敢糾剔，或且持其短而要之，或控諸大府。大府檄郡守往按，董督其事者，乃積糠數十囷，覆秔少許其上，儼然多稌矣。哀雁嗷鴻，欲目為稻粱，得乎？欲安撫流氓，惠費必矣，匪輕利重仁義者不能也。拾孔距心之藩，足拒監司之命，詭言邑無饑民，胡為耶？然琴堂深遠，去窮閻不啻萬里，據眸所不覯，耳所不聆者而謂之無，或亦未為罔也。

記邑某令

邑令某玩視民瘼，以善催科寵於上官。光緒丙子夏，不雨數月，苗稿如焚，蝮蛸茵地，螽蝗障天，鹹潮逆灌溢畎澮。民以狀聞，令大怒曰：「庭樹未枯，乃敢妄陳荒欠，欲求豁免錢糧耶？」民相視愕眙，不敢發一語。有黠者謀於眾，詐報竇人某為富家子所殺，求往驗。令大喜，急率僮從數十人，帆檣絡繹，昏夜馳往。吏先至者，見河干有尸儼一人，仰臥於地，面血衣赤，覆以席，不疑其偽也，問殺人者安在。未幾，令至，榜人初艤艇，令揚揚自舟中伸

首出視。將登岸，村中男婦千百蜂擁登舟，有縛枯苗一束擲於前者，曰「此被殺者也」；又有執螽蝗數十捧、鹹水一盂棄於地者，曰「此殺人者也」。臥於地者，亦躍而起也。令大驚，不知所為，但呼曰「速去速去」。吏尚有索錢者，眾欲鞭之，乃不敢言，怏怏而返。

論曰：今之為官者，皆為身家耳，非為民也。彼衣輕煖，食肥甘，尚恐窮餓而死。豈小民室如縣罄，野無青草，反不畏死耶？報荒歉則怒，報命案則喜，其意無非為囊橐計也。御史江陰徐文泂奏言州縣為親民之官，必久於其任，方能熟悉情形。請敕吏部明定章程，量予限制，勿任更換紛紛，貽誤地方。嗚呼！玩視民瘼如某令，尚可久任也哉？廉能者挽之不留，庸墨者推之不去，非可以定章限制也。不請皇上讀書窮理以養知人之識，朝廷慎簡督撫、督撫簡慎循吏以收用人之效，而欲以久任清吏治，可謂不揣其本者矣。

記客言

客有薄遊豫章歸者，言江西轄廳州縣七十有三，每屆陬月，長官無一寧居於署者，故土人有正月無官之諺。予詢其故，客曰：「自某公巡撫江西以官為市為人擇地計缺奠價上之予奪下之得喪者定於歲首設有彊項令安宅義命，委心去留，則吹毛索瘢，授意方伯，重則登諸白簡中以計典，輕則遷署瘠區，調省差委，鮮有能燕於位者。故州縣長吏本奏恐後，爆竹甫鳴，輕舠曉發，皆以赴省賀節為名。事無洪纖，委諸丞尉。或距省道遐，或議久不決，至仲春未能返署，閭閻冤憤無可控告，豪猾彌橫，寇賊眾多，故江西吏治較他省為尤濁云。」予曰：此風豈惟江右。他省吾弗敢知，江蘇牧令十數年來，正月不赴白下者鮮矣。談吏治者慨念爾江總督沈文肅不置也。

書潘震乙

家之有譜，猶國之有史也。直筆無私，亦有得禍如齊太史者。南皮廩生潘震乙者，骨鯁士也。光緒三年春，纂修族譜。族子潘象忠之母李氏，妾也，震乙筆之於譜，亦曰妾也。象忠怒曰：「吾母乃吾父之繼室也，子乃貶吾母乎？」震乙不答。六年十月，譜藁成。象忠使其友龐鳳儀、潘子法請於震乙曰：「君若改書繼室，象忠必有以為壽。」震乙怒曰：「魏收得尒朱氏金，於榮、兆、天光、世隆等傳抑揚其辭，以此稱穢史。余豈見利狗私如佛助者耶？且側室亦何傷？改書繼室，置其嫡母於何地？在李氏為奪嫡，在象忠為背親。一字之更，倫常瀆亂，吾不為也。」象忠憤甚，伺震乙於途，殺之，棄其屍曰：「使

汝葬犬腹如魏收也。」君子曰：「如震乙者，齊太史之流也。」象忠既殺震乙，逃去。震乙子修祚訴於朝，詔下直隸總督李鴻章檄南皮令嚴緝兇犯，至七年冬，罪人尚未得也。嗚乎！直道之難行也，有如是哉！

書瞿定邦

鹽城有瞿定邦者，咸豐初為東海營千總，隨長官入洋捕盜，誤殺無罪數人。瞿性素慈，知其誤，常蹴然有不寧之態。升洪湖營都司，與河帥不合，求入督標剿賊立功。至常州，見總督何桂清，何亦惡其為人也，曰「戇甚，在軍必債事」，降補三江營守備。三江營舊屬狼山鎮，標粵匪之亂，改隸京口水師。時為京口副將者，崇明曲耀乾，後為海壇鎮總兵者也。曲與賊戰，敗圖山下，突至瞿署，瞿臥未起，曲問故，從者以吸食阿芙蓉對。曲怒，拂衣徑去。瞿振衣亟起，曲舟已離岸，倉皇踞岸上，請勿行。曲不答，揚帆而去。次日，曲書至，詰問不出師救援之故。或謂瞿親往謝罪，可免。不聽，自是多囈語，如癡狀，言「曲耀乾，會要錢」，編為歌謠，終日狂歌舞蹈，聲聞于外，蓋有鬼物憑之，不自知其言之過矣。復遇曲所，親歌之，曲聞大怒，劾罷其官。困甚，客死海州。

論曰：瞿定邦之殺人，誤耳，鬼且為祟。況有心冒功者乎？李廣殺降羌八百人，以此不得封侯，後卒自殺，良有以也。為將者可以知所戒矣。

卷　九

明都司酆公報國諸生司公邦基傳

酆公名報國，明福王時，官廟灣屯田都司。司公邦基字石磐，明諸生。皆鹽城人。順治二年夏六月，大兵下江南，福王奔蕪湖被執。二公起鄉兵，擁立故明宗室新昌王，破興化，進攻淮安，都統准塔擊斬新昌王，復興化，二公為海寇馬四祿、王大功所縛，詣江寧投誠。見大府，挺立不跪，且爭死。酆公曰：「彼書生，我劫之為書記耳。」司公曰：「我實首事，奈何諱之？」在獄狂歌痛飲，酣嘗不輟，係幽六十餘日，俱斬於市。乾隆四十一年，酆公賜諡①節愍，司公從祀鹽城忠義祠。光緒乙未，知縣鎮海劉崇照建尚志書院，奉二公栗主其中云。

論曰：舊郡縣志不載二公事，《明史槁·吳應箕傳》、《明史·邱祖德傳》並載之，而未詳也。《明史》與汪氏《史外》、溫氏《南疆譯史》、楊氏《三藩紀事本末》、徐氏《小腆紀年》，止稱都司酆某、諸生司石磐，不載其名。二公之名，於《國史·沈文奎傳》及《東華錄》得之。文奎疏稱「招討酆報國、兵部司邦基」，今止稱「都司」與「諸生」者，二公以都司、諸生被恤典，《欽定勝朝殉節諸臣錄》所載，不敢違也。「廟灣屯田」，諸書所不載，僅見陳一舜《廟灣志》，然《志》作「封報國」，蓋音近而字訛矣。司公墓在縣治西南姚樂莊，酆公墓今無可考云。

【校記】

①「諡」，原作「謚」，誤。

明諸生七世祖黃道公傳

公諱景星，字黃道，明季諸生，與同邑司公石磐、孫公光烈友善，以忠孝大義切礪。順治乙酉夏五月，大兵南下，江南北郡縣皆迎降，司、孫二公起兵抗節死，公亦慨然焚筆硯，棄冠服，高蹈飛遁以終。丙戌夏，兄子國麟入邑庠，自郡歸，冠帶請見。公拒之戶外，與之書曰：「爾為興朝多士，我為勝國遺民，忻戚殊情，取捨異趣，相見只增悲悼，今後勿入吾門，斯為善體吾志。王家癡叔宜死久矣。」俯仰身世，言之可為嗚唈。其峻介如此。順治八年卒，仍孫玉樹曰：志之所在，雖骨肉有不可強同者矣。公同產三人，皆隸名邑庠。棄諸生者，唯公耳。順治四年秋九月，邑人歷豫明諸生。汪有典《史外》作「歷韶伯」。復起兵破廟灣，掠淮浦，所在響應，公不與焉。首陽不從小腆之軍，不欲驅孤竹子弟膏周人之鈇斧也，是亦仁者之用心矣。公彌留時，遺命子孫不得讀書應試，後之人謹志之不菱。至先考耐齊府君始束髮就傅，補博士弟子云。

唐梅村先生傳

先生姓唐氏，名耀遠，字梅村，其先自蘇州遷鹽城，世居上岡鎮。高祖琦性至孝，幼喪父，暑月曝書，見父畫蘭一幅，伏地慟哭不能起。知山東嶧縣，有惠政。琦生相，官中河守備，嘗奉大府檄，鑿河徐州，有冢數千當毀掘，力請大府不得，自捐數千金，改道闢之，民刻石頌其德。相生居仁，有至性，歲時祭祀，必涕泣累日。〔1〕德宏生綏祿，事親以孝聞。嘗雪夜徒行百餘里，省其父，足踵衣濕，凍餒幾死。有子三人：長清遠，次匯遠，皆諸生；先生其季也。

唐氏家世孝友。先生胚胎前光，孝行益著。生七歲而祖歿，父號慟喪明，先生泣舐之而愈。母病，冬日思食瓜，先生走神祠，哭禱三日，忽有獻瓜者至門，予以錢，弗顧而去。急追之，須臾不見，人以為神。年十三，父疾篤，侍湯藥惟謹，衣不解帶、目不交睫者七閱月。衾裯械嶺皆手滌。夜起煮藥，蠆螫其手，忍痛不言。父母相繼歿，哀毀骨立。既祔，將廬墓側，兩兄以其年幼且棘攣，止之。先生重違兄意，每日夕必匐匐往墓哭，風雨無間。追憶親容，繪之不肖，詣郡齋，宿城皇神祠。甫就寢，見父母並至，貌如生前。一慟而窹，起繪立就，喜曰：「此真吾父母矣」。奉之歸。每食必薦，出告反面，終其身如一日。仲兄早卒，事伯氏如父事，必諮而後行。伯由上岡遷海瀕，先生皇

皇如有所失，移家往從之。鄰人不戒於火，將及伯居，先生伏地籲禱，須臾火滅。父存日，思創宗祠，不果。先生卒成父志，置田以奉歲祀，貧族之喪葬嫁娶皆取給焉。嘉慶戊辰，歲大饑，盡發倉粟以振，不給。鬻田宅，仍不給。奔走四方，稱貸數百金，所全活無算。凡有施濟，率歸美於親，曰「吾以成先志也」。好儒先語錄，與邑子周大鏞講學里中，箸《紹先庸語》二卷，多布帛菽粟之言，大旨以教孝為重。嘉慶二十三年，學政湯金釗疏聞於朝，詔旌其孝。道光元年，舉孝廉方正。十一年卒，入祀府學孝子祠。子大鯤，孫天錫，皆諸生。大鏞字序東，貢生，篤行好學，鄉人宗之。

【疏證】

〔1〕此處似有脫文。《光緒淮安府志》卷三十《鹽城縣人物·唐耀遠》〔註1〕：「曾祖相，中河守備，嘗捐資贖人子女。任挑河工，從冢數千，當其衝，紆道避之，賣宅償其費。買妾，知其有夫，即焚券還之。祖德宏，有廉孝稱，官吏先後表其廬。父綏祿，事親誠敬，割股療父疾。嘗以鰮貨於人，其人昏醉，給價多四十餘金，覺而追反之。耀遠，諸生，幼有至性，年十三侍親病，飲食臥起，浣洗便污，必躬親之。長，體父志，凡族中喪葬婚嫁力不能給者，皆資助之。又傾資恤災民、掩胔骼，至落其家。嘉慶中以孝子旌，道光中舉孝廉方正。著有《紹先庸言》。邑人稱唐氏有世德云。」

【附錄】

蔡雲萬《蟄存齋筆記·唐耀遠》〔註2〕

　　吾鹽唐耀遠先生，號梅村，敦品勵行，動必以禮，薰德聞風，鄉人興感。以清諸生舉孝廉方正科，並建有孝子坊於邑城之西街，與宋丞相陸忠烈公秀夫之坊並峙，洵堪推為古君子也。嘗有親戚為魅所祟，附於病者之身，白晝敢與人對語，符籙祈禳均無效。一日，先生往視疾，魅正與家中人強辨。先生入室，即寂然，眾猶未以為異。飯後，先生辭歸，主人送諸大門外。入內，聞魅自語云：我半日間為正氣所逼，悶煞我了。先生方行數十步，主人復追請先生返，堅乞留宿。先生不得已，姑從之。終夜寂不聞聲。翌日飯後，先生對主人云：予勢難久居於此，因令取紙筆來，遂楷書「唐耀遠在此」五字，囑

〔註1〕（清）孫雲錦修；吳昆田、高延第纂；苟德麟、周平等點校《光緒淮安府志》卷三十《鹽城縣人物》，方志出版社，2010年版，第940～941頁。
〔註2〕蔡雲萬《蟄存齋筆記》，上海書店出版社1997年版，第147頁。

帖於病者臥室內。先生起行，而魅亦遂從此絕跡。人能令鬼魅敬畏之，其生平之嚴正可知矣。暮年病臣，將不起，忽接同學某老友訃音，先生即就病榻擬聯以輓之，云：「無不散戲場，少幾齣有何足惜；同寄居逆旅，約數日總要歸來。」見道之言，可謂曠達。

許孝子良棟傳

　　光緒五年春王正月，知縣劉仟旌東海許孝子之門，顏曰場室依親。時邑中搢紳先生及樵牧負販之徒，皆嘖嘖稱許孝子弗衰。予初不知孝子為何許人也，後遇其里人，詢之始得其詳焉。孝子父長年，早逝，母袁遺腹生孝子。兒時謂其母曰：「人皆有父兄，兒父安在耶？」母曰：「嘻。死矣。」孝子輒泣然流涕，蓋其天性然也。事母盡孝，視聽無形聲。家貧，樵薪易米以養，奉甘脆不絕。母病篤，籲天泣禱，叩頭流血，祈以身代。未幾，母竟歿，哀毀骨立，勺水不入口者數日。既葬後，夜輒不知所往。家人跡之，得之墓側，見其露臥草際，哀哀為孺子泣也。鄉人憐之，為築室於場，略蔽風雨。每夕棲止，晝則負薪易酒肉，事死如生。夏無幬帳，棘域中蚊雷四起，攢嘬肌膚，以手拂之，血滿十指如染，不以為苦。久之，蚊蠹蠹飛戶外，無入室者。孝子因廬墓，不能遠行謀生計，家益貧，衣益薄，身益枯瘠。一夕，風雪大作，夜寒甚。平明未歸，家人趨視之，見蝸廬埋雪，孝子僵臥地上，以凍餒死矣。舁之歸，灌以薑汁復甦，時同治十年十二月初六日夜也。孝子既甦，氣僅續，是夕仍宿墓室，家人弗能尼。自是風雪不侵其廬，盛寒獨宿，燠如春夏。昔方忘溪侍郎有言曰[1]：「嘗怪書傳所載，以孝感鬼神而得異徵者，大抵皆獨行之士，而聖賢則無之。蓋聖賢之學，至於知命而不惑。雖事父母，亦盡其心與力之當然耳。獨行之士悲憂感發，若焦若熬，常欲殉以身命，精氣積而鬼神為之通。」如孝子者，能辟滕六巽二，非精誠所感歟？區區黍民，鬼神驅之矣，無足怪者。孝子名良棟，邑之岡門人。父始遷居海濱，地辟陋，孝子不知書，不求聞達，往往負薪入市，兒童指相謂曰孝子來矣。然孝子聞人稱之，輒蹙然不安云。

【疏證】

〔1〕見方苞《沈孝子墓誌銘》。

唐芝圃先生傳

　　先生唐氏，名臨遠，字芝圃。其先自姑蘇遷鹽城。自明以來，世為詩書

望族。大父某，父某，皆有厚德聞於鄉。先生生而純篤，口無戲言，舉勤必以禮，總角時儼然如老成人。讀書甚聰穎，為文操筆立就。甫弱冠，補博士弟子，旋為廩膳生。廩生之名，明以前未有也。考《明史・選舉志》，太祖大建學校，生員之數，府學四十人，州縣以次減十。其後增廣既多，於是初設食餼者，謂之廩膳。生員、廩生之名始於此。童生應試，廩生保其家世清白，制亦創於明代。國朝增立派保，法愈密，弊愈繁。往往孤寒之子、溫飽之家為廩生遏抑，吹毛求疵，藉以徵索，而例不得考者。賄賂既得，互相容隱，廩童相詬病如讎敵。先生憂之，慨然以救弊為己任，獨行其是，不為苟同。律身廉謹，不名一錢，扶植寒畯，不遺餘力，後生小子依之如慈母，仰之如山斗，唯恐其貢太學焉。而先生以骨鯁不能隨俗，擠排者眾，懼得危禍，援例出學，不復與試事矣。先生偃蹇名場，屢薦未售。晚年棄舉子業，習岐黃，於古今名醫所論譔，手錄口誦，遂以醫名，而治痘疹尤精。有報謝者，則堅拒不受，雖家無儋石，弗恤也。邑侯欲舉先生孝廉方正，先生力辭曰：「吾兄梅村已應此舉。復舉吾，不可行，且得謗。」梅村先生諱耀遠，先生之從兄也，與先生道義相砥礪。先生少梅村數歲，事之如嚴師，人謂唐氏有兩君子焉。先生卒於咸豐庚申，年八十一，所著有《管見偶存》二卷、《課餘必覽》四卷、《詩草》二卷，未及付梓而卒，藁藏於家。

崔倚庭先生傳

先生姓崔氏，諱楹，字①倚庭，鹽城人。少好學，久困童子試，乃捐貲入太學。家素封，為一邑冠。性恢廓，好施與。嘗歲莫被褐懷金，行墟落間，見有不舉火者，則必錢其室而去。有知者踵門謝，先生曰：「汝誤耶？我素吝，安肯為此盛德事也？」其不好名多類此。鹽城居淮揚之下流，民常苦水。道光辛卯，霪雨累月，湖淮暴漲，運堤決馬棚灣，東灌興、鹽，種穋盡沒。民大饑，食糠秕，草木皆盡。有父子夫婦而甘心者，天寒風勁，道殣相望，或坐或臥或蹲，野犬曳而咋之甘，乃漸噬生人。日暮磷火四起，鬼哭有，聲村落人煙幾絕。先生有穀二萬石、錢二萬緡，於明年春，盡發所蓄以濟，餒者食之，寒者衣之，病者藥之，死者瘞之，饑民聞風麏至，舴艋塞溪澗，小車轔轔聲不絕。間一出視，鳩形鵠面之民環而呼之，有牽其衣者，有擎其手者，有抱其膝者。人予一錢，千錢立罄，其貪者或求多不退，先生弗之怒。從者達先生意，亦弗之叱也。來牟黃熟，流民乃散，而蓋藏以空。稱貸於人，始克播種。

是年秋歲大熟，田獲數倍，甌窶污邪滿篝車。不數年，粟紅貫朽，富仍甲一邑，聞者異焉。時有唐君耀遠、薛君壽凱、阮君寶光，皆邑善士也，先生與齊名。唐君喜拯人急難，不足則貸於先生，無少悋。及三人同舉孝廉方正，先生獨辭，以此三人名顯於，時而先生名弗著。玉樹外王父唐金浦先生，諱文鴻，先生婿也，慷慨好義，有先生風。為吾父述先生事甚悉，玉樹以此知其詳云。光緒辛卯夏，淮揚海道謝公元福行部至鹽城，題澤厚流長四字於額，以旌其門。

【校記】

①「字」，原作「字」，誤。

馬崔二君傳

　　馬君名紹融，字篔生，以縣學生入貲為中書。崔君名煦，字木仙，候選同知。皆鹽城西鄙人也。馬君弱冠困痛瘏，中年有一丈夫子而沒，思積德義以延嗣，續大發庾粟以飤餓者，夏施藥，冬施絮衣，歲暮被褐懷錢，宵叩饑者門而予之。光緒丁丑、戊寅，豫、晉大旱，饑人相啖，君寄白金千兩往振而不牒之官。義聞既著，望澤者自遠而至，往往無半面之識而踵門乞貸，或且危言以相恐猲，聞者皆憤露於色，君始亦正色拒之，既而必給以所求之半。人謂善門難啟，君言吾寧為其難，不為其易也。

　　崔君壯歲善病，恒懼天年不永。聞馬君好施而慕之，土苴財利，百義並興，造梁施槥，郵孀育嬰振饑，歲費千金以為常。而收成蕩、唐橋、新河廟三義渡，尤為行旅稱頌。與馬君齊名，稱二義焉。馬君齒已逾艾，連舉三子，卒年六十。崔君轉弱為健，不邇醫藥者十稔年，六十有六而卒。自兩君沒後，邑之富人能繼武者寡矣。

　　論曰：馬君考松年，崔君王父楹，皆以好義名著邑乘。二君始非克繼志者也，積困生悟，蓄德累仁，名乃過其先矣。曾文正言「天之所操者大，不能於世人毫末之善，一一謀所以報之」[1]。二君之獲報，乃如鼓應枹，何耶？毋亦昊乾懼富而悋者之不悟，而為此神速顯著之事以示之也。昧者乃謂天醉，天醉乎？抑人醉乎？

【疏證】

〔1〕見曾國藩《聖哲畫像記》。

王孝女傳

　　孝女王氏，高郵人，文簡公引之孫女，漢黃道思同之少女也。幼讀書通大義，工詩文，喜讀劉向《列女傳》及《木蘭詩》，其志趣如此。年十一，見母疾篤，虔禱於神，乞減己算以代，母果愈。女知至誠可以感神，而志不可不篤也，益以孝自勵。十三歲，父母議擇婿，女微聞其語，引錐刺股，濡血作書，道撤環事親之意。父母大驚，遂緩其議。咸豐二年冬，粵匪擾楚，觀察與次子恩晉殉難武昌。明年喪歸，女泣曰：「母在，兒不得從父地下，請取兒血塗棺。」乃引刀割臂，血淋漓，流入漆，和以淚，漆箸棺紅甚，見血不見漆也，人咸異之。母復為議婚，女曰：「父在已從吾志，今復欲奪吾志耶？與其使兒他日為夏侯碎金，不如使兒今日為北宮嬰兒子。」語罷大慟，議遂寢，時年已二十有六矣。其後兄弟蒙恩蔭恤，服官京師，女隨母寓居涿州。時涿人有棄其親不養者，聞里人述女之孝行，泣曰：「吾豈一女子之不若耶？」遂率德改行，復以孝聞，議者謂勝於季智之化陳元也。同治元年，母遘疾危甚，醫謝不治，女割左股以進。未一年，病復作，女割右股以進。皆隨進隨愈。自是博考方書，自《難經》、《素問》下逮古今名醫所譔述，無不纂錄，喜曰：「此足以壽吾母矣。」是後，母有疾，皆親治之，弗瘳則焚香箸體，取滅煮藥，以此身無完膚。同治十一年，母卒於涿，女痛不欲生，哀毀骨立，目腫赤，將經營返母喪，逾年未果。而其兄兵部郎中恩錫客死河南，女聞之愈慟，親往扶柩歸里。復至涿，扶母喪南歸。家貧，往返數千里，營葬兩喪，心力交瘁。光緒三年，年五十，直隸總督李鴻章請旌於朝，奉旨俞允邸抄流傳天下，皆知高郵王氏有孝女矣。

　　陳子曰：吾讀《明史》，竊歎明之季多忠義奇男子。今世變益亟，士氣益靡，求若昔之忠義奇男子，蓋未聞焉。所聞者，獨有孝義奇女子耳。此與夷智而華昧，同為天地古今之變局也。王孝女以血塗棺，爇膚取灰煮湯藥，求之前史列女傳，莫與倫匹。或者以愚疑之。忠孝之事，無往非愚，此宣聖所以歎寧俞之不可及也。不然，精衛銜石以填海，愈禽耳；刑天無首而舞干，愈獸耳；陶淵明乃取其猛志，何耶？

仇貞女傳

　　道光間，吾鹽有以文學蜚聲江淮者，曰仇硯農，貞女之大父也。貞女生而婉淑，有至性，以孝聞。許嫁之夫曰唐天柱，以瘵卒，訃聞大慟，欲自裁，

家人守之嚴，遂不食。其母跽而請之，始稍進食焉。將適唐氏，服斬衰。行有日矣，母忽病歿，未葬，父又歿。未幾，而天柱之父母又相繼歿。當是時，仇氏有孤曰壽增，甫十歲；唐氏有孤曰啟兆，未及十歲。啟兆有兄曰小柱，慢遊傲虐，讎其弱弟，將實之死，勢危甚。貞女既營葬兩喪，亟迓啟兆於家，俾與弟同塾而讀，一飲一食皆同之，櫛髮浣衣如母氏。家故貧，室漏田萊食用俱困。晨圍夕紩，面垢指繭，蔬己腹而粟兩孤。久之，田廬改觀，筥有餘衣，臺有餘穀，兩孤皆有婦矣。當此之時，小柱狂蕩益甚，啟兆懼罄其產，挈婦歸。小柱日撻之，體無完膚，盡鬻田宅，棄栗主壚莽間。啟兆不得已，奉主來歸貞女，待之如初。居無何，啟兆歿，有孤二人：長者三歲，稚者數月，貞女助寡娣育之，以長者後其夫。今已冠，而貞女髮亦皤矣。光緒庚寅，詔旌其門。

陳子曰：謝承《後漢書》載壽張女子張羽早喪父母，年五十不嫁，誨養孤弟二人，通經成善士，可謂奇女子矣。若仇貞女之育兩家四孤，尤奇之奇也。求之典記，疇與倫焉。硯農先生負才美，坎壈以青領終，有此女孫以緝熙閭戶，亦可以無憾矣。

左烈婦傳

烈婦張氏，邑諸生左敬生其夫也。質婉而性剛，寡言笑。道光己酉，敬生挈室館沭陽湯俊家。湯有妻弟周三，為湯司會計，所居室與烈婦之居，兩牖相對。烈婦謂敬生曰：「昨周三目動而言肆，其心懼難測也。盍旋歸以避辱乎？」敬生曰：「違家三百里，安有不終歲而遽歸者？且歸又何以資生？汝無以不肖之心妄疑人而彊我於餓鄉也。」烈婦既不得歸，遣人愬之湯，湯遂移周他室而窒其牖焉。庚戌秋八月，敬生送其徒應縣試，周時入塾，與其徒譃。不敢入烈婦室，於戶外闖焉。烈婦怒，詈之。敬生歸，烈婦泣愬狀曰：「不去，吾必死於此矣。」敬生彊慰之，曰：「竢歲終，無汲汲也。」烈婦日夜涕泣，囊其粟而篋其衣，為歸計。敬生仍以歲終為辭。周又慫惥湯留師，勿使歸也。一日，周掃雪於庭，復以褻語詬之，烈婦大恚，亟閉其戶。敬生方在塾晨餐，見周持帚倉皇由外戶出，忽聞室內小兒女哭聲如沸，急破扉入視，見烈婦仰臥於地，頸血溢溢，右手猶握菜刀不釋。奪其刃，氣已絕矣。湯大驚，傅以良藥，復甦，大慟，求死不已。敬生曰：「歸耳。何死為？」遂冒雪而行，在道二日，不飲亦不食。至清河之王家營，於逆旅縊焉，時道光三十年十二月初九日夜也。清河令駁畢，移檄沭陽捕賊，湯賄沭陽令緩其獄。敬生訟於大府，

大府下其事於淮安府，沐陽令陳牒大府，為周辨誣。大府亦入湯賄，歸其獄於沐陽，事漸解。安東徐鬥文者，湯之姊夫，敬生友也。敬生館於湯，鬥文實蔑之。至是慨然曰：「吾忍以妻弟負吾友，縱賊而沉烈婦冤乎？」詣縣言狀，沐陽令大驚，而敬生亦訴於總督陸公建瀛。陸公嚴檄沐陽令，解犯詣淮。知淮安府事恒廉一譏而服，周論絞，湯杖八十，歷數年而案始結。總督、巡撫、學政合疏聞於朝，天子下部議，部臣奏言：例載婦女一聞穢語，羞忿自盡，准其旌表，應如疆臣議。詔曰可，遂旌表建坊，入祀節孝祠，如典禮。

陳子曰：徐鬥文之於湯俊，湯俊之於周某，其戚同而其用情各異。徐鬥文，真古之遺直哉！然亦烈婦之精誠之有以感之也。敬生不能捐其館，而烈婦獨能捨其生，何輕者重而重者輕耶？嗚乎！一則所欲莫甚於生，一則所惡有甚於死，其心不可同日語也。邑之人多訾議敬生。予謂天地至大至剛之氣，不鍾於鬚眉，而鍾於巾幗久矣，於敬生何說焉？

黃烈婦傳

上虞曹娥江以孝女曹娥得名。娥自沉於江，負父屍而出，邯鄲氏碑文言之詳矣。越二千年後，有殉節於曹娥江，與娥同不朽者，有華亭黃烈婦焉。

烈婦管氏，梁湖巡檢黃如琳之子婦，德安縣典史黃壽椿之妻也。年十八歸黃，事舅姑以孝，內外無間言。隨夫至德安，夫在任病篤，烈婦焚香祝天，求以身代。延至月餘，竟歿，烈婦一慟幾絕，氣僅續。勺水溢米不入口，誓相從於九京。有僕婦勸曰：「夫人二子一女，俱幼弱。喪未婦葬，雖死，心何安？盍稍進食乎？」烈婦然之，扶喪攜子女赴君舅任所，在塗晨久慟哭，淚盡繼以血。行抵曹江，去梁湖僅隔一水，仰藥自盡，時光緒二年七月二十九月也。浙江巡撫梅啟照聞於朝，奉旨旌表如典禮。嗚乎！婦之殉夫，與女之殉父一也。一孝一烈，與江流同萬古矣。

崔烈婦傳

崔烈婦者，鹽城人，予門人崔達魁之婦，貢生單為玉之女也。年二十有一，歸達魁，時姑已歿。理家事，無鉅細皆辦，達魁因得肆力於學，從予授經，有心得，文亦清婉。癸未五月，適予館，道遇魅，溺水死。喪歸，烈婦大慟，舐屍泥滓殆遍。既葬，欲以身殉。家人守之嚴，投水投繯皆不得遂。弗食，勺水粒米不入口者二十餘日，竟不死。家人勸之，乃復食，既而悔曰：「亡人得歸帛下，幸也。何以生為？」復不食。又二十日餘日，仍不死。六月

既望，為虞祭日，父母姊妹皆至，烈婦強起，入庖為酒食以祭。祭畢，掩戶臥家。人啟視之，已飲鹽汁死矣。

陳子曰：常人弗食七日則死。前明劉念臺先生暨今日崔烈婦，皆餓數十日不死，豈忠臣烈婦得氣之厚，與常人異乎？抑天將試其志節，而不欲遽死之也。語曰：慷慨殉節易，從容就義難。如烈婦者，可謂從容就義者矣。烈婦已載郡志，惟「崔達魁」誤作「崔建奎」，予將改之未果。

李烈婦傳

李烈婦，鹽城人，商人李在泮之婦，監生蕭日成之女。有淑德，美姿容，內肅而外婉，見者弗知其不可犯也。光緒丁亥，年二十有三，秋獲稻，在泮率烈婦往鹽之納稼。未半，在泮操米舟遠適，留烈婦守團焦。佃戶柏文裕屢竊稻，欲污烈婦以箝口，將使其儔蔡大祥犯之。謀已定，夜起擊谷，裸其下體，故為媟語。烈婦怒，閉戶不復出。夫兄在池居甚邇，將旦奔告。在池素憎烈婦，知賊計，紿以甘言。烈婦請姒婦偕往，在池不可。賊忖知在池意，益無忌憚。烈婦懼有變，夜秉燭坐，大祥破扉突入，烈婦取几上盆盎擊之不中，賊直前裼其衣，烈婦距以手足，囓以口，大呼且罵。鄰人麇至，賊乃遁。昧旦，歸告舅姑。舅姑先入在池言，罵之。烈婦潛歸，告其母，母怒斥之。烈婦大慟，與母訣曰：「此行不復返矣。」不得已，仍至田，為窮絝自守。寢不解衣，大祥復犯之，勢益猛烈，婦拒益堅，罵益厲，指折面傷衣裂。救者至，始獲免。在池聞知，卒不至。烈婦歸，飲鹽汁不死。自經於房，有救者，亦不死。引剪刃自刺其喉，仍不死。在泮始歸，在池懼，謀於弟。以尋醫為名，強舁之入舟，頸血流不止，在泮傅以藥，拒不受，勸之飲，弗飲，勸之食，數日氣僅續，但呼曰幸未失節，遂死於舟。其兄以狀聞於官，在泮懼兄連坐，詭稱因瘋自殺，且獻醫方數紙為驗。縣令王敬修不能決，捕賊賊遁，捕醫醫遁，但繫文裕鞫之，堅不服。有欲緩其獄者，晝見烈婦哭於其家，大驚而止。文裕在獄久，懼不免，始吐實，而蔡大祥已走，死無錫，案遂結。署理江蘇巡撫黃彭年入告，奉旨旌表如例，坊在縣西百里之歐馮莊也。

吳節婦傳

吳節婦者，鹽城縣洋岸鎮人，士人吳蕃輝之妻也。年十九，歸蕃輝。蕃輝家貧力學，久困童子試，苑結成心疾死，節婦痛不欲生，誓以身殉。家人防之嚴，勸之篤，而節婦捐生之志益堅，勺水不入口者數日。方節婦之於歸也，

祖姑朱氏病數年矣，展轉牀蓐，飲食需人，節婦嘗湯藥，勤澣濯，久而不懈，得其歡心。至是自投牀下，蒲伏而前，大慟不已，謂曰：「予老憊其矣，賴爾日侍左右，相依為命。爾不欲生，吾先爾死。」語罷，以頭搶地有聲，節婦大驚，伏地泣曰：「孫婦不敢死也。」自是獨坐深閨，終日涕洟濡襟袖。每一念及，輒不欲生。繼而仰視堂上，哀年待盡；頫視膝下，呱呱環泣；則又諮嗟扼腕，不能引決。今夫忠臣、孝子、節婦，皆得乾坤之正氣，而節婦所處，倍難于忠臣、孝子，何也？知愚之殊科也，剛柔之異性也。忠臣一死塞責，節婦思殉不能。孝子事親，雖貧亦愉；婦失所天，雖富亦愴。其艱苦憂慘之境，在牀幃枕簟之間，燈殘漏盡之際，不可為家人外人道。雖淵雲墨妙，嚴樂筆精，不能摹寫其愁憒之情狀。然而忠臣孝子流傳甚易，節婦流傳甚難。僻壤窮閻，輈軒之所不至，其湮沒無稱者，可勝道哉！節婦既不死，日夜勤操作，編蒲織席，鬻供堂上甘旨，十指重繭。咸豐丙辰，歲大饑，薪桂米珠，節婦日食藜藿，典簪珥衣服以養，弗使舅姑知。丁巳，舅姑相繼歿。大祲之後，累遭兩喪，貧悽益甚，爨火屢絕，而未嘗干人。同治癸酉，年五十，邑人牒請旌表。釐吏具疏入告，獲俞旨。光緒庚辰冬，子碩謨、碩彥鳩工建坊，貞瑉嶽嶽，矗立道周，鄉里榮之。節婦感念疇昔，見之輒淒然不樂也。

　　論曰：《春秋》於杞叔姬三致意焉。聖人之於節婦，何其重也！予讀《毛詩》至《柏舟》《葛生》兩篇，未嘗不歙歔流涕。嗚呼！「之死矢靡它」、「之死矢靡慝」，雖丈夫猶難之，況婦人乎？如吳節婦者，叔姬、共姜何以加焉？《淮安府志》「鹽城列女」內載吳蕃煇妻秦氏，而「阜寧列女」中亦有之，蓋載筆者之譌也。或曰：阜寧縉紳先生慕其為人，故援之為志乘光云。

麻大傳

　　麻大者，不知其所自。或云積灰所生，或云茅根所變，或云倀魄姦魂所化。少著青衣，呼於市人，因呼青衣童子。毘陵藤庭俊嘗邁之滎水西，自云麻姓大名，好文章，嘗為渾家掃門客，麻大之名自此箸。大性喜炎惡寒，炎則飛揚，寒迺癡鈍，夏日恒呼引朋類，營營薨薨，追隨杯盤，征逐羹食，人皆嫉之。唯河內黍民與友善齊名，稱夏二子。後與黍民爭市，有解者使黍民成市於暮，麻大成市於朝。市易既久，門館華盛，日饇肉汁，腹大頭赤聲壯，背作黃金色。因思宦遊長安，附驥走，一日千里。奇章公牛僧孺方登第，遇諸塗，大折躬者三，飲以醇酎，引滿數十巡。僧孺喜，引之入朝，中書舍人武儒衡聞

之怒，曰：「此輩但可止于榛棘，豈可點污朝堂，變亂人主之視聽乎？」既見，大以扇揮之，曰：「適從何來，遽集於此。」斯時朝士，有為文以罵之者，有作賦以憎之者，有拈豆以擊之者，有拔劍以逐之者。太常少卿段成式最後至，搏而殺之，置諸廁。復蘇時，已十月，寒甚，潛往酒家盜飲，溺於甕，有酒匠救之，擁以灰，得不死。往負暄樊籬間，交其足作絞繩狀，自謂無患矣。有虎突出，攫之去。或曰：攫麻大者，豹也。君子曰：大初市居，市無虎也。由市而朝，不得志，側身無賴，遂飽山君之腹，悲己！然大之前身，讒佞人也，頭髮疏禿，讒諧彌巧，紊亂緇白，良壁受穢。揆以巷伯投畀之義，其為虎豹所食也宜哉！

先妣行狀

先妣唐氏，縣學生唐金浦先生之女。年十七，歸我先考松岩府君。生男子三人：長玉冠，廩生；次玉樹，舉人；次玉墀，蚤卒。女子一人，適監生安東羊甫吉。孫四人，俱幼。生於道光癸未正月十六日，歿於光緒己丑二月二十四日，年六十有七。我先考邁咸豐癸丑流民之亂，毀家紓難，生計日窘，橐筆四方，簞瓢屢空。先妣自餟粥，為餺飥以食先考，餘則庋閣之，以俟來日。拔釵珥易甘旨，以詒舅姑，嫁時物鮮有存者。人問之，諱而不言。同治初，先考出嗣我王考華亭府君。王考有女五人，皆愛甚，先妣亦愛甚，王考妣皆大和樂。及王考妣歿，有田四百畝，先考散給群從昆弟及姊妹，僅餘四之一，自是饔飧亦稍足。先妣已長齋奉佛，菲食如初。稍有餘裕，輒以周急。遇鄉里慷慨好義者，輒譽之不絕於口；於富而悋者，疾之如讐，謂此守財虜，不足儆也。癸酉春正月，府君棄養，玉樹亦病數載，甫愈，而吾弟玉墀病故，家復大困，而先妣亦以勞致疾。玉樹遂授徒四方，而吾兄亦不能依膝下矣。家故有田百畝，上歲可獲穀百石，以其半補食用之不足，以其半賙鄉里之困乏，歲以為常。光緒戊子，玉樹幸舉於鄉，人皆謂堂上積善之報云。己丑春，疾革，謂玉樹曰：「吾有车麥三十石，藏之以待歲荒振人者。今已矣，盡為我散之。某予數石，某予數斗，謹簿錄之勿忘。」謂諸婦曰：「乞人至門，食粥則予粥，食飯則予飯。飯粥盡矣，則予一錢。食寒傷胃，當烰溫而予之。一歲三百有六旬，乞人無日無之，此善之日有所積者也。」里中貧嫗之受恩者至，皆涕泣，先妣一一慰之，曰：「汝曹勿憂，吾已囑吾兒吾婦善視汝曹矣。」嗟乎！吾母善行不可殫述，述其施予一端，而吾毋之性情心行亦可以見其大概矣。伏乞

當世之大人君子，賜之銘而揭諸墓焉。不孝男玉樹謹述。

亡弟彤甫壙銘

先君子子三人：伯章甫，次玉樹，次玉壙，字彤甫。予生後伯氏七齡而師焉，彤甫稚予二齡而友焉，故彤甫與予尤相悅愛。光緒戊寅，予與伯氏同餼於庠，笥衣槖糧，典糴俱罄，晨饔暮膳，待假而炊，往往朝旭高曜，突煙未起。而彤甫適於是時遘瘧，恒質婦釵釧帔裙為賕醫市藥之資，資盡則委軀命有昊，任其予奪。己卯窮月之杪，予返自館舍，彤甫扶疾，迓於河湄，若有豫色。見予手孔方麗不盈千，則慍而問曰：「所攜何僅僅乃爾？」予言「有錢十數緡，悉為索逋者所取，此區區者藏之書簏，幸未為所睹耳」。彤甫言「待兄挈貲歸，買高句驪人參二兩，合藥以延弟命」，何意竟不如志。予聆而泣，彤甫亦泣。翌日蚤起，貸於朋，購所求與之服，瘏痡未退寸咫。至明年之三月二日，彤甫竟歿矣，年僅二十有六歲耳。當彤甫之疾篤也，予挈彤甫即醫射陽村，醫言肺損不可療，彤甫聞言潸然。時扁舟孤檥，寒飆舞霙，大波扣舳，殘燈如螢，彤甫與予擁衾對坐，相向流涕，預以孤囑，其言絕痛。竊謂人生愁憯之境，無以逾此。由今思之，求如此境，亦何可得也？彤甫娶吳氏，韶年篤志，操行甚苦。子宗諶生時，距父沒廑三閱月耳。今十九年矣【注一】，匪莪銜恤，請予為若考銘。銘曰：

志豈不厕，予莽於誨。未青爾佩，命豈不常？予罄於囊，未藥爾癢，行豈不惇？予劣於文，未志爾窀。有昆若斯不如踽，補銘幽宮愧尺土，考墓之兌二百武。

亡婦張氏壙銘

予素不治家人生產，亦不知薪米價，知之自婦亡始也。婦張氏，國子生諱如珠之女，縣學生錫祺之妹。年二十有四而婦予，予方善病，篋笥鮮文史，而藥裹多。婦勞勩周至，憂思深邈，遭歲嘆饑，予負屩遐遊，求食江滸，婦忡惙彌甚，兩耳俱聵。久之，予乃不痡，而母弟彤甫覯重瘏，室無臧甬，弟婦又新娩，婦手煮羹藥，雖祁寒一夜數起，以析母氏憂勞。其所以勤奉吾母者，即此可以概矣。居無何，弟竟不祿，喤喤於褓者僅三閱月耳。婦篤愛孀娣，雖

【注一】參卷六《書示姪宗諶》注，知陳宗諶生於 1880 年年初，可知此文寫於 1989 年。

館舍屢遷，必絜以同處，讓逸爭劬，事先食後，誼過姐婿，無毫髮猜阻。歲使弟婦糶其田穀，蓄以營息，而以已之菑余所獲供粥餬，歷二十年若一日。此二十年中，首無釵，臂無釧，篋無嫁時衣，囊無一錢之蓄，里無一椽之棲，略不以此輊鬱于懷，唯督勤崇儉，以為至樂。婦無子女，為予納簉室，有杕木榮棠之德。保愛嬰婗如已出，疾已革，猶撫摩之以為娛。然每念求男得女，輒淚襦襟袂，不能自己。於其歿也，兄子宗實、弟子宗諟哭之如母。生以道光庚戌陬月人日，歿以光緒丁酉元月二十四日，葬以戊戌涂月十七日。銘曰：

懂懂者躬，胡瑣胡鴻。寂寂者夢，麛虺麛熊。呱呱者女，且悈且忡。爾齡易終，爾恨難窮。范公堰西，西陳村東，實維爾之幽宮。

王可莊先生哀辭

於乎！以予觀於今之循吏，未有深得民心如吾師可莊先生者也。先生以癸巳九月殂於姑胥，浹旬而凶問至鹽城。鹽之士氓無愚哲，皆累唏長歎，或且淚涔涔下。有自郡城來者，言淮人皆然；自維揚來者，言揚人亦然。夫淮揚兩郡，未隸先生宇下，其於先生如鄰人之父母耳，而顧感喟震悼不能自己，則鎮郡四邑槁項黃馘之民，賴先生生死而肉骨者，其惄惄銜恤為何如也。甲午春，總督劉公坤一以鎮人之請，奏陳先生政績，有云：「以實心行實政，視民事如家事。振興學校，如文翁之守蜀郡；請求水利，如召信臣之守南陽；辦理荒政，如富弼之知青州。」天子讀其疏，詔史館為立傳，亦可謂儒臣之榮遇矣。然桐鄉未起朱邑之冢，桂陽未立許荊之祠，是聖天子有以宏獎循良，而鎮人未有以酬報功德也。靈爽有知，往來日精月華間，無亦怨恫於無一椽之妥也乎？先生以戊子典試江南，房師武陵梅石卿先生諱埏，署如皋知縣，卒於官。薦予卷於先生。先生閱予次場文，謂於小學、地輿兩家致力頗深，取之，遂幸舉於鄉。己丑春，遭先慈大故，未與計偕，未獲謁先生於京邸。至庚寅，先生以上封事語過切直，忤醇賢王，遂以修撰出守鎮江。值民夷交訌洶洶，變且不測，先生力持大體，以雄辯折其氣，而以至誠動其心，夷作且懌，事竟，不戮無辜一人。眾口之碑，崇於鐵甕。天降大戾，縱魃食苗，先生竭其力以與戰。天鑒精誠，轉秏為穰，魃雖虐，不能殍先生一民。先生慮災沴沴至，糾民掘塘種樹，以為備禦。雖口不言劬，而先生之疾已階於此矣。予於壬辰春二月道經京口，懷刺入謁，先生以潯河雲陽未返，予悵悵留所著《毛詩異文箋》暨雜文一冊而去。夏六月，先生貺予書，於拙撰指陳得失，不泛為藻飾

之詞，且謙言薄德召眚，捕蝗勘菑無虛日。是年冬十月，候補道歐陽霖請於制府，橄鹽邑設立臺捐。予以鹽民困憊，不堪重稅，遄往京口，求先生言於當道，先生許之。亟奉先生書詣金陵，臺捐罷不設。先生勇於任事皆此類，初不以畛域分也。返自金陵，復入郡齋，句留再宿，剪燭深宵，慨論世變。言：「古今有人才而後有人國，有人心而後有人才，其心不正，其才必用之於邪，如無堤之水，橫溢旁出，為害滋宏。」又言：「今之求官者則學洋務，求富者則辦海防，欲從事於洋務、海防則趨走津沽，不復知有輦轂。津沽不易帥，洋務無真才，海防無實濟，海疆之安危未可知也。」又言：「今之督撫，不肯開館養士，以備國家緩急之使。唯湖廣張制軍幕府，號稱多才，然亦少氣節之士。」又言：「泰西諸國風俗人心，比隆中古，絕無中國士大夫自私自利之習，實為強富之源。今不揣其本而強效其末，欲求富強，何可得也？」臨行乞贈誨言，先生握予手，謂：「吾不願汝為今之名士，而願汝為古之志士。今之名士多狗貨財，古之志士不忘溝壑。先生又言：「今之名士，鮮有不光棍者。」語雖激，亦切中時弊。身無論窮通，世無論常變，唯此溝壑之志，不可一日忘也。」予再拜，受教垂涕而別。別後為之愀然不樂者累日。然自謂京江距鹽瀆僅三百餘里，輕舠往返，不逾十日，見山草堂，不難重到，此後親炙之日方長。不料先生於明年秋調任蘇州，甫三月而竟歿矣。予既不能持三年無服之喪，又不能致一束生芻之奠。所貺尺書，奔之匧中，為夫己氏攜之而去，無復返璧之期。求朝夕見先生真蹟，而亦不可得，此尤予之捫衷自疚者也。爰為哀辭，以抒予痛。其辭曰：

今之五馬何為兮，憫多寐而希寤。郡何堂而不黃兮，守何飧而不素。唯先生為良二千石兮，葆鞏王之櫐緉。昊投襪試師帥兮，羌惜涷而靳澍。曦炯炯以薞禾兮，蠂夛夛而蔽路。檞童童而不青兮，阤淒淒而赴谞。公庸庸以舍郊兮，屢瀼瀼而裒露。籌螟蝗而詢痟瘝兮，躐芒蹻而捷步。書旁午而口瘏兮，干猗陶之勵助。散鼃黽以飼飢饉兮，又紹之以泉布。蔡軸轑予之值兮，艘從由而還付。先生慮民屠鬻牛犢，來春輟耕，乃設官牛局，民典牛於局，官給之直。書券三紙，一付民，一存官，一糊牛角。至春耕時，民入錢贖牛，其券合即還之。追南陽之茨充兮，課元元而種樹。步廬江之王景兮，濬芍陂而灌注。惠葊淪於京江兮，德崇隆於北顧。叔世而有獨立君兮，亦張堅之所妒。《酉陽雜俎》：「天翁姓張名堅。」隸吳郡而未麈兮，盡岱宗之忽僕。卬以寒悴受知兮，期駑駘以逭驚。懼繶緇之易湟兮，屬素絲之勿污。醻悒謀惠而未由兮，聆凶問而未赴。廉吏歿而孤必窶

兮,微一錢之賵賻。問英靈其奚徂兮,庶魂夢之遘遘。

馬君衣庭墓誌銘

　　生平知我三人:一為祭酒王益吾師,一為太守王可莊師,一為馬君衣庭。君之子為瑄、為璦與予少相友善,若昆弟懽。君與厥配薛安人亦子姓視予。予孤露後嘗,就傅君家,繼復奉母假館於君之別業,薪穀布縷皆資於君。室事無擾,心力專萃,遂得杜戶成《毛詩異文箋》十卷。予之受知二王先生基於此也。光緒戊子秋七月,予就試會城,君送至河纍,謂此行必捷。舟洩百武,獨立岸遠望。八月朔,優貢榜出,予幸獲雋,作書報君,請寄貲白下。不知君已於是日歿矣。君當丙戌①、丁亥兩載負重痾,預憂不祿,嘗謂予曰:「君當以文名世。身後之文,非君莫屬。」予心許之而口無以應。人事紛蔓,忽忽星紀一周,未暇銘其墓石,殆非延州來掛劍之義也。爰為之序曰:

　　君諱紹聞,鹽城人。王父國,太學生。考松年,誥封奉政大夫。奉政公生四子,君其長也。君善相原隰,循畛譜視,表裏俱見。種植糞壅,不違土宜。深溝峻防,不惜財力。墾治磽確,立變沃壤。雖泰西農學家,無以過也。以此成素封,甲一邑。及與群弟析貲產,仰師許武,以成父志。弟紹德、紹融皆土苴財利,喜施予,而君尤嗜義。咸豐丙辰振饑民,同治甲子助軍餉,皆捐數千金,而燔券尤多。里人相訟,則捐資以釋其紛。寒畯之踵門以求者,罔弗應也。卒以此致乏困。比歿,而田舍之售者半矣。君由太學生加同知銜,生於嘉慶丙子辜月十六日,卒年七十有三。娶姜氏,生男為瑛,附學生;為琨,武生。繼室薛氏有淑德,生男為瑄,歲貢生,蘇州訓道;次為珩;次為璦,廩貢生,由東城副指揮攻直隸知縣;次繩武;次為瑤,有至性,友于兄弟,年未強而歿,里人悼之。君以某年月日與姜、薛兩宜人合葬於蒜墩之東。銘曰:

　　手聚手散,能富能貧。富不言才,貧不言仁。其仁易逮,其才難再。古有草人職土化,君若存者吾學稼,大啟農學富東亞。

【校記】

　　①「戌」,原作「戍」,誤。

左君金波墓誌銘

　　君姓左氏,諱士澄,字金波。其先自姑蘇遷鹽城。祖崇臺,縣學生。考銅,太學生。妣馬氏,以道光丙申二月初五日生君。君孝奉生鞠,色饌俱至。

與弟偕處，毫髮罔間。耆艾相愛，侔於髫稚。接物輯柔，喜慍不露。而軍國之戚，同符次室，以此與予為忘年交。予自甲午後，與唐衢蓋有同者，聆者怪之。君謂昔賈長沙為國家哭，耶律文正為蒼生哭，彼生當興盛猶爾，今國步何如，民瘼何如，居今而善哭，不必皆賈長沙、耶律文正也。居今而不哭，必其為長樂老、太平翁也。烏乎！君為此言，去彼昏壹醉遠矣。君歿於光緒丙申九月二十四日。兩閱寒暑，英、俄有剖我金甌之議。君若生存，雖欲不為唐衢，得乎？君由太學生援例加布政司理問銜，娶朱氏，生女四人，以同產弟士濟之冢子槼為嗣。槼，廩膳生，篤學有志操。以戊戌①涂月二十一日，葬君於左莊之西。銘曰：

　　肉食多娛，藿食多愁。余曰後樂，君亦先憂。君今無祿，知我其疇。伐石勒銘，宿草已秋。

【校記】

　　①「戊」，原作「戍」，誤。

祭成君毓麟文

　　君字翊庭，世籍鹽邑。資性淑慎，稟承粹和。口絕談嘲，身束榘範。天經不匱，孝亞穎純。侍疾禱冥，殘肌進膳。乾陰既摧，欽奉庶母。黨人交謠，謂余慶助順之理，應有驗也。乃命與志乖，十試皆躓。澤宮在泮，如隔瀛海。年逾理男，衿佩未青。愧鬱填膺，百慰莫釋。乙未且月，潛炳舊薰。仲氏駭問，色沮目瞠。掩戶塋居，時聞歎唧。郡試將發，中宵自磐。恭世子新城之經，愚狷同矣。相知五稔，一歲數覯。諒獻直酬，磋來切往。齒近昆弟，誼兼師朋。鄭俶慚緦，亢宗服緦。予獨何心，而能勿悲。匣祏既書，謹摛辭以當大招。

　　歲在鶉首，閏月提日。伻自闤來，朏明入室。素書擲幾，手栗神惶。發緘急視，云子淪亡。存亡恒理，聆呱先定。胡獨悲子，匪天有命。命雖非正，知子靡悔。既施九幽，群魔無餒。叔世多鏗，和癖蕭愚。唯子輕貲，赴義若趨。俗詐如狙，廋情飾貌。唯子開誠，披雲見昊。獨淑爾躬，已鄰於儒。矧刊長歌，療俗砭愚。質木而忠，性孝且友。穉予五齡，匪師實友。予入閭閻，或緩踵門。子恚逆旅，胡不俾聞。暮夜聞知，攜燈相就。先睹乃愉，不能俟晝。設醴祇延，晤語晨昏。輕今軒古，我勗子敦。予自城歸，揖送河壖。舟迴路轉，岸立不移。浹旬弗覿，勤馳尺翰。覬予城居，望衡同閈。予斅梅曾，徘徊垣外。子讀予文，嗜棗猶膾。予掔許鄭，識字幾何。子謙取則，執柯伐柯。知予

唯子，容戀涵窄。謂予如棘，外刺心赤。劬學為文，載清載和。霡霂潤花，微風舒波。何幸于天，轗軻萬狀。一束纖芹，百神莫睨。天命外安，憤恥內韜。謂世我遺，我將世逃。通守試士，蘭秋二日。闔圍期朋，鬱而不出。睆嘿無懌，宵寢忽興。室人燭視，踞地雉經。凶問傳來，仰天大誂。淚漬束芻，蕭齋重到。有書在牖，有聯在門，有畫在篋，有花在盆。獨不見子，道聽驚魂。況久神交，能不聲吞？七尺桐棺，不能掩悶；三尺墳土，不能埋恨。鬱為怒雷，陵谷震驚；發為光怪，天地宵明。生不遊庠，歿當庠祀。孝義載入縣志。祝帝再生，崇其位置。其芹其藻，匪飷匪香。肴蔌實邊，靈其來饗。

祭徐母項太恭人文

太史公有言：「天運三十年小變，五十年中變。」以予觀近世，蓋不待三五十年而變遷。予之與徐君賓華為忘年交也，歲在旃蒙大淵，其時兩宮太后聽政，內綏外撫，金甌尚堅。其時兩家慈母無恙，南陔華黍，載賡詩篇，升堂互拜，作饌治筵。曾幾何時，金萱並蔫。法據越南之後三載，而吾母不祿。英據威海、俄據旅順之後數月，而母逝遊仙。自此我與徐君同為無父無母之人矣。撫今思曩，能勿涕泣而慭慭？然以今上聖母孝貞文皇后之功德未登上壽，致皖雲蔽日，淝水滔天，南捐驃越，東棄蚘鮮，我兩人又安敢以銜恤失恃，怨彼坤乾？況母年已九十有二，遐齡多祉，復何欿然。歲戌①月醜，葬有日矣。勤儉辭讓，萬哆能言。我詞不斐，未能表阡。蘋藻匪豐，載虔靈兮歸來，享我明禋，哀哉尚饗。

【校記】

①「戌」，原作「戍」，誤。

寇太監誄

太監寇氏，厥名連才，籍隸河間，或云清苑。幼而腐薰，給事殿省。史游黃門，勤心納忠；鄭眾鉤盾，壹志王室。貂璫雖賤，豸冠比直。歲在景申，戈矢暫櫜。金甌微缺，龜鼎無恙。聖母顧養，繭館罷幸。魚龍曼衍，雜劇並作。巷伯思危，虔貢諫艸。約分言事，先皇諭嚴。順治十二年六月二十八日，上諭：內官有犯法干政、竊權納賄、囑託內外衙門、結納滿漢官員、越分擅奏外事、上言官吏賢否，皆凌遲處死。援據祖訓，磔之都市。輦下義民，銜悲雪涕。烏乎壯哉，弗可贖已。乃為誄曰：

東臺左掖，職陳諫章。庵非拾遺，瘝蝘何傷。世希鷗鳳，疇鳴朝陽。長秋懷恨，思纂呂強。永蒼久居，璿宮是匡。讜緣愛吐，匪謀譽彰。矧邁薦瘝，累卵弗康。西嘯群虎，東噪封狼。戈船渤沉，銅柱邊僵。東寧全割，營州半亡。高夷背德，弗貢嗛羊。乘危徼利，戴鬥之邦。婪婪眾狄，黨讎靡常。花門內釁，囊沸河湟。萌黎辛墊，瞀鴻頎魴。憩小屬大，宜怲宜惶。盈廷晏酣，君子陽陽。佞魖貪魃，朝歌暮觴。愚者之愷，哲人之創。賢哉高曹，胎炎孕黃。長信養和，偶呼教坊。百憂一娛，於聖奚戕。譬諸愛月，微雲皆妨。棘心太赤，諫舌孔長。至德豈忝，祖訓甚煌。收繫詔獄，旋齒劍鋩。一點宦星，千秋景光。銀飾爾璫，鐵鑄爾腸。忠貫白虹，烈凝秋霜。宋有萊公，後先齊芳。焚紙插竹，竹應復蒼。摛此哀詞，以魄括囊。

論淮徐海潁鳳等處宜設辦振大臣以下三篇在滬所作，故附於第九卷之末

民之殍也，殍於歲乎？抑殍於官乎？殍於歲，官能救也。殍於官，莫之援也。潁、鳳之事，非吾所能言。若淮、徐、海近在同省，有可得而言者。徐郡之饑，止邳、宿，淮安郡之饑，止安、桃，合海州、贛榆、沭陽計之，僅七州縣耳，災區未甚廣也。皇上有發帑截漕開捐之振，本省官民與他省官民暨南洋商人李戴清等有義捐之振，合計白金近八十萬，振歟不為寡也。而七州縣之餓殍仍多於潁、鳳，何耶？一由於稽核難周。聚之於官者雖厚，散之於民者不多。制府雖慈祥夙著，民瘼關懷，而為其下者，未能潔清自矢，歸實用也。一由於州縣匿災。丁酉年，淮、徐被災，各州縣並未據實詳報，仍將漕米苛收。去年七月二十七日，上諭已痛斥不肖官吏，玩視民瘼矣。不意戊戌①之災，牧令仍多諱匿。安東楊令報災四分，額賦例不蠲免。吏胥催科之猛，無異豐歲。贛榆共轄三十鎮，王令止報稱四鎮成災，故所振亦止四鎮。大口振錢六百，小口振錢三百，窮黎得錢買麩糠，合樹皮草根煮食之，仍不免於殍。其未振之處，餓死者更不可以數計也。一由於倉儲虛耗。各州縣雖有民捐之積穀，而乾沒於紳董者居多。一遇大祲，所散不過十之二三，而牧令為之詳報上官，雲已盡行散放。一由於散振之某紳不如從前清慎。攜帶宵小，闖茸所至，選妓徵歌，以振票為纏頭之費。州縣互為容隱，莫肯訐發。有此四弊，哀鴻雖欲不為道殣，胡可得乎！使官雖病民，而天能悔禍，雨暘時若，轉歉為豐，死者雖不可復生，生者猶可以不死。乃自客冬至於今夏，久旱不雨，來牟萎而夏熟無期，豆苗槁而秋成預損，荒政之行，豈有已時。為近日計，朝

廷宜特簡清嚴勤幹大臣，專辦潁、鳳、淮、徐、海四府一州振務，如昔日袁文誠之在河南、閻文介之在山西。畀以事權，以分督撫之勞。嚴加參劾，以寒官紳之膽。選任廉能，以收撫字之效。開濬溝渠，以為旱潦之備。招徠商賈，以求糧價之平。而且巡行州縣，宣布朝廷威德，以消奸民不軌之萌。較之責成疆吏，為利多矣。當事有哀憐溝瘠者乎！願急採此芻蕘之言，陳之黈座。

【校記】

①「戌」，原作「戍」，誤。

五百人從夏王入海論上

《尚書大傳》稱湯放桀，中野士民皆犇湯，桀與五百人南徙千里，至於不齊。不齊士民往犇湯，桀與五百人徙於魯。魯士民復犇湯，乃與五百人去之海外。《逸周書·殷祝解》所載略同。子陳子曰：唐虞易姓之世，萬國十二州無一忠臣義士，非不忠也，不以翼載故國為忠，而以捨之為忠；非不義也，不以抗拒新朝為義，而以從之為義也。執天下為公之說，其上焉者視其國如傳舍，其下焉者視其君如旅人，無所感於興廢之際，無所繫於去就之間。其風雖高，於義或少涼焉。故有夏中葉，羿以一善射武夫，因夏民以代夏政，海內莫之或違。一時賢臣如武羅、伯因、熊髡、尨圉之倫，反為羿用。及過澆弒相，無一人一士抗節死者，以殘賊之人代夏，而為天子民亦安之。蓋仍中古之遺風，而嬗代之流弊也。自有五百人從王入海，而天下始知有不忘故國之忠與不事新朝之義，可謂萬世忠臣義士之鼻祖矣。然吾考夏之官制，有三公、九卿、二十七大夫、八十一元士，官僅百有二十人耳。《禮記·王制》：「天子三公、九卿、二十七大夫、八十一元士。」鄭《注》：「此夏制也。」《明堂位》曰：「夏后氏之官百」，舉成數也。又《太平御覽》二百二《職官部》引《尚書大傳》云：「古者天子三公，每一公三卿佐之，每一卿三大夫佐之，每一大夫三元士佐之，故有三公、九卿、二十七大夫、八十一元士。所與為天下者，若此而已。」鄭《注》：「自三公至元士，凡百二十，此夏時之官也。」玉樹案：《書·周官》：「唐虞稽古建官惟百，夏商官倍，亦克用世。」據此，則夏后之官當二百，然偽古文不足據也。今據《〈王制〉書傳》。彼簡賢附勢，漸染成俗，必以勢之盛衰為身之去就，一覩如火烈烈之師，將急走鳴條，以迓新王，豈復有負羈絏、冒鋒鏑以從亡者。即有之，亦無以盈一旅之數。吾意此五百人者，類皆氓之蚩蚩，不知天命者耳。當是時也，漢南之□□國稽首稱藩，會亳之三千諸侯同聲勸進，中野不齊。魯之士民一覩亡王之至，去之如避不祥，君臣之義澌威殆盡。

而此五百人者，以不軒不冕之身，棄其父母妻子，捨其井里室廬，以從亡於風濤不測之淵，地三徙而身不去，近之為朝鮮之箕子、首陽之夷齊、小腆之頑民啟其先聲；遠之為田橫島之五百人、宋季之岡洲厓山、明季之健跳翁洲導其前路。設湯以舟師攻夏王於海，知五百人必揮戈力鬥，誓不返顧，不幸而敗，必有如陸左相、張少保之蹈海，張鯢淵、吳巒稚諸人之自殺者。魯陽之戈雖不可以挽羲和之御，精衛之石雖不足以斷滄溟之流，然其心之耿耿者不可沒矣。太史公作《史記》亦間取《書傳》之說，而夏、殷兩《紀》皆不載五百人入海事。昔人謂太史公輕節義〔1〕，誠哉！其輕節義也，藉非濟南伏生載之《書傳》，後世誰復知五百人之忠義哉！

【疏證】

〔1〕（清）錢澄之《田間文集》卷一《伯夷論》：「遷重身名而不知節義，故《史記》極稱季布，而不為鄭君立傳。」（清）王夫之《春秋家說》卷二上：「史家據成敗貶節義，左氏、司馬遷、班固、范曄率用此道也。」（清）吳肅公《街南續集》卷六《御史天玉鄭公墓誌銘》附門人史常《跋》：「御史公死節，而本之甲申，遡之建文，擬之亡宋。大義昭揭，凜然千古。太史公於節義寥寥，吾師喜談忠節，即此過太史矣。」

【集說】

（宋）林景熙《雜詠十首酬汪鎮卿》其十：「何人續遷史，表為節義雄。漢司馬遷作《史記》，列傳以伯夷為首，尚節義也。後之秉史筆者，亦當以天祥、枋得為節義之首。」

（元）柯九思《范文正書韓子伯夷頌讚》：「太史公纂史傳，思可以屬節義、維綱常者。」〔註3〕

（明）李贄《藏書》名臣傳卷十九《王蠋》：「董份曰：觀此敘王蠋事，則是以齊存亡繫一布衣，其推蠋至矣。孰謂太史公之退節義乎？」

（清）顧景星《白茅堂集》卷六《書司馬遷傳後》：「事業雖難成敗論，捐生報國許誰真。斂兵畫邑三十里，共死屍鄉五百人。太史公非輕節義，小朝廷亦有君臣。當時苦救鞮汙敗，為冀緜餘尚入秦。汙音醋，山名，李陵戰敗處。」

〔註3〕王及編校《柯九思詩文集》，中國美術學院出版社 2004 年版，第 80 頁。

五百人從夏王入海論下

士君子窮而在下，於國家無涓埃之報稱，不幸躬遭泯棼之世，不能惙惙以抱漆室之憂，而或妄議主德之不競與人心天命之將離，是猶子孫值祖父臥疾，不能多方勤求醫藥，而或心議祖父平日之愆，謂疾將不可治。其存心殆與梟獍無異。故凡古今忠臣義士，不幸值百六陽九之運，必焦心勞思，竭忠盡智，以圖補救，必不以主德之隆替為國之隆替，必不以人心天命之去留為己之去留也。《湯誥》言「夏王滅德作威」，《咸①有一德》稱「夏王慢神虐民」。偽古文雖不可盡信，然末喜之寵、關龍逢之殺、女華曲逆之愛、羊辛跂踵戎之染、瓊室瑤臺酒池糟堤肉林之侈，書史所言非盡妄也。主德替矣，伊尹既去，終古復奔，民指天日而怨偕亡，大會薄而有辟公三千，眾志攜矣。伊洛並竭，日月不時，寒暑雜至，五穀焦枯，鬼呼，鸖鳴十餘夕。自「日月」以下至此，見《墨子·非攻下》篇。天災見矣。合三者觀之，無愚智皆知松社將墟矣。豈五百人獨未之知乎？知之亟違而去之，以應乎天而順乎人，桀之所不能禁禦，而亦湯之樂為招徠者也。乃中野之士民皆去，而五百人不去；不齊之士民皆去，而五百人不去；魯之士民皆去，而五百人不去。相從於洪濤瀾汗中，而不知有天吳陽侯之險。昔宋高宗避金兵，自明州而定海而昌國，衛士畏航海，欲為亂，宰相呂頤浩幾為所害。即頤浩亦奏令從官以下各從便去，帝曰：「士大夫當知義理，豈可不扈從？」如五百人之扈從，可謂深知義理者矣。不然，幾何不從便而去，如呂頤浩之言也。夫以夏王之昏暴，眾心之乖離，商師如火烈烈之眾盛，鳴條一戰之後，猶能擁眾渡河，東奔千里，而至三朡，勞商師再伐，始克俘其寶玉。其時殘卒之多寡，雖不可考，吾以為得力於五百人之同仇敵愾居多，以視擁如林之眾，牧野一會，瓦裂魚鱗，急奔歸鹿臺，衣天智而自燔者，其得失為何如也？周之伐殷也，師徒鼓譟，前歌後舞。商之伐夏也，士卒有「我後不恤我眾，捨我穡事，而割政」〔1〕之言。商眾奚為如是，無亦逆知夏眾猶有力戰以捍其主者，因憚行而託於穡事，以文其怯敵之隱乎？周饑克殷而年豐，觀於「捨我穡事」之言，知商王興師之年本豐也，及伐桀而歲忽大旱，致其禮祝明德以薦，而猶旱至七年，故湯遷柱而以棄代之。見《〈周禮·大宗伯〉疏》引《夏社》、鄭《注》，又《呂氏春秋·順民篇》。昔者，湯克夏而正天下，天大旱五年不收，湯乃隻身禱於桑林之野。以湯之克享天心而奚為有此，無乃以有夏之眾未盡離心，商伐之為太驟，故降此千古未有之災變以示譴怒乎？夫鄒衍一孤臣，猶能飛六月之霜；上虞一嫠婦，猶能致二年之旱焉。有五百人同抱

亡國之戚①，憂思憤怨，所磅礡而不可以感召天災者哉？惜夏王有此忠義之眾，不能如乃祖少康以一成一旅，布德兆謀而光復舊物，而五百人鄧林心事，終銷沉於鯨波鯢壑之中，斯則埋血千年而不可化碧者耳。嗚呼！自有舜事瞽瞍，知天下無不可事之親；自有五百人從夏王，知天下無不可捨棄之君。彼藉口於天命人心之將去，輕棄故國而拜稽於新王之馬前者，皆五百人之罪人，而可流可殛者也。故殷有采薇之二子，而後知孟津之八百諸侯無一義士；夏有入海之一旅，而後知會薄之三千諸侯皆為叛臣。

【校記】

　①「戚」，原作「威」，據《尚書》改。

【疏證】

　〔1〕《尚書·商書·湯誓》：「今爾有眾，汝曰：『我后不恤我眾，捨我穡事，而割正夏。』」